Accords faciles mets et vins

LES MEILLEURS

VINS

DE 10 À 30 $

5ᵉ édition

SÉLECTION
2013
DISPONIBLE À LA SAQ

Jean-Louis Doucet
SOMMELIER PROFESSIONNEL

Accords faciles mets et vins

LES MEILLEURS
VINS
DE 10 À 30 $

5ᵉ édition

SÉLECTION
2013
DISPONIBLE À LA SAQ

ÉDITIONS
MICHEL
QUINTIN

Catalogage avant publication de Bibliothèque et Archives nationales du Québec et Bibliothèque et Archives Canada

Doucet, Jean-Louis, 1958-

Les meilleurs vins de 10 à 30 $

" Accords faciles mets et vins ".

ISSN 1924-2506
ISBN 978-2-89435-623-4

1. Vin - Guides, manuels, etc. 2. Accord des vins et des mets - Guides, manuels, etc. I. Titre. II. Meilleurs vins de dix à trente dollars.

TP548.D67   641.2'2   C2008-941234-6

Édition : Johanne Ménard
Révision linguistique : Serge Gagné
Conception graphique : Céline Forget et Sandy Lampron
Infographie : Sandy Lampron
Photos : Stéphane Jennings (couverture, p. 7, 12, 26, 80, 231)
et Shutterstock

SODEC Québec::   ▐♦▌ Patrimoine   Canadian
                        canadien   Heritage

Gouvernement du Québec – Programme de crédit d'impôt pour l'édition de livres – Gestion SODEC

Les Éditions Michel Quintin bénéficient du soutien financier de la SODEC et du gouvernement du Canada par l'entremise du Fonds du livre du Canada pour leurs activités d'édition.

ISBN 978-2-89435-623-4

Dépôt légal – Bibliothèque nationale du Québec, 2012
          Bibliothèque nationale du Canada, 2012

© Copyright 2012
Éditions Michel Quintin

4770, rue Foster
Waterloo (Québec)
Canada J0E 2N0
Tél. : 450 539-3774
Téléc. : 450 539-4905
editionsmichelquintin.ca

11-GA-1

Imprimé au Canada

Table des matières

Remerciements

À Lise, mon épouse, pour sa patience et son appui inconditionnel. Merci d'accepter que notre demeure se transforme en salle de dégustation pendant les semaines qui précèdent la publication du guide.

À ma sœur, Josyanne Doucet, informaticienne, correctrice et lectrice de première ligne, pour son appui, la correction orthographique de mes écrits et la programmation d'une base de données facilitant la rédaction de ce livre. Elle m'a permis d'être plus organisé que jamais.

À toute l'équipe des Éditions Michel Quintin, pour m'avoir fait confiance dans ce projet et pour leur appui tout au long de l'année.

Aux agences promotionnelles participantes et à leurs représentants, pour leur disponibilité et leur dévouement lors des divers salons et événements vinicoles qu'ils organisent et pour l'envoi d'échantillons de produits, essentiels à la réalisation de ce livre.

Introduction
Un guide d'achat unique en son genre

Le bilan d'une année exceptionnelle

Cette année encore, nous avons dégusté une quantité impressionnante de produits afin de vous livrer le guide le plus exhaustif possible. Les agences promotionnelles n'ont jamais été aussi nombreuses à participer et à fournir des échantillons que durant l'année qui vient de s'écouler. Près de 750 produits ont été évalués dans l'atelier de dégustation. D'autres ont été retenus lors d'événements d'envergure tels que La Grande Dégustation de Montréal, les mini-salons des nouveaux arrivages et d'autres.

Par rapport aux éditions précédentes, plus du tiers des produits sont totalement nouveaux, alors que les autres sont présentés ici dans des millésimes différents. Il y a évidemment des incontournables qui, année après année, sont sélectionnés presque d'office. Certains sont meilleurs que jamais, d'autres sont d'une stabilité exemplaire. Mais l'objectif est toujours le même : vous proposer un guide d'achat offrant la meilleure sélection de vins possible dans l'échelle de prix située entre 10 et 30 $. Il s'agit d'une grande responsabilité que celle-ci, mais l'auteur l'assume totalement. D'autant plus que nous en sommes à la cinquième édition de ce guide. La charge de travail est la même, peut-être même plus grande aujourd'hui qu'aux débuts de l'aventure, mais l'expérience acquise au fil du temps permet de faire des choix éclairés.

Toutefois, le plus grand défi vient du fait qu'il est impératif pour l'auteur de faire abstraction de ses goûts personnels pour se concentrer sur le produit tel qu'il est, sans égard au type de vin ou à son genre. Chacun de nous a des préférences en matière de vins. C'est pourquoi il faut constamment se mettre à la place de la clientèle visée. C'est avant tout une question d'équilibre, d'harmonie et surtout de plaisir ressenti. Le plus important, pour un dégustateur, est de n'avoir aucun préjugé, favorable ou défavorable, que ce soit vis-à-vis d'un style de vin en particulier, de son origine ou encore de certains producteurs. C'est avec la satisfaction du devoir accompli que nous vous présentons cette sélection 2013 des meilleurs vins de 10 à 30 $.

La cryoconservation au secours des fonds de bouteilles ?

Tout le monde a déjà vécu cette expérience un jour ou l'autre dans sa vie. Vous avez ouvert une bouteille de vin, mais pour une raison ou pour une autre, vous ne la finirez pas. Vous faites donc face à un dilemme : quelle méthode est la plus efficace pour conserver le vin ? Il en existe plusieurs. On peut toujours remettre le bouchon en place, mais, sauf exception, cette méthode est peu efficace, même pour une courte période. On peut conserver le vin au réfrigérateur, cela permet de ralentir le processus de vieillissement, mais, encore là, le vin perdra beaucoup de ses qualités à moyen terme. Les systèmes qui permettent de retirer l'air de la bouteille sont assez nombreux sur le marché et relativement efficaces pour un court laps de temps.

Il y a aussi la possibilité d'ajouter de l'azote dans la bouteille. L'azote est un gaz inerte. Il prend la place de l'air dans la bouteille et empêche l'oxydation causée par celle-ci. Mis à part des systèmes assez coûteux qui sont vendus pour l'industrie de la restauration, on peut se procurer une bonbonne de gaz dans des boutiques spécialisées ainsi qu'à la SAQ. Si cette méthode est relativement efficace pour une période variant de trois à cinq jours (pourvu que l'opération ait été correctement exécutée), elle n'est pas sans faille et ne garantit pas à long terme l'absence d'oxydation ou de piqûre acétique. Je me suis personnellement donné beaucoup de mal par le passé afin de conserver les bouteilles entamées, sans grand succès.

Pourtant, il existe une méthode simple qui permet de conserver le vin de manière efficace, et ce, pour une période prolongée. Une méthode que j'ai gentiment appelée la cryoconservation. Ne vous méprenez pas. Même si son nom semble compliqué, elle est à la portée de tous. Surtout qu'elle est utilisée depuis des lunes tous les jours, ou presque, pour conserver la nourriture. En fait, il s'agit de placer la bouteille de vin entamée au congélateur, comme on le fait avec de la viande ou d'autres aliments.

Lorsque j'évoque cette technique de conservation, j'entends souvent des ho! et des ha! de stupéfaction. Certaines personnes à qui j'en ai parlé m'ont envoyé paître. Comme si le vin était un liquide sacré. Pourtant, ce truc, je l'ai trouvé dans un ouvrage très sérieux : le Guide Hachette des vins de France. En fait, le vin réagit de la même manière que n'importe quel autre aliment. Si vous déposez une pièce de viande sur un comptoir, à l'air libre, il changera rapidement de couleur. C'est l'oxydation due à l'air qui provoque cette transformation. Un aliment, quel qu'il soit, perdra de ses qualités au bout de quelques heures et finira à la poubelle si l'on n'agit pas à temps. Le fait d'envelopper cet aliment ralentira le processus, certes, mais ne le protégera pas complètement. Plus tôt que tard, il vous faudra mettre l'aliment au réfrigérateur ou au congélateur, surtout si vous ne prévoyez pas le consommer avant plusieurs jours. C'est un geste qu'on pose sans se questionner lorsqu'il s'agit d'un aliment. Avec le vin, c'est la même chose. L'air est l'ennemi du vin,

c'est bien connu. Afin de le conserver, il faut donc le protéger de l'air. La congélation permet cela puisque le liquide fige et demeure immobile. Le contact avec l'air est limité à la surface et tout le reste est protégé. Pour l'avoir essayé à maintes reprises, je peux vous certifier que cette méthode est efficace, même à très long terme. J'ai récemment fait goûter à un ami un vin dont le contenu avait été conservé au congélateur pendant plus d'un an et cette personne n'y a vu que du feu. Aucun goût d'oxydation, aucune piqûre acétique, rien. Juste du bon jus.

Le seul problème causé par le dégel, s'il en est un, est la présence d'un léger dépôt de cristaux de tartre. Le tartre est inodore et n'a aucun goût, mais personne n'aime la sensation que ces cristaux nous laissent sur la langue. Afin d'éviter qu'il ne se dépose dans le verre, je conseille une décantation ou encore l'utilisation d'un filtre. Pour le reste, tout est parfait. Évidemment, le vin ne gagnera pas en complexité si on le conserve de la sorte. Il s'agit simplement de conserver le vin dans une bouteille entamée afin de conserver ses qualités.

La meilleure façon de congeler le vin est de remettre le bouchon en place le plus rapidement possible sur le goulot de la bouteille, de mettre celle-ci debout afin d'éviter les déversements, puisqu'il arrive que le vin passe à travers le trou causé par le tire-bouchon si elle est couchée. Ensuite, pour la décongélation, il suffit de placer la bouteille dans de l'eau fraîche, dans l'évier par exemple, puis, lorsque celle-ci est décongelée, de la mettre debout pendant un moment afin de permettre au dépôt de tartre de se rendre au fond de la bouteille. Les cristaux de tartre étant plus lourds que le vin, cela ne prend que quelques secondes. Ensuite, vous n'avez qu'à décanter le vin dans une carafe ou directement dans un verre en prenant bien soin de ne pas laisser passer le tartre.

Une sélection de vins entre 10 et 30 $

Le choix de vous présenter une sélection de vins à prix accessible répond au principe selon lequel le vin ne devrait jamais être un produit de consommation réservé seulement à l'élite. Il devrait pouvoir être présent sur toutes les tables. Certains professionnels du vin dénigrent certains vins sous prétexte qu'ils sont peu dispendieux. Un prix élevé n'est pas un gage de qualité. C'est souvent l'offre et la demande qui déterminent le prix d'un vin. C'est pourquoi la limite de prix pour ce guide a été fixée à 30 $. C'est en deçà de ce prix qu'on retrouve le plus de produits à la SAQ et aussi qu'on décèle les meilleures aubaines en termes de rapport qualité-prix.

L'édition 2013 présente une collection de 350 produits répartis comme suit : 38 vins blancs et 64 vins rouges à moins de 15 $; 43 vins blancs et 74 vins rouges entre 15 et 20 $; 17 vins blancs et 42 vins rouges entre 20 et 25 $; 5 vins blancs et 24 vins rouges entre 25 et 30 $; 18 vins effervescents ; 8 vins rosés ; 17 vins de dessert, portos et autres.

Des vins vraiment disponibles ?

La question la plus fréquemment posée à l'auteur est celle-ci : «Tous les vins répertoriés dans le guide sont-ils disponibles à la SAQ?» Impossible de répondre par un oui catégorique, puisque la SAQ a cherché, ces dernières années, à réduire ses stocks. Cela dit, l'auteur a tenté de prioriser les produits qui font partie du répertoire régulier de la société d'État, c'est-à-dire offerts «en tout temps» dans la grande majorité de ses succursales, ainsi que les produits de spécialité pour lesquels on parle d'«approvisionnement continu». Dans certains cas, nous avons également inclus des produits achetés «par lot», lorsque ces lots sont suffisamment importants et surtout si la qualité est au rendez-vous. Afin d'être certain que le vin est offert près de chez vous, nous vous invitons à consulter le site web de la SAQ (saq.com). Vous pouvez entrer le numéro de code de la SAQ ou le nom du vin et vérifier la disponibilité.

Les différentes catégories

Les vins ont été classés en catégories selon leur prix. Dans chaque catégorie, on trouvera une sélection de vins blancs puis de rouges qui devrait satisfaire les goûts et les besoins de chacun. Certains produits méritent un coup de cœur de l'auteur ❤.

Les vins de semaine

Cette première catégorie regroupe une sélection de vins à moins de 15 $ qui se prennent sans façon. Le genre de bouteille qu'on ouvre un jour de semaine pour accompagner un petit repas en famille et sur laquelle on peut remettre le bouchon, ou un vacuvin, sans se sentir trop coupable, pour la finir le lendemain.

Les vins du vendredi

Quand la semaine de travail est terminée et qu'on veut se payer un petit extra, voici une sélection de vins entre 15 et 20 $, gamme de prix dans laquelle il n'est pas rare de dénicher de petits trésors.

Les vins du samedi

Le samedi soir est synonyme de bons repas, en famille, en tête-à-tête ou entre amis. Généralement, ces repas sont plus fastes et plus élaborés. C'est pourquoi, à l'occasion, on peut se payer un petit luxe, sans toutefois vider son bas de laine. Les vins de cette section coûtent de 20 à 25 $.

Les vins pour occasions spéciales

Les vins sélectionnés coûtant de 25 à 30 $ sont, quant à eux, des petites perles qui auront leur place lors des occasions particulières comme les anniversaires, les célébrations spéciales ou tout simplement parce que vous voulez vous gâter un peu.

À la fin du guide d'achat, on trouvera également une liste d'autres vins (rosés, effervescents et de dessert) pour des occasions plus spécifiques.

Votre profil

Dans le cadre de son métier, un sommelier doit évaluer plusieurs facteurs avant de conseiller un produit à sa clientèle. Outre le fait de chercher à réaliser l'accord mets et vin le plus parfait possible, le professionnel veut également satisfaire les goûts personnels du client. Pour y arriver, il doit savoir poser les bonnes questions et déterminer, à partir des indices qui lui sont fournis, quel vin répondra le mieux aux désirs de celui-ci. Quelle est la plus grande qualité d'un sommelier ? Sans contredit, savoir écouter ! Car, malgré ses connaissances, si le sommelier qui s'apprête à conseiller un client n'est pas capable de cerner ses goûts, il a beau tout connaître, il ne réussira pas à le satisfaire.

Ce que cet ouvrage vous propose, c'est de réaliser vous-même des accords mets et vins qui vous plairont en vous fournissant le plus d'indices possible sur la fiche descriptive de chacun des vins sélectionnés. Mais encore faut-il que vous vous connaissiez vous-même afin de bien profiter de ces conseils. Aimez-vous les vins fruités ou corsés, les vins simples ou complexes ? Êtes-vous du genre à explorer de nouvelles avenues ou plutôt du genre conservateur ? Ce questionnement est essentiel si vous voulez exploiter au maximum ce guide d'achat.

Un outil qui a fait ses preuves

La grande nouveauté présentée dans les éditions précédentes du guide était la méthode unique de l'auteur permettant de réaliser des accords mets et vins en utilisant une formule mathématique simple et efficace. Cette méthode (expliquée en détail dans le chapitre suivant) a été fort bien reçue. De plus en plus d'adeptes ne jurent plus que par celle-ci lorsque vient le temps de choisir un vin en équilibre avec un plat. Pour ceux qui auraient plus de difficulté à se retrouver parmi tous les ingrédients et sauces, un outil de calcul est maintenant disponible sur le site web de l'auteur (lecyber-sommelier.com). En quelques clics de souris vous obtiendrez un I.M.V. (indice mets et vins). Vous n'avez plus qu'à chercher dans les différentes catégories de ce guide (vins de semaine, vins du vendredi, etc.), selon le prix que vous voulez payer, le vin ayant un I.M.V. équivalent ou s'en approchant le plus possible.

Une approche originale en matière d'accords mets et vins

*L*à où notre sélection se distingue le plus de ce que vous trouverez dans d'autres ouvrages du genre est sans contredit la façon dont elle permet de réussir des accords mets et vins de manière simple et efficace. En effet, grâce à une nouvelle méthode unique en son genre, mise au point pour vous par l'auteur, vous pourrez, à l'aide d'une simple formule mathématique, rivaliser avec tout sommelier même si vous n'avez que peu ou pas de notions de base en la matière. C'est comme si vous aviez à votre portée un sommelier personnel.

Une question d'équilibre...

Le mariage des mets et des vins est une opération qui peut paraître nébuleuse, voire périlleuse pour qui n'a pas en main les outils appropriés. Cela peut représenter une tâche relativement aisée quand on est un sommelier aguerri, mais pour la personne qui a peu ou pas de connaissances en sommellerie, le défi peut sembler beaucoup plus ardu. Plusieurs facteurs doivent être pris en compte : la couleur du plat, les différentes saveurs qui composent celui-ci, le mode de cuisson, la sauce, etc. Comment savoir si un vin assurera un meilleur accord qu'un autre avec tel ou tel plat quand on sait qu'un seul petit détail comme le mode de cuisson, ou encore la sauce, peut faire tout basculer et gâcher le repas ?

Lorsque vient le temps d'expliquer les accords mets et vins à ses clients, l'auteur utilise souvent l'exemple d'une balance sur laquelle on placerait le mets à marier d'un côté et le vin de l'autre. Si on vise l'accord idéal (pourvu qu'il existe), l'idée est qu'en bout de piste, on obtient un équilibre parfait entre les deux. Au départ, la balance a un poids neutre, elle est à zéro. Mais imaginons que l'on dépose, du côté des mets, des blocs de « poids » différents, chacun représentant un des éléments qui composent le plat.

Le premier bloc représente l'ingrédient principal, une viande, un poisson ou un plat de pâtes par exemple. Celui-ci a un certain poids : pour donner un exemple concret, un poisson à chair blanche comme une sole est, au sens figuré bien entendu, plus « léger » qu'une entrecôte de bœuf. Vous voyez l'image dans votre esprit ? Très bien. Continuons l'explication. Cet ingrédient principal doit subir une cuisson : une cuisson à la vapeur, par exemple, est plus légère qu'une cuisson poêlée, car elle apporte moins de corps que cette dernière. Entrent ensuite en jeu la sauce et les accompagnements. Toujours en utilisant la même analogie, disons qu'un fumet de poisson a un poids moindre qu'une sauce à base de bœuf, par exemple. En faisant la somme de tous ces éléments, on aboutit à un poids donné.

Le travail, pour le sommelier, consiste alors à choisir un vin qui, de l'autre côté de la balance, sera d'un poids équivalent et créera ainsi un équilibre, une harmonie avec le mets (considéré avec tous ses éléments). En suivant ce raisonnement, il faut considérer qu'un vin blanc a généralement un poids plus léger qu'un vin rouge et qu'il existe aussi des différences marquées entre les vins d'une même catégorie (rouge, blanc ou rosé). Même des vins élaborés à partir du même cépage peuvent être très différents les uns des autres. Une entrecôte poêlée accompagnée d'une sauce au poivre fera basculer la balance de son côté si on la jumelle à un vin blanc, même si celui-ci possède une bonne structure. Par contre, si on l'accompagne d'un rouge relativement costaud, l'équilibre devrait s'établir entre les deux côtés de la balance. Dans notre exemple, un vin rouge moyennement léger pourrait aussi faire l'affaire (en terme de poids), un certain équilibre étant atteint, sans être parfait.

Partant de cette théorie et des observations réalisées au fil de ses nombreuses années d'expérience, l'auteur a effectué des tests et mis au point une méthode efficace qui, à partir d'une formule mathématique simple et facile à utiliser, rend accessible à tous des accords mets et vins réussis, pourvu qu'on sache additionner et diviser. Le plus intéressant, c'est que ça marche à tout coup.

Pour y arriver, il a d'abord fallu constituer la liste la plus complète possible d'ingrédients principaux et de types de sauces ainsi qu'un répertoire de la majorité des modes de cuisson, puis attribuer à chaque élément une valeur numérique en fonction de critères précis (puissance aromatique, acidité, gras, couleur, etc.). Ensuite, chaque vin sélectionné du guide d'achat s'est vu attribuer une valeur numérique en fonction des mêmes critères. L'utilisateur de ce guide n'a qu'à suivre la méthode de calcul (voir page 20) pour trouver un vin qui sera en équilibre avec le mets qu'il s'apprête à cuisiner. C'est aussi simple que ça.

... mais aussi une affaire de goût

Pour réussir des accords mets et vins, l'équilibre en terme de poids n'est cependant pas le seul élément à prendre en considération. En plus de tenir compte également des différents caractères du vin et de l'harmonie des saveurs, votre choix doit surtout tenir compte de vos goûts personnels. Certains préféreront un vin plus léger ou plus en fruit, alors que d'autres favoriseront des vins plus costauds. Vous trouverez donc dans la fiche descriptive de chaque vin tous les éléments nécessaires à un choix éclairé de votre part.

Une fiche descriptive complète et facile à consulter

LES JAMELLES, G.S.M., SÉLECTION SPÉCIALE ★★★ɹ

Producteur : Les Jamelles
Appellation : Vin de Pays d'Oc
Pays : France

Millésime dégusté : 2009
Prix : 18,95 $
Code SAQ : 11184861

G.S.M., pour grenache (39 %), syrah (38 %) et mourvèdre (28 %). À noter que ce vin, élevé en fût de chêne pendant neuf mois, n'a subi aucune filtration. Il en résulte un produit bien ficelé, riche, concentré et assez complexe. Il affiche une robe rubis, moyennement profonde. Au nez, il dévoile un bouquet aromatique d'où émanent des nuances de fruits rouges et noirs confits, de bois et de confiserie. La bouche est suave, ronde et pleine de fruits, avec de beaux tannins fondus et une belle chaleur. Les saveurs de fruits des champs dominent et s'accompagnent de flaveurs de sous-bois.

Tannins • Corps : Charnus • Moyennement corsé
Caractères : Baies des champs • Boisé
Température : Entre 14 et 16 °C

I.M.V.

Sauces	Cuissons	Plat 1	Plat 2	Fromages
Aux champignons Au vin rouge Demi-glace	Au four Mijoté Poêlé	Ragoût de bœuf aux champignons	Rôti de veau au vin rouge	Pâte pressée

---

La fiche montrée en exemple ci-dessus montre les différents éléments qui vous permettront de faire le meilleur choix en chaque occasion. À tout seigneur, tout honneur, les coups de cœur de l'auteur sont d'abord indiqués par un symbole 🍇 lorsque c'est le cas. Après une présentation des données de base (nom, producteur, millésime, etc.), un texte descriptif vous permet de faire connaissance avec le produit. Un nombre d'étoiles (sur une échelle de 1 à 5) est attribué, du vin médiocre à la perfection. Puis des renseignements essentiels vous sont fournis : la structure tannique (dans le cas d'un vin rouge) ou son acidité (dans le cas d'un vin blanc), ainsi que la charpente (corps) ; les caractères dominants (le vin est-il fruité ? boisé ? quel type de fruits y décèle-t-on ?...) ; la température idéale de service. L'IMV (pour «indice mets et vins»), l'élément clé de la démarche expliquée ci-après, vous permettra de réaliser des accords mets et vins – toujours en tenant compte de vos goûts personnels et des harmonies de saveurs – dignes des meilleurs sommeliers. Un tableau est ensuite consacré aux suggestions de l'auteur en matière d'accords mets et vin (sauces, modes de cuisson, deux suggestions de plats et fromages).

Marche à suivre pour réaliser des accords mets et vins à partir de l'IMV (indice mets et vins)

Voici les étapes à suivre pour réaliser des accords mets et vins réussis à l'aide de ce guide.

1. Repérez l'ingrédient de base de votre plat dans la section «Ingrédients de base» en annexe de l'ouvrage (p. 219) et retenez le chiffre correspondant à celui-ci. Si vous avez plusieurs éléments de base, il suffit d'additionner ceux-ci, puis de diviser la somme correspondant à tous les ingrédients par le nombre d'ingrédients qui composent votre plat, pour en faire la moyenne. Mais faites attention de ne pas confondre ingrédient principal et ingrédient

d'accompagnement. Les ingrédients d'accompagnement seront considérés un peu plus loin, au moment de choisir la sauce.

2. Repérez le mode de cuisson correspondant à votre recette dans la liste appropriée (p. 230) et additionnez ce nombre à celui correspondant à l'ingrédient de base. Encore une fois, si votre recette comporte plusieurs modes de cuisson, par exemple, rôti de bœuf saisi dans la poêle (mode de cuisson poêlée), puis rôti au four (mode de cuisson au four), additionnez les différents modes de cuisson et divisez la somme par le nombre de modes de cuisson que vous utilisez, pour en faire la moyenne.

3. Si vous avez une sauce ou un accompagnement, repérez celui-ci dans la liste (p. 231) et reprenez la marche à suivre indiquée précédemment. Dans le cas où vous n'avez ni sauce ni accompagnement, c'est le mode de cuisson qui fait office d'accompagnement en quelque sorte, puisque c'est lui qui «donne» le goût à votre plat. Dans ce cas, vous devez multiplier la valeur numérique attribuée au mode de cuisson par deux, cette dernière opération remplaçant l'addition d'une sauce.

4. La somme des trois nombres correspondant à chacun des éléments (ingrédient de base + mode de cuisson + sauce ou accompagnement) constituera l'**IMV** (indice mets et vins) de votre plat.

> ### Formule de calcul de l'IMV du plat
>
> Ingrédient principal : _____
> +
> Mode de cuisson : _____
> +
> Sauce ou
> accompagnement : _____
>
> **IMV du plat** =

5. Maintenant que vous avez fait votre calcul et que vous avez obtenu l'IMV de votre plat, repérez dans le guide d'achat les vins ayant un indice mets et vins équivalent (les vins de chaque section sont classés par ordre croissant d'IMV). **Tous les vins**

ayant un IMV situé dans l'intervalle compris entre cinq points au-dessus et cinq points au-dessous de la somme obtenue devraient être en équilibre avec votre plat. Ceux dont l'IMV est le plus proche de la somme obtenue constituent évidemment les meilleurs choix.

9 et moins	De -6 à -8	De -3 à -5	De -2 à +2	De +3 à +5	De +6 à +8	9 et plus
Hors d'équilibre	À éviter	Bon	Excellent	Bon	À éviter	Hors d'équilibre

Raffinez finalement votre choix en fonction de vos goûts personnels et des similitudes entre les caractères du vin et ceux de votre plat.

La méthode de l'IMV peut paraître compliquée de prime abord, mais il vous suffira de l'utiliser à quelques reprises pour la maîtriser parfaitement. Vous pouvez aussi employer une méthode simplifiée en repérant votre ingrédient de base et en multipliant celui-ci par 1,75, mais cette façon de faire donne des résultats moins précis que la méthode complète, puisque l'ingrédient de base n'est qu'une pièce du casse-tête que représentent les accords mets et vins.

EXEMPLE I
Côtelettes d'agneau, grillées, sauce fond de veau

1. Repérez votre ingrédient de base dans la liste (voir en annexe, p. 219) et retenez le nombre correspondant à la valeur de celui-ci. **Côtelettes d'agneau : 53**

2. Repérez votre mode de cuisson et additionnez la valeur correspondant à celui-ci au nombre correspondant à votre ingrédient de base. **Grillé : 13**

3. Repérez ensuite la sauce ou les accompagnements qui complètent votre recette et additionnez leur valeur à celles obtenues précédemment. (À noter que si vous avez plusieurs sauces ou

accompagnements, vous pouvez choisir l'élément qui prédomine ou encore additionner tous les éléments et faire la moyenne de ceux-ci.) **Fond de veau : 26**

4. La somme des trois (ingrédient de base + mode de cuisson + sauce ou accompagnements) correspondra à l'indice mets et vins (IMV) qui vous servira à choisir un vin qui sera en accord avec votre mets.

> Côtelettes d'agneau = 53
> +
> Grillé = 13
> +
> Fond de veau = 26
> **IMV = 92**

5. Maintenant que vous avez obtenu l'IMV de votre plat, repérez les vins ayant un indice mets et vins équivalent ou situé dans l'intervalle compris entre cinq points au-dessus et cinq points au-dessous de la somme obtenue, dans la catégorie de prix qui vous intéresse. Dans notre exemple, tous les vins se situant entre 87 et 97 représentent des choix potentiels. Plus l'IMV accordé au vin se rapproche de celui de votre plat, plus l'ensemble sera en harmonie.

Voici des choix de vins appropriés pour accompagner ce plat dans les différentes catégories de prix du guide :

- les vins de semaine (à moins de 15 $)
  - Garnacha, Finca Antigua, La Mancha, Espagne, 2009, 13,90 $, IMV : 91

- les vins du vendredi (entre 15 et 20 $)
  - Domaine du Crampilh, Vieilles Vignes, Madiran, France, 2007, 19,75 $, IMV : 91

- les vins du samedi ou des grandes occasions (entre 20 et 30 $)
  - Terra di Confine, Vitalonga, I.G.T. Umbria, Italie, 25,80 $, IMV : 91

EXEMPLE 2

Filet de saumon, poché, fumet de poisson à l'oseille

Saumon	= 35
+	
Poché	= 8
+	
Fumet de poisson à l'oseille	= 22
IMV	**= 65**

Voici des choix de vins appropriés pour accompagner ce plat dans les différentes catégories de prix du guide :

- les vins de semaine (à moins de 15 $)
  - Sauvignon blanc, Le Jaja de Jau, Vin de Pays des Côtes de Gascogne, France, 13,35 $, IMV : 65

- les vins du vendredi (entre 15 et 20 $)
  - Sauvignon blanc, Wild South, Marlborough, Nouvelle-Zélande, 18,20 $, IMV : 65

- les vins du samedi ou des grandes occasions (entre 20 et 30 $)
  - Chardonnay, Coldstream Hills, Yarra Valley, Australie, 28,95 $, IMV : 65

L'accord régional

Une des variables les plus importantes à considérer dans votre choix ne peut être calculée comme telle : il s'agit de l'accord régional. La cuisine régionale s'étant souvent développée autour du vin, quoi de plus normal que de choisir un vin dont l'origine est le plus près possible de celle de votre recette, qu'elle soit italienne, française, espagnole ou autre. En plus d'être en équilibre, les saveurs se marieront davantage.

Vingt-cinq produits incontournables

Parmi la grande sélection que présente ce guide, certains vins méritent, comme nous l'avons souligné, une mention « coup de cœur ». Il s'agit des produits qui ont le plus marqué l'auteur durant la dernière année. Vous êtes cependant plusieurs à vous poser la question suivante : « Mais quel est donc le "coup de cœur des coups de cœur" de l'année ? » Trop difficile de n'en choisir qu'un seul… L'auteur vous offre plutôt ici une liste de 25 produits (dont vous trouverez la description complète dans les sections appropriées) qu'on pourrait qualifier d'incontournables. À l'intérieur de chaque catégorie, les produits ont été classés par ordre croissant de prix.

Vins blancs :

Chardonnay, Robert Skalli, Vin de Pays d'Oc, France, 2008, prix : 15,05 $, code SAQ : 592519, p. 90

Chardonnay, Unoaked, Babich, East Coast, Nouvelle-Zélande, 2009, prix : 16,15 $, code SAQ : 10216737, p. 96

Pinot gris, King Estate, Oregon, États-Unis, 2009, prix : 18 $, code SAQ : 11333767, p. 150

Fumé blanc, Robert Mondavi Winery, Napa Valley, États-Unis, 2010, prix : 24,05 $, code SAQ : 221887, p. 149

Riesling, Rosacker, Alsace, France, 2008, prix : 25,90 $, code SAQ : 642553, p. 176

Chardonnay, Le Clos Jordanne, Village Réserve, Niagara Peninsula, Canada, 2009, prix : 30 $, code SAQ : 11254031, p. 178

Vins rouges :

Château de Pennautier, Terroirs d'Altitude, Cabardès, France, 2008, prix : 17 $, code SAQ : 914416, p. 132

Les Jamelles, G.S.M., Sélection Spéciale, Vin de Pays d'Oc, France, 2009, prix : 18,95 $, code SAQ : 11184861, p. 114

Celeste, Ribera del Duero, Espagne, 2008, prix : 21 $, code SAQ : 10461679, p. 165

Shiraz, Redstone, McLaren Vale, Australie, 2009, prix : 21,60 $, code SAQ : 10831300, p. 166

Moulin-à-Vent, Henry Fessy, France, 2009, prix : 22,45 $, code SAQ : 11589818, p. 155

Domaine Grand Romane, Cuvée Prestige, Gigondas, France, 2008, prix : 24,90 $, code SAQ : 10936427, p. 171

Terra di Confine, Vitalonga, I.G.T. Umbria, 20087, prix : 25,80 $, code SAQ : 11452061, p. 190

Château de Chamirey, Mercurey, France, 2009, prix : 26,95 $, code SAQ : 962589, p. 180

Château Cap Léon Veyrin, Listrac-Médoc, France, 2009, prix : 27,05 $, code SAQ : 10753541, p. 187

Rocca Guicciarda, Riserva, Chianti Classico, Italie, 2008, prix : 27,25 $, code SAQ : 10253440, p. 191

Château Montus, Madiran, France, 2006, prix : 27,90 $, code SAQ : 705483, p. 188

Marchese Antinori, Riserva, Chianti Classico, Italie, 2007, prix : 29,25 $, code SAQ : 11421281, p. 189

Château Gaillard, Saint-Émilion Grand Cru, France, 2008, prix : 29,85 $, code SAQ : 919316, p. 190

Pinot noir, Le Clos Jordanne, Village Reserve, Niagara Peninsula, Canada, 2009, prix : 30 $, code SAQ : 10745487, p. 182

Vins rosés :

Muga, Rioja, Espagne, 2009, prix : 15,70 $, code SAQ : 11104690, p. 197

Vins effervescents :

Cuvée de l'Écusson, Brut, Moselle, Luxembourg, prix : 17,50 $, code SAQ : 95158, p. 203

Roederer Estate, Anderson Valley, États-Unis, prix : 27,40 $, code SAQ : 294181, p. 205

Vins de dessert :

Graham's, Late Bottled Vintage, Porto, Portugal, 2006, prix : 19,95 $, code SAQ : 191239, p. 214

Neige, Première, Brome-Missisquoi, Canada (Québec), 2009, prix : 25 $, code SAQ : 744367, p. 211

Les vins de semaine (moins de 15 $)

*D*ans cette section, vous trouverez des vins de qualité fort acceptable. Des vins qui se boivent sans façon. Le genre de bouteille de vin qu'on peut consommer un mardi autour d'un repas simple en famille et sur laquelle on peut remettre le bouchon, ou un vacuvin, sans se sentir trop coupable et la terminer le mercredi. Mais n'allez pas sauter aux conclusions trop vite, il ne s'agit pas pour autant de vins bas de gamme. Si je les conseille, c'est qu'ils ont des qualités telles qu'ils se démarquent du lot. Ce sont des vins bien faits, probablement pas très complexes, ni très aromatiques dans la plupart des cas, mais ils ont tous en commun de représenter de bons rapports qualité-prix. À noter que deux cidres tranquilles se sont aussi glissés dans cette sélection.

Certains diront qu'il n'y a pas beaucoup de vins à moins de 10 $ dans ce guide et c'est vrai. La raison en est simple : pour avoir une certaine qualité, il y a un prix minimum à payer et à moins de 10 $, les vins qui ont les qualités suffisantes pour apparaître dans ce guide sont rares. Vous comprendrez que je vous conseille comme si vous étiez des amis personnels et à ces derniers je conseille ce qui est bon. En tant que votre sommelier personnel, je m'en voudrais de vous conseiller un vin qui n'est pas à la hauteur.

RIESLING, RELAX ★★★

Producteur : Schmitt Söhne GMBH
Appellation : Mosel-Saar-Ruwer
Pays : Allemagne

Millésime dégusté : 2010
Prix : 14,15 $
Code SAQ : 11254065

La jolie bouteille bleu azur est munie d'une capsule à vis et affiche une étiquette facile à lire. Les amateurs de riesling typiquement allemand seront en pays de connaissance avec ce vin, puisqu'il est assez léger (seulement 10 % d'alcool) et demi-doux. Nous avons affaire à un vin pas compliqué, arborant une robe jaune doré avec des reflets verts. À l'olfaction, on perçoit un bouquet aromatique dominé par des notes de fruits tropicaux comme la mangue, le melon, les agrumes, ainsi qu'une légère touche florale et de miel. En bouche, le fruit domine. L'acidité croquante vient contrebalancer une agréable sensation de douceur.

Acidité · Corps : Vif · Léger
Caractères : Fruits tropicaux · Miel
Température : Entre 8 et 10 °C

I.M.V. 62

Sauces	Cuissons	Plat 1	Plat 2	Fromages
Aux fruits Au miel Fumet de poisson	Mijoté Vapeur Cru	Sushis	Tartare de saumon	Pâte molle à croûte fleurie

RIESLING, FRITZ'S ★★★★★

Producteur : Weingut Gunderloch
Appellation : Rheinhessen
Pays : Allemagne

Millésime dégusté : 2009
Prix : 14,60 $
Code SAQ : 11389015

Voici un riesling joyeux, pas compliqué et facile à boire. Il est offert à un prix fort alléchant, considérant son rapport qualité-prix-plaisir. À l'œil, il affiche une robe jaune or. Au nez, il dévoile un bouquet expressif, dominé par des notes de citron vert, de pomme et de silex. La bouche est ample, très sapide et onctueuse. Un pourcentage non négligeable de sucre résiduel, contrebalancé par une vive acidité, lui confère une agréable fraîcheur. Aux saveurs déjà perçues au nez s'ajoutent des nuances de miel et d'hydrocarbures. Fort joli et représentatif des rieslings de ce coin de pays.

Acidité · Corps : Demi-sec · Léger +
Caractères : Lime · Hydrocarbures
Température : Entre 8 et 10 °C

I.M.V. 62

Sauces	Cuissons	Plat 1	Plat 2	Fromages
Aux agrumes Au vin blanc Fumet de poisson	Bouilli Cru Mijoté	Sushis	Crevettes sautées à la lime	Pâte molle à croûte lavée

SYMPHONY, OBSESSION ★★★

Producteur : Ironstone Vineyards
Appellation : California
Pays : États-Unis

Millésime dégusté : 2010
Prix : 14,95 $
Code SAQ : 11074021

Le profil aromatique du cépage symphony me fait étrangement penser au muscat ou au gewurztraminer. Les amateurs des vins issus de ces cépages seront donc en terrain de connaissance avec ce produit unique sur les tablettes de la SAQ. Autant à l'olfaction que du point de vue gustatif, ce blanc à la robe paille est très fruité. Il déploie des notes bien définies de litchi et de melon de miel, ainsi que des nuances florales. La bouche est sapide, fraîche, avec une bonne acidité et légèrement sucrée. Les saveurs demeurent suspendues pendant plusieurs caudalies avant de s'estomper. Joli.

Acidité · Corps : Demi-sec · Léger
Caractères : Fruits tropicaux · Floral
Température : Entre 8 et 10 °C   **I. M. V.** 62

Sauces	Cuissons	Plat 1	Plat 2	Fromages
Aux fruits Au gingembre Fumet de poisson	Cru Bouilli Vapeur	Sushis	Ceviche de pétoncles aux litchis	Pâte molle à croûte lavée

CHARDONNAY, BONNE NOUVELLE ★★✦

Producteur : Groupe Uccoar SA
Appellation : Vin de table désalcoolisé
Pays : France

Produit non millésimé
Prix : 10,05 $
Code SAQ : 11178605

D'emblée, je dois avouer que j'ai hésité avant d'inclure ce vin dans la sélection de cette année. Un vin dépossédé de son alcool n'est pas, à mon sens, un vin comme tel, mais pour avoir déjà goûté à d'autres vins désalcoolisés, je peux dire sans me tromper qu'il s'agit d'un produit tout à fait acceptable. À l'œil, il affiche une robe jaune paille. Au nez, il dévoile un bouquet marqué par des intonations de pomme, de fruits tropicaux et d'anis. La bouche est fraîche, avec une bonne acidité. On est plus près du jus de pomme que d'un vin à proprement parler, mais le plaisir est quand même là.

Acidité · Corps : Frais · Léger
Caractères : Pomme · Fruits tropicaux
Température : Entre 8 et 10 °C   **I. M. V.** 63

Sauces	Cuissons	Plat 1	Plat 2	Fromages
Aux fruits Au beurre Fumet de poisson	Mijoté Poêlé Cru	Filet de sole au beurre	Nage de fruits de mer	Pâte molle à croûte fleurie

MARQUÈS DE MARIALVA, COLHEITA SELECCIONADA ★★★

Producteur: Adega Cooperativa de Cantanhede
Appellation: Bairrada
Pays: Portugal

Millésime dégusté: 2010
Prix: 10,95 $
Code SAQ: 626499

Élaboré à base des cépages autochtones arinto, bical et maria gomes, ce blanc pas compliqué et bien fait comblera les amateurs qui sont à la recherche de produits présentant un excellent rapport qualité-prix. À l'œil, la robe affiche une teinte jaune-vert. À l'olfaction, on discerne un bouquet assez aromatique qui laisse percevoir des notes d'ananas, de pêche et d'autres fruits tropicaux confits, ainsi que des nuances florales. La bouche est croustillante à souhait et texturée. Les saveurs de fruits tropicaux sont bien en évidence. Celles-ci s'accompagnent de flaveurs de pomme en finale.

Acidité • Corps: Frais • Léger
Caractères: Fruits tropicaux • Floral
Température: Entre 8 et 10 °C

I.M.V. 63

Sauces	Cuissons	Plat 1	Plat 2	Fromages
Aux fruits Fumet de poisson Aux herbes	Bouilli Mijoté Nature	Tartare de crevettes	Salade de chèvre chaud	Chèvre

UGNI BLANC/COLOMBARD, DOMAINE TARIQUET, CLASSIC ★★⌄

Producteur: SCV Château du Tariquet
Appellation: Vin de Pays des Côtes de Gascogne
Pays: France

Millésime dégusté: 2010
Prix: 11,90 $
Code SAQ: 521518

Rien de bien compliqué dans ce vin destiné bien plus à apaiser la soif qu'à satisfaire l'amateur de vins complexes et fins. Mais ce rôle, il le remplit à merveille. Il est doté d'une robe jaune avec des reflets verts. Le nez est expressif à souhait. On y discerne des nuances florales, des notes de citron et d'autres agrumes, ainsi que des effluves de miel. La bouche est croquante, assez vive et très sapide. Des saveurs de pomme et de fruits exotiques dominent le palais et sont suivies de flaveurs rappelant le gingembre. Idéal à l'apéritif, ou avec des mets simples.

Acidité • Corps: Vif • Léger
Caractères: Fruits tropicaux • Floral
Température: Entre 8 et 10 °C

I.M.V. 63

Sauces	Cuissons	Plat 1	Plat 2	Fromages
Fumet de poisson Aux fruits Au vin blanc	Bouilli Cru Mijoté	Nage de poisson au vin blanc	Tartare de crevettes aux fruits exotiques	Chèvre

VIÑA SOL ★★✦

Producteur: Miguel Torres
Appellation: Catalunya
Pays: Espagne

Millésime dégusté: 2010
Prix: 12,05 $
Code SAQ: 28035

Un copié-collé, ou presque, de mes notes de l'an passé pour ce blanc pas compliqué, élaboré à base du cépage parellada. Cultivé en altitude, comme c'est le cas ici, ce cépage donne des vins fruités, à boire jeunes. Affichant une robe jaune paille avec des reflets verts, il dévoile un nez expressif dominé par des nuances évoquant la pomme Golden, la banane confite, l'ananas, la poire et le citron. La bouche est vive, mais sans excès. Des saveurs de zeste de citron et de pomme Golden sont mises en évidence et suivies par des nuances de gingembre.

Acidité · Corps: Vif · Léger
Caractères: Pomme Golden · Citron
Température: Entre 8 et 11 °C

I.M.V. 63

Sauces	Cuissons	Plat 1	Plat 2	Fromages
Aux agrumes Fumet de poisson Nature	Cru Bouilli Poêlé	Ceviche de pétoncles	Salade de fruits de mer	Chèvre

SAUVIGNON BLANC, 120 ★★✦

Producteur: Viña Santa Rita SA
Appellation: Valle Central
Pays: Chili

Millésime dégusté: 2011
Prix: 12,15 $
Code SAQ: 301093

Ce blanc ne révolutionnera pas le monde du vin, mais pour 12 $, il en donne davantage que ce à quoi on s'attendrait de sa part. À l'œil, il affiche une robe jaune pâle. Le nez est expressif. Des notes bien appuyées de pamplemousse, d'ananas et de buis titillent nos narines. Des nuances végétales s'ajoutent à l'ensemble. La bouche est vive, comme c'est le cas de la plupart des sauvignons. Les accents de pamplemousse occupent le haut du pavé. Les saveurs de bourgeon de cassis suivent. De plus, il est doté d'une bonne longueur en bouche. Simple, mais efficace.

Acidité · Corps: Vif · Moyennement corsé
Caractères: Pamplemousse · Buis
Température: Entre 8 et 11 °C

I.M.V. 63

Sauces	Cuissons	Plat 1	Plat 2	Fromages
Aux agrumes Fumet de poisson Aux herbes	Mijoté Bouilli Poêlé	Ceviche de pétoncles	Sushis	Chèvre

FURMINT, PAJZOS ANTALOCZY CELLARS ★★★

Producteur : Pajzos Zrt.
Appellation : Tokaji
Pays : Hongrie

Millésime dégusté : 2009
Prix : 12,75 $
Code SAQ : 860668

Ce dry Tokaji est un produit différent, unique en son genre. Élaboré à base de furmint, le cépage roi du fameux Tokay, c'est un vin liquoreux d'exception. Celui-ci est bien sec cependant. À l'œil, il dévoile une robe jaune paille. Le nez est très expressif, dominé par des odeurs de gingembre, de miel et de fruits tropicaux, ainsi que des notes florales. La bouche est ample, fraîche et savoureuse. Les intonations détectées à l'olfaction se reflètent en bouche. À celles-ci, se greffent des nuances de lime. Ces dernières demeurent suspendues un bon moment avant de s'estomper.

Acidité • Corps : Frais • Moyennement corsé
Caractères : Gingembre • Lime
Température : Entre 8 et 10 °C

I.M.V. 63

Sauces	Cuissons	Plat 1	Plat 2	Fromages

Aux fruits
Au gingembre
Fumet
  de poisson
	Mijoté
	Bouilli
	Cru
		Nage de
		  poisson,
		  gastrique à
		  l'orange
			Salade
			  de calmars
				Pâte molle
				  à croûte
				  fleurie

GROS MANSENG/SAUVIGNON, ALAIN BRUMONT ★★↗

Producteur : Alain Brumont
Appellation : Vin de Pays des Côtes de Gascogne
Pays : France

Millésime dégusté : 2010
Prix : 12,80 $
Code SAQ : 548883

Cette cuvée est essentiellement destinée à une clientèle qui recherche un produit simple et rafraîchissant. Un vin parfait pour la terrasse, à l'heure de l'apéro, par exemple. Toujours bien ficelé, ce blanc révèle une robe jaune avec des reflets verts. À l'olfaction, il dévoile un bouquet assez aromatique, où priment des notes bien appuyées de pamplemousse, d'ananas, de verdure et de buis. La bouche est ample, vive et croquante. Les saveurs de fruits tropicaux dominent ; elles se collent littéralement au palais et y demeurent suspendues un bon moment. La finale révèle des flaveurs de zeste de citron.

Acidité • Corps : Vif • Moyennement corsé
Caractères : Agrumes • Fruits tropicaux
Température : Entre 8 et 11 °C

I.M.V. 63

Sauces	Cuissons	Plat 1	Plat 2	Fromages

Aux fruits
Aux herbes
Fumet
  de poisson
	Bouilli
	Mijoté
	Cru
		Cocktail
		  de crevettes
			Ceviche
			  de pétoncles
				Chèvre

PINOT GRIGIO, VILLA DI PONTICELLO ★★⌐

Producteur : Villa di Ponticello
Appellation : I.G.T. Delle Venezie
Pays : Italie

Millésime dégusté : 2010
Prix : 12,95 $
Code SAQ : 11621144

Beau petit vin convivial que celui-là. Un blanc qui ne se prend pas pour un autre et qui sera à sa place autant à l'apéritif qu'en accompagnement de fruits de mer et de coquillages. Affichant une robe jaune pâle, il dévoile au nez un bouquet très aromatique, marqué par des notes bien évidentes de fruits tropicaux, de banane, entre autres, de melon de miel aussi, ainsi que des nuances de silex qui se pointent en filigrane. La bouche est ample, croquante et dotée d'une agréable fraîcheur. On y perçoit beaucoup de saveurs fruitées. Les nuances sont en tous points fidèles aux accents perçus à l'olfaction.

Acidité • Corps : Frais • Léger +
Caractères : Fruits tropicaux • Melon
Température : Entre 8 et 10 °C

I.M.V. 63

Sauces	Cuissons	Plat 1	Plat 2	Fromages

Aux fruits
Fumet
  de poisson
Nature
	Cru
	Bouilli
	Mijoté
		Pétoncles
		  grillés au
		  citron vert
			Huîtres nature	Pâte molle
				à croûte
				lavée

TRAMINI, HUNYADY ★★★

Producteur : Kutlac KFT
Appellation : South Balaton
Pays : Hongrie

Millésime dégusté : 2009
Prix : 13,40 $
Code SAQ : 11200526

Voici un blanc qui ne manque pas d'expression. Il est élaboré à base de tramini, le nom hongrois pour gewurztraminer. Les amateurs de ce cépage alsacien seront en pays de connaissance. Toutefois, contrairement à plusieurs vins issus de cette variété, il est bien sec. Arborant une robe jaune paille, il déploie un intense bouquet dominé par des notes bien appuyées de litchi, de rose et de fruits tropicaux tels que la mangue et le melon. La bouche est fraîche, goûteuse, très fruitée, avec une dominance de nuances florales. Les notes de fruits tropicaux, de litchi surtout, suivent et se collent au palais.

Acidité • Corps : Frais • Léger +
Caractères : Litchi • Rose
Température : Entre 8 et 10 °C

I.M.V. 63

Sauces	Cuissons	Plat 1	Plat 2	Fromages
Aux fruits À la rose Fumet de poisson	Nature Mijoté Bouilli	Sushis	Crevettes à la thaï	Pâte molle à croûte fleurie

SOAVE, SI ★★★

Producteur : Invino
Appellation : Soave
Pays : Italie

Millésime dégusté : 2010
Prix : 13,45 $
Code SAQ : 11254495

Difficile de ne pas évoquer la forme de la bouteille lorsqu'on parle de ce vin. En plus d'être esthétique, celle-ci ressemble à une carafe, ce qui facilite le service. Mais ce blanc n'a pas que l'emballage de joli, son contenu l'est tout autant. À l'œil, il dévoile une robe jaune-vert. Au nez, on perçoit de subtiles nuances de citron, de poire et d'amande. Suivent des notes de caramel et d'agréables effluves minérales. La bouche est élégante, délicate, fraîche et enveloppante. Les notes de citron, de poire, d'amande et de beurre se côtoient et s'unissent pour former un tout harmonieux.

Acidité • Corps : Frais • Léger
Caractères : Citron • Amande
Température : Entre 9 et 11 °C

I.M.V. 63

Sauces	Cuissons	Plat 1	Plat 2	Fromages
Au beurre Aux agrumes Fumet de poisson	Bouilli Cru Mijoté	Nage de pétoncles aux agrumes	Baluchon de brie aux poires	Pâte molle à croûte fleurie

CALVET, ÉDITION LIMITÉE ★★↲

Producteur : J. Calvet & Cie
Appellation : Bordeaux
Pays : France

Millésime dégusté : 2009
Prix : 13,95 $
Code SAQ : 10967514

Ce bordeaux à base de sauvignon, habillé dans un style Nouveau Monde par sa forme et sa capsule à vis, possède tous les atouts pour plaire aux amateurs de blancs de ce coin de pays. Affichant une robe jaune pâle avec des reflets verts, il déploie un bouquet aromatique et nuancé d'où émanent des arômes typiques du cépage, à savoir des nuances de pamplemousse, d'ananas et de buis. Des nuances de pêche, ainsi que des notes minérales, apparaissent en arrière-plan. La bouche est fraîche et dotée d'une belle acidité. On retrouve les saveurs détectées au nez dans une bouche où baigne une tranquille harmonie.

Acidité • Corps : Frais • Léger +
Caractères : Pamplemousse • Minéral
Température : Entre 8 et 11 °C

I.M.V. 63

Sauces	Cuissons	Plat 1	Plat 2	Fromages
Fumet de poisson Aux agrumes Aux herbes	Mijoté Au four Cru	Sushis	Filet d'aiglefin aux agrumes	Chèvre

PINOT GRIGIO, MEZZACORONA ★★★

Producteur : Mezzacorona
Appellation : Vigneti delle Dolomiti
Pays : Italie

Millésime dégusté : 2011
Prix : 14,45 $
Code SAQ : 302380

Ce pinot grigio est originaire du Trentin Haut Adige, dans la partie nord-est de l'Italie, une région fraîche favorisant une maturation lente du raisin, condition idéale pour ce cépage. À l'œil, il dévoile une robe jaune paille. Au nez, on perçoit d'intenses notes de fleurs et de pomme compotée, ainsi que des fruits tropicaux tels que la mangue et la papaye. La bouche est vive, croquante et savoureuse. Les saveurs de pomme fraîche s'expriment avec aplomb et s'accompagnent de nuances d'agrumes et de papaye. La finale, assez soutenue, nous laisse sur d'agréables intonations minérales.

Acidité · Corps : Vif · Moyennement corsé
Caractères : Pomme · Fruits tropicaux
Température : Entre 8 et 11 °C

I.M.V. 63

Sauces	Cuissons	Plat 1	Plat 2	Fromages
Fumet de poisson Aux fruits Nature	Mijoté Au four Cru	Sushis	Filet de sole, sauce vierge	Chèvre

AGIORITIKOS, TSANTALI ★★★

Producteur : E. Tsantali SA
Appellation : Indication Géographique Protégée, Agioritikos
Pays : Grèce

Millésime dégusté : 2010

Prix : 14,50 $
Code SAQ : 861856

Ce vin grec, élaboré à base des cépages autochtones athiri et assyrtiko, n'a pas son pareil sur les tablettes de la SAQ. Ne serait-ce que pour sa rareté, ce produit vaut son pesant d'or. Mais il y a plus que ça dans ce vin léger sans être fluet, fruité à souhait. Sous une robe jaune paille avec des reflets dorés, il dévoile un intense bouquet dominé par des notes de pomme et de poire, juxtaposées à des nuances minérales et florales. La bouche est vive, mais sans excès. Sa texture est un peu mince, mais agréable. Les saveurs de pomme dominent et demeurent suspendues.

Acidité · Corps : Vif · Moyennement corsé
Caractères : Pomme · Floral
Température : Entre 8 et 10 °C

I.M.V. 63

Sauces	Cuissons	Plat 1	Plat 2	Fromages
Aux fruits Fumet de poisson Nature	Bouilli Cru Mijoté	Cocktail de crevettes	Filet de sole au citron	Pâte molle à croûte fleurie

PINOT GRIGIO, VOGA ★★★

Producteur : Enoitalia SPA
Appellation : I.G.T. Delle Venezie
Pays : Italie

Millésime dégusté : 2011
Prix : 14,55 $
Code SAQ : 10803114

La bouteille séduit par sa forme, qui ressemble étrangement à un flacon de parfum. Mais il n'y a pas que son habillage qui nous plaît, son contenu aussi. À l'œil, la robe est jaune paille avec des reflets dorés. Au nez, il dévoile un bouquet assez aromatique, dominé par des intonations de fruits tropicaux confits, de compote de pommes et de miel, ainsi que des nuances d'anis. La bouche est fraîche, très sapide et présente un agréable côté croquant. Des saveurs de pommes compotées s'expriment d'emblée. Des accents de miel et d'amande suivent et contribuent à créer une douce harmonie.

Acidité • Corps : Frais • Léger +
Caractères : Fruits tropicaux • Miel
Température : Entre 9 et 12 °C

I. M. V. 63

Sauces	Cuissons	Plat 1	Plat 2	Fromages
Aux fruits Au miel Fumet de poisson	Mijoté Cru Bouilli	Baluchon de brie au miel	Filet de daurade au beurre d'agrumes	Pâte molle à croûte fleurie

SAUVIGNON BLANC, JACKSON-TRIGGS, RESERVE ★★★

Producteur : Jackson-Triggs Estate Wines
Appellation : Niagara Peninsula
Pays : Canada (Ontario)

Millésime dégusté : 2011
Prix : 14,95 $
Code SAQ : 11677421

Ce sauvignon blanc élaboré par une des figures de proue de la viticulture canadienne m'a charmé par son côté expressif et très fruité. Affichant une robe jaune pâle, il dévoile un nez très aromatique, marqué par des odeurs de fruits tropicaux, tels que le melon, le litchi et l'ananas, ainsi que des accents floraux. Il présente aussi les nuances caractéristiques du cépage comme le pamplemousse rose et le buis. La bouche est ample, vive, mais avec un agréable côté moelleux. On retrouve avec joie les nuances perçues à l'olfaction. Elles s'accompagnent de saveurs muscatées et de gingembre. Joli et différent.

Acidité • Corps : Frais • Moyennement corsé
Caractères : Fruits tropicaux • Buis
Température : Entre 8 et 11 °C

I. M. V. 63

Sauces	Cuissons	Plat 1	Plat 2	Fromages
Aux fruits Fumet de poisson Aux herbes	Mijoté Au four Poêlé	Filet de bar, salsa à la mangue	Baluchon de brie aux pommes	Pâte molle à croûte fleurie

SAUVIGNON BLANC, MONKEY BAY ★★★

Producteur : Monkey Bay Wine Company
Appellation : Marlborough
Pays : Nouvelle-Zélande

Millésime dégusté : 2011
Prix : 15,00 $
Code SAQ : 10529936

Mes notes de l'an dernier à propos de ce vin sont également valides pour ce millésime-ci. La recette est éprouvée, donc pourquoi la changer ? Affichant une robe de couleur jaune vert, il dévoile un bouquet expressif à l'intérieur duquel on discerne des arômes typiques des sauvignons néo-zélandais, à savoir des nuances d'ananas et de melon de miel ainsi que des notes d'herbes fraîchement coupées. La bouche, croustillante, est dotée d'une texture riche et enveloppante. On y perçoit une dominance de saveurs d'ananas et de citron. En sous-couche, on distingue aussi des nuances herbacées. La finale est longue et soutenue.

Acidité · Corps : Vif · Moyennement corsé
Caractères : Pamplemousse · Herbes
Température : Entre 8 et 10 °C

I.M.V. 63

Sauces	Cuissons	Plat 1	Plat 2	Fromages
Aux fruits Fumet de poisson Nature	Mijoté Au four Cru	Sushis	Farfales aux fruits de mer	Chèvre

CHARDONNAY, CLIFF 79 ★★⌐

Producteur : Cliff 79
Appellation : South Eastern Australia
Pays : Australie

Produit non millésimé
Prix : 10,95 $
Code SAQ : 11529591

Déjà, avec le cabernet/shiraz de la même maison, j'avais été impressionné par l'indéniable rapport qualité-prix-plaisir. J'étais préparé à y voir un produit intéressant, mais ce chardonnay a dépassé mes attentes. Affichant une robe jaune pâle, il dévoile, au nez, un bouquet expressif d'où émanent des notes de pomme verte, de vanille, d'amande, de bois et de brioche. La bouche est vive, mais avec une agréable texture enveloppante qui rafraîchit le palais. Les saveurs de pomme dominent et sont rejointes par les nuances de brioche à la vanille et de beurre frais. Tout ça pour un peu plus de 10 $.

Acidité · Corps : Vif · Moyennement corsé
Caractères : Pomme · Brioche
Température : Entre 8 et 11 °C

I.M.V. 64

Sauces	Cuissons	Plat 1	Plat 2	Fromages
Au beurre À la vanille Fumet de poisson	Poêlé Au four Mijoté	Filet de sole amandine	Pétoncles au beurre de vanille	Pâte molle à croûte fleurie

CHARDONNAY/SÉMILLON, STAMP OF AUSTRALIA ★★★

Producteur: Thomas Hardy & Sons
Appellation: South Eastern Australia
Pays: Australie

Millésime dégusté: 2011
Prix: 12,45 $
Code SAQ: 10845971

Cette cuvée réussit à me surprendre chaque année. Évidemment, son prix milite en sa faveur, mais ce vin parvient à nous charmer davantage grâce à ses qualités. Sous une robe jaune aux reflets dorés, il dévoile un bouquet aromatique, marqué par des nuances de fruits tropicaux, de pomme, de poire, d'anis, de vanille et de bois neuf ainsi que des effluves floraux. La bouche est fraîche, croquante et texturée. À noter la belle définition des arômes. Aux nuances perçues au nez s'ajoutent des notes de pommes compotées. La finale se termine sur des flaveurs boisées. D'une redoutable efficacité.

Acidité · Corps: Frais · Moyennement corsé
Caractères: Fruits tropicaux · Boisé
Température: Entre 9 et 11 °C

I.M.V. 64

Sauces	Cuissons	Plat 1	Plat 2	Fromages
Au beurre Fumet de poisson Au vin blanc	Au four Poêlé Mijoté	Sole de Douvres meunière	Avocat farci aux crevettes	Pâte molle à croûte fleurie

🍷 VERGER SUD, DOMAINE PINNACLE ★★★

Producteur: Domaine Pinnacle
Appellation: Brome-Missisquoi
Pays: Canada (Québec)

Produit non millésimé
Prix: 12,90 $
Code SAQ: 10850551

Le cidre de glace a tellement pris l'avant-scène qu'il fait de l'ombre à tous les autres produits issus de la pomme. Qui plus est, l'industrie a du mal à se défaire de l'image négative qu'elle traîne depuis les années 1970. Ce produit réconciliera une partie de la clientèle perdue au fil du temps en plus de conquérir une nouvelle génération. Affichant une robe jaune paille, il dévoile un riche bouquet dominé par des notes bien appuyées de pomme et de cire d'abeille ainsi que des nuances florales. Vive, mais sans excès, ample et texturée, la bouche met en évidence les saveurs perçues à l'olfaction.

Acidité · Corps: Vif · Assez corsé
Caractères: Pomme · Cire d'abeille
Température: Entre 8 et 10 °C

I.M.V. 64

Sauces	Cuissons	Plat 1	Plat 2	Fromages
Aux fruits Fumet de poisson Au vin blanc	Poêlé Au four Mijoté	Baluchon de brie aux poires	Crevettes sautées à la thaï	Pâte molle à croûte fleurie

CHARDONNAY, SETTLER'S COVE ★★★

Producteur: Settler's Cove
Appellation: South Eastern Australia
Pays: Australie
Millésime dégusté: 2010
Prix: 12,95 $
Code SAQ: 11133010

Ce blanc a de quoi surprendre. Offert à un prix fort alléchant, il en donne beaucoup plus que ce qu'on pourrait espérer. Le chardonnay est aisément reconnaissable et les amateurs de ce cépage seront comblés. Affichant une robe jaune doré, il offre un bouquet expressif à souhait, marqué par des arômes de mangue, de brioche au beurre et de pomme ainsi que des nuances boisées. La bouche est fraîche, ronde et dotée d'une texture grasse et enveloppante. Les saveurs de fruits tropicaux occupent la majeure partie du palais. La mangue est bien en évidence. Les saveurs de bois suivent.

Acidité • Corps: Frais • Moyennement corsé
Caractères: Fruits tropicaux • Boisé
Température: Entre 8 et 10 °C
I.M.V. 64

Sauces	Cuissons	Plat 1	Plat 2	Fromages
Fumet de poisson Aux fruits Au beurre	Poêlé Mijoté Au four	Filet de sole, salsa à la mangue	Crevettes sautées au beurre d'agrumes	Pâte molle à croûte fleurie

CHARDONNAY, BARON PHILIPPE DE ROTHSCHILD ★★★

Producteur: Baron Philippe de Rothschild
Appellation: Vin de Pays d'Oc
Pays: France
Millésime dégusté: 2010
Prix: 13,15 $
Code SAQ: 407528

Une véritable aubaine que ce «petit» vin pas piqué des vers, bien fait et très représentatif du cépage. Baron Philippe de Rothschild est une maison sérieuse qui n'a pas besoin de présentation. Son incursion dans le pays où l'on parle la langue d'Oc est très réussie. Il s'agit d'un chardonnay typique du sud de la France, avec des accents de poire, de pomme et d'amande et un brin floral. La bouche est grasse, fraîche et d'une ampleur surprenante pour un vin de ce prix. Les saveurs détectées sont en tous points similaires aux arômes perçus à l'olfaction.

Acidité • Corps: Frais • Léger
Caractères: Pomme • Amande
Température: Entre 8 et 10 °C
I.M.V. 64

Sauces	Cuissons	Plat 1	Plat 2	Fromages
Au beurre Aux amandes Fumet de poisson	Poêlé Grillé Mijoté	Filet de sole amandine	Baluchon de brie aux poires	Pâte molle à croûte fleurie

CHARDONNAY, LULU B. ★★★

Producteur : Louis Bernard
Appellation : Vin de Pays d'Oc
Pays : France

Millésime dégusté : 2010
Prix : 13,95 $
Code SAQ : 10802875

À la vue de l'étiquette, on se dit qu'on a affaire à un vin pas compliqué et convivial. Le genre de produit qui se boit sur la terrasse d'un bistrot, par exemple. Si le contenu confirme nos doutes, on y découvre une profondeur insoupçonnée. Arborant une robe de couleur paille aux reflets dorés, il dévoile un bouquet assez aromatique, dominé par des nuances de vanille, de pomme-poire et de beurre frais, avec des notes florales ainsi qu'un côté minéral très agréable. La bouche est fraîche et dotée d'une texture enveloppante et d'une belle acidité croquante. Les saveurs de pomme, de vanille et de beurre se confirment.

Acidité • Corps : Frais • Léger +
Caractères : Pomme • Minéral
Température : Entre 9 et 11 °C

I. M. V. 64

Sauces	Cuissons	Plat 1	Plat 2	Fromages
Aux fruits Au beurre Fumet de poisson	Poêlé Cru Au four	Filet de sole meunière	Huîtres nature	Pâte molle à croûte fleurie

MARQUIS DE CHASSE, BLANC ★★★

Producteur : Ginestet, SA
Appellation : Bordeaux
Pays : France

Millésime dégusté : 2010
Prix : 13,95 $
Code SAQ : 404095

Ce vin est issu de sauvignon et de sémillon, les deux cépages blancs les plus cultivés dans la région de Bordeaux. Le sauvignon fournit le caractère, l'expression et la vivacité, alors que le sémillon apporte de la douceur et son côté velouté. Affichant une robe jaune aux reflets verts, ce blanc dévoile au nez un bouquet expressif, dominé par des notes bien appuyées de fruits tropicaux confits, de pamplemousse et de buis. La bouche est ample, ronde et fraîche. Aux accents perçus à l'olfaction se joignent des nuances de pomme et d'ananas. Excellent rapport qualité-prix. Idéal avec les poissons blancs.

Acidité • Corps : Frais • Léger +
Caractères : Fruits tropicaux • Pomme
Température : Entre 8 et 11 °C

I. M. V. 64

Sauces	Cuissons	Plat 1	Plat 2	Fromages

Aux agrumes
Fumet
  de poisson
Au vin blanc
	Poêlé
	Mijoté
	Cru
		Filet de
		  doré aux
		  poireaux
			Saumon fumé	Chèvre

ADEGA DE PEGÖES ★★★

Producteur : Cooperativa Agricola de
    Santo Isidro de Pegöes
Appellation : Vinho Regional Terras do Sado
Pays : Portugal

Millésime dégusté : 2010
Prix : 14,05 $
Code SAQ : 10838801

Surprenant vin que celui-ci. Élaboré à base de chardonnay et des cépages régionaux arinto, antâo vaz et verdelho, il est tout sauf banal. Arborant une robe jaune doré, il dévoile au nez un bouquet assez intense marqué par des arômes de fruits exotiques, de miel et d'épices ainsi que des effluves de bois. La bouche est ample, grasse et pleine de fruits. Les accents de fruits exotiques et de miel s'imposent d'emblée, pour ensuite céder le passage aux notes épicées. De plus, les saveurs demeurent suspendues un long moment avant de s'estomper. Tout ça pour 14 $… que demander de plus !

Acidité • Corps : Frais • Assez corsé
Caractères : Fruits exotiques • Boisé
Température : Entre 8 et 10 °C

I. M. V. 64

Sauces	Cuissons	Plat 1	Plat 2	Fromages
Au beurre Fond de volaille Fumet de poisson	Mijoté Au four Poêlé	Crevettes poêlées, au beurre d'agrumes	Daube de poisson	Pâte molle à croûte fleurie

SAUVIGNON BLANC, WOODBRIDGE ★★★

Producteur : Woodbridge Winery
Appellation : California
Pays : États-Unis

Millésime dégusté : 2010
Prix : 14,25 $
Code SAQ : 40501

Voici un sauvignon blanc qui se laisse boire facilement, sans façon ni cérémonial. Idéal à l'apéritif, avec des hors-d'œuvre à base de fruits de mer ou des croûtons au fromage de chèvre. Sous une robe jaune pâle, on perçoit un bouquet moyennement aromatique, révélant surtout des odeurs d'ananas et d'agrumes ainsi que des effluves de fleurs blanches. La bouche est fraîche, croquante et dotée d'une texture enveloppante. Les saveurs de fruits tropicaux se côtoient en harmonie et avec aplomb, mais sans le côté exubérant de certains sauvignons. Les nuances d'agrumes demeurent suspendues pendant plusieurs caudalies. Simple, mais d'une redoutable efficacité.

Acidité • Corps : Frais • Moyennement corsé
Caractères : Agrumes • Fruits tropicaux
Température : Entre 8 et 10 °C

I. M. V. 64

Sauces	Cuissons	Plat 1	Plat 2	Fromages
Aux agrumes Fumet de poisson Nature	Mijoté Poêlé Cru	Filet de sole à la grenobloise	Mousse de crabe	Chèvre

BOURGOGNE, CHARDONNAY, ALBERT BICHOT ★★★

Producteur: Albert Bichot
Appellation: Bourgogne
Pays: France

Millésime dégusté: 2008
Prix: 14,35 $
Code SAQ: 10845357

On reconnaît le style bourguignon dans ce chardonnay tout en retenue, à mille lieues des vins un peu bonbon qui pullulent sur le marché. Certains le trouveront un peu trop réservé, alors que d'autres l'apprécieront justement pour cette qualité. À l'œil, il exhibe une robe jaune paille. Le nez, discret à l'ouverture, s'est avéré plus loquace après s'être réchauffé et avoir pris un peu d'air. Des notes de pomme s'expriment d'emblée. Elles sont suivies par des nuances de sous-bois ainsi que des notes végétales. Ce blanc est doté d'une belle bouche ronde et très rafraîchissante. Fidèle aux accents perçus à l'olfaction.

Acidité • Corps: Frais • Moyennement corsé
Caractères: Pomme • Minéral
Température: Entre 9 et 11 °C

I.M.V. 64

Sauces	Cuissons	Plat 1	Plat 2	Fromages
Au beurre Aux fruits Fumet de poisson	Mijoté Cru Au four	Crevettes sautées au beurre	Filet de bar poché, sauce hollandaise	Pâte molle à croûte fleurie

CHARDONNAY, LIBAIO ★★⌿

Producteur: Ruffino SPA
Appellation: I.G.T. Toscana
Pays: Italie

Millésime dégusté: 2011
Prix: 14,95 $
Code SAQ: 211441

Voici un chardonnay somme toute assez simple, fidèle aux caractères inhérents au cépage, mais d'une redoutable efficacité. D'autant plus si on considère son rapport qualité-prix-plaisir. Avec sa robe jaune paille, il offre au nez un bouquet assez expressif d'où émanent des notes de mangue et de papaye appuyées par des nuances de bois omniprésentes. La bouche est ample, fruitée, fraîche, croquante et dotée d'une texture enveloppante. Les saveurs de fruits tropicaux sont bien en évidence et occupent le palais avec aplomb. Des accents de pomme et de poire s'ajoutent à l'ensemble. De plus, il est doté d'une bonne allonge.

Acidité • Corps: Frais • Moyennement corsé
Caractères: Fruits tropicaux • Boisé
Température: Entre 8 et 10 °C

I.M.V. 64

Sauces	Cuissons	Plat 1	Plat 2	Fromages
Aux fruits Fumet de poisson Au beurre	Mijoté Au four Poêlé	Crevettes sautées au beurre	Filet de morue, salsa à la mangue	Pâte molle à croûte fleurie

COLOMBELLE, L'ORIGINAL ★★✦

Producteur : Producteurs Plaimont
Appellation : Vin de Pays des Côtes de Gascogne
Pays : France

Millésime dégusté : 2010
Prix : 11,75 $
Code SAQ : 11073299

Rien de compliqué dans ce petit vin de semaine, mais c'est justement ce qui fait son charme. Il est issu de l'union des cépages ugni blanc et colombard. Arborant une robe jaune vert, il offre un bouquet assez puissant, dominé par des notes d'agrumes, de zeste de citron, d'ananas et de fleurs blanches ainsi que des nuances végétales. La bouche est croquante, voire assez vive, mais sans excès et d'une bonne ampleur. Les saveurs d'agrumes dominent le palais et l'occupent sans faire de quartier. La rétro-olfaction révèle des nuances herbacées rappelant le persil haché. Excellent à l'apéro, sur une terrasse au soleil.

Acidité • Corps : Vif • Moyennement corsé
Caractères : Agrumes • Herbes
Température : Entre 8 et 10 °C

I.M.V. 65

Sauces	Cuissons	Plat 1	Plat 2	Fromages
Aux agrumes Fumet de poisson Aux herbes	Bouilli Mijoté Cru	Nage de fruits de mer, gastrique à l'orange	Sushis	Chèvre

SAUVIGNON BLANC, LE JAJA DE JAU ★★★

Producteur : Vignobles Jean & Bernard Daure
Appellation : Vin de Pays des Côtes de Gascogne
Pays : France

Millésime dégusté : 2010
Prix : 13,35 $
Code SAQ : 11459693

Quand j'ai goûté ce blanc lors d'une dégustation comparative, en parallèle avec d'autres blancs issus du même cépage, je l'ai pris pour un vin du Nouveau Monde. Il en a certainement l'exubérance et les attributs. Affichant une robe jaune-vert, il dévoile au nez un bouquet expressif, marqué par des nuances de citron, de pamplemousse rose, d'ananas et de buis. La bouche est sapide, vive, mais sans excès. Fidèle aux accents perçus à l'olfaction, surtout les notes d'agrumes et végétales. Il s'agit d'un vin de fête, convivial, idéal pour la terrasse, lors des soirées de semaine, pour accompagner les poissons à chair blanche arrosés de citron.

Acidité • Corps : Vif • Moyennement corsé
Caractères : Agrumes • Végétal
Température : Entre 8 et 11 °C

I.M.V. 65

Sauces	Cuissons	Plat 1	Plat 2	Fromages
Au citron Fumet de poisson Aux herbes	Poêlé Au four Mijoté	Linguines aux fruits de mer	Bar noir au citron	Chèvre

CHARDONNAY, R.H. PHILLIPS ★★★

Producteur: The R.H. Phillips Vineyard
Appellation: California
Pays: États-Unis

Millésime dégusté: 2010
Prix: 14,25 $
Code SAQ: 594457

Les gens qui ont une attirance envers les chardonnays boisés, dans le style Nouveau Monde, trouveront leur compte avec ce blanc qui ne manque pas d'expression. Il affiche une robe jaune paille avec des reflets verts. L'examen olfactif révèle des notes de fruits tropicaux et de vanille. Les intonations de bois neuf sont omniprésentes. La bouche est ample, texturée et dotée d'une agréable fraîcheur. Les saveurs de bois neuf et de fruits tropicaux occupent la majorité du palais. La papaye et la mangue, surtout, s'expriment avec verve. De plus, sa longueur en bouche est surprenante pour un vin offert à ce prix.

Acidité · Corps: Frais · Assez corsé
Caractères: Fruits tropicaux · Boisé
Température: Entre 8 et 10 °C

I.M.V. 65

Sauces	Cuissons	Plat 1	Plat 2	Fromages
Fond de volaille Au beurre Fumet de poisson	Grillé Poêlé Mijoté	Homard grillé au beurre d'agrumes	Filet de truite aux amandes grillées	Pâte molle à croûte fleurie

PINOT GRIGIO, WOODBRIDGE ★★⸴

Producteur: Woodbridge Winery
Appellation: California
Pays: États-Unis

Millésime dégusté: 2011
Prix: 14,25 $
Code SAQ: 11133167

La gamme Woodbridge de Robert Mondavi propose des vins faciles à boire, conviviaux et à prix doux. Celui-ci est le petit dernier de la famille puisqu'il n'est que depuis deux ans sur les tablettes de la SAQ. Sous une robe jaune pâle, il dévoile au nez un bouquet expressif marqué par des notes de fruits tropicaux, de mangue surtout, suivies par des nuances de citron, juxtaposées à des accents floraux. La bouche est vive et croquante. Les saveurs de citron s'expriment avec aplomb et demeurent suspendues un long moment avant de céder le passage à des flaveurs de mangue.

Acidité · Corps: Frais · Moyennement corsé
Caractères: Fruits tropicaux · Floral
Température: Entre 9 et 11 °C

I.M.V. 65

Sauces	Cuissons	Plat 1	Plat 2	Fromages
Aux fruits Fumet de poisson Fond de volaille	Au four Poêlé Cru	Avocat farci aux crevettes	Nage de fruits de mer, gastrique à l'orange	Pâte molle

ESTATE FUMÉ BLANC, ERRAZURIZ ★★★

Producteur : Viña Errazuriz
Appellation : Valle de Aconcagua
Pays : Chili

Millésime dégusté : 2011
Prix : 13,95 $
Code SAQ : 541250

L'expression est au rendez-vous dans ce vin qui en donne pour son argent à ses acquéreurs. Il est bon de préciser que ce produit a bénéficié de soins dignes des meilleurs, malgré son petit prix. La générosité du climat chilien a fait tout le reste. Sous une robe jaune tirant sur le vert, il dévoile d'intenses notes de pamplemousse, de pomme verte et d'ananas ainsi que des nuances herbacées. La bouche est croquante et très sapide. Les saveurs de fruits tropicaux dominent ; elles occupent le palais sans faire de quartier. Les goûts d'ananas et de pamplemousse demeurent suspendus un long moment avant de disparaître.

Acidité • Corps : Vif • Moyennement corsé
Caractères : Fruits tropicaux • Herbacé
Température : Entre 8 et 11 °C

I.M.V. 66

Sauces	Cuissons	Plat 1	Plat 2	Fromages
Aux agrumes Fumet de poisson Aux herbes	Bouilli Mijoté Poêlé	Nage de fruits de mer aux agrumes	Sushis	Chèvre

SAUVIGNON BLANC, CAMINO SAN PABLO ★★★

Producteur : Hijos de Antonio Barcelo
Appellation : Viño de Tierra Castilla-y-Leon
Pays : Espagne

Millésime dégusté : 2010
Prix : 13,95 $
Code SAQ : 11315147

Ce vin provenant de Castilla y Leon, une région viticole parmi les plus prometteuses d'Espagne, est tout à fait charmant, et c'est toujours avec un plaisir renouvelé que je déguste ce produit au rapport qualité-prix incontestable. Arborant une robe jaune paille, il est doté d'un bouquet expressif où dominent les nuances de pamplemousse et d'ananas, juxtaposées à des notes de buis typiques du cépage. La bouche est ample et vive, mais sans excès. Aux intonations perçues à l'olfaction s'ajoutent des saveurs de zeste de citron et d'herbes fraîchement coupées. Les saveurs demeurent suspendues suffisamment longtemps pour permettre de les apprécier.

Acidité • Corps : Vif • Assez corsé
Caractères : Agrumes • Ananas
Température : Entre 9 et 12 °C

I.M.V. 66

Sauces	Cuissons	Plat 1	Plat 2	Fromages
Aux agrumes Fumet de poisson Aux fines herbes	Poêlé Au four Bouilli	Bar noir au fenouil	Nage de fruits de mer au safran	Chèvre

PINOT GRIS, BERINGER COLLECTION ★★⸗

Producteur : Beringer Vineyards
Appellation : California
Pays : États-Unis

Millésime dégusté : 2010
Prix : 11,95 $
Code SAQ : 11133124

Ce petit charmeur n'aura aucune difficulté à plaire à une vaste clientèle avide de vin où le fruit domine. Il s'agit d'un blanc demi-sec qui ne passe pas par quatre chemins pour arriver à son but. À l'œil, il affiche une robe jaune paille avec des reflets verts. Le nez est explosif, marqué par des notes bien appuyées de fruits tropicaux confits. La papaye, le melon de miel, la banane, l'ananas, la goyave, etc., se côtoient. Elles s'accompagnent de nuances florales et de miel. La bouche est ample, texturée, fraîche et assez douce. Les saveurs de fruits tropicaux reviennent nous charmer.

Acidité • Corps : Demi-sec • Léger +
Caractères : Fruits tropicaux • Miel
Température : Entre 8 et 11 °C

I.M.V. 67

Sauces	Cuissons	Plat 1	Plat 2	Fromages
Aux fruits Au vin blanc Fumet de poisson	Cru Au four Grillé	Suprême de volaille à la mangue	Sauté de crevettes à l'orientale	Pâte molle à croûte fleurie

LA RUÉE VERS L'OR ★★★

Producteur : Verger Clément Larivière
Appellation : Québec
Pays : Canada

Produit non millésimé
Prix : 10,90 $
Code SAQ : 733683

Les cidres forts ont longtemps eu mauvaise réputation au Québec. Il faut dire que les premiers essais en la matière n'étaient pas très réussis. Aujourd'hui, les produits de la pomme sont de mieux en mieux ficelés. Celui-ci, en plus d'être bon, est offert à un prix dérisoire. Doté d'une robe jaune doré, il offre au nez un bouquet expressif dans lequel priment des notes de pommes compotées, d'amande et de cire d'abeille. La bouche est ample, goûteuse, munie d'une agréable acidité. Les saveurs de pomme s'expriment avec beaucoup d'aplomb et demeurent suspendues un bon moment avant de s'estomper.

Acidité • Corps : Vif • Corsé
Caractères : Pomme • Cire d'abeille
Température : Entre 8 et 10 °C

I.M.V. 70

Sauces	Cuissons	Plat 1	Plat 2	Fromages
Aux fruits Nature Au fromage	Au four Poêlé Nature	Suprême de volaille farci au vieux gouda	Sandwich au jambon et au cheddar	Cheddar, gouda

PINOT NOIR, PATRIARCHE, PRESTIGE ★★⌐

Producteur : Patriarche Père & Fils
Appellation : Vin de Pays d'Oc
Pays : France

Millésime dégusté : 2010
Prix : 13,40 $
Code SAQ : 10826578

Ce rouge ravira les amateurs de vins légers et tout en fruits. Il est simple, convivial, un vin de fête, idéal pour un pique-nique pour accompagner des viandes froides et des pâtés, ou un sandwich au jambon et brie. De couleur rubis assez pâle, il s'exprime avec délicatesse. Des fragrances de fraise des bois, d'épices douces et de fleurs parviennent à nos narines avec douceur. La bouche est fraîche, sapide, avec des tannins soyeux. Les saveurs de fraise sont en évidence. La finale nous laisse une impression légèrement acidulée, comme lorsqu'on croque dans un fruit frais.

Tannins · Corps : Souples · Léger
Caractères : Fraise · Épices douces
Température : Entre 14 et 17 °C

I.M.V. 81

Sauces	Cuissons	Plat 1	Plat 2	Fromages
Aux fruits Nature Au jus	Cru Mijoté Au four	Sandwich au jambon et au brie	Assiette de viandes froides et pâtés	Pâte molle à croûte fleurie

BEAUJOLAIS, ALBERT BICHOT ★★★

Producteur : Albert Bichot
Appellation : Beaujolais
Pays : France

Millésime dégusté : 2010
Prix : 14,20 $
Code SAQ : 21436

Albert Bichot est une figure de proue en Bourgogne. Cette incursion au royaume du gamay est assez réussie, pour autant que vous ayez un penchant pour ces vins légers et tout en fruits issus de cette appellation. À l'œil, il dévoile une robe rouge cerise, claire et limpide. Le nez, aromatique, livre principalement des nuances de petits fruits rouges et de banane confite. La bouche est fraîche, très sapide et ronde. Les tannins sont fins et tout en dentelle. Les saveurs de petits fruits rouges, tels que la fraise et la framboise, occupent le palais sans faire de quartier. Simple, mais d'une efficacité redoutable.

Tannins · Corps : Souples · Léger
Caractères : Petits fruits rouges · Banane
Température : Entre 14 et 17 °C

I.M.V. 81

Sauces	Cuissons	Plat 1	Plat 2	Fromages
Aux fruits Au jus Nature	Mijoté Cru Au four	Sandwich au jambon blanc	Assiette de viandes froides et pâtés	Pâte pressée

PINOT NOIR, BARON PHILIPPE DE ROTHSCHILD ★★✦

Producteur: Baron Philippe de Rothschild
Appellation: Vin de Pays d'Oc
Pays: France

Millésime dégusté: 2010
Prix: 13,65 $
Code SAQ: 10915247

Ce géant de la viticulture bordelaise fait un passage réussi en pays d'Oc avec cette gamme de produits faciles à boire, simples et tout à fait conviviaux. Ce pinot présente les caractéristiques usuelles du cépage. D'abord avec sa robe rubis, claire et limpide. Au nez, il dévoile un bouquet expressif, dominé par des odeurs de petites baies rouges, de fraise et de cerise particulièrement. On perçoit aussi des notes végétales. La bouche est tout en fruits, avec une bonne acidité et des tannins souples, mais non dénués de structure. Elle conserve les accents perçus à l'olfaction, surtout la cerise, qui persiste jusqu'à la finale.

Tannins • Corps: Souples • Léger
Caractères: Fruits rouges • Épices
Température: Entre 14 et 16 °C

I.M.V. 84

Sauces	Cuissons	Plat 1	Plat 2	Fromages
Au jus Aux fruits Nature	Mijoté Cru Au four	Poulet rôti	Assiette de viandes froides et pâtés	Pâte molle

MERLOT, BONNE NOUVELLE ★★✦

Producteur: Groupe Uccoar SA
Appellation: Vin de table
Pays: France

Produit non millésimé
Prix: 10,05 $
Code SAQ: 11178461

De prime abord, je ne m'attendais pas à grand-chose d'un vin désalcoolisé. Sans être un grand cru, celui-ci a suffisamment de prestance pour attirer une clientèle qui recherche le plaisir vinique, mais qui ne peut supporter l'alcool. Idéal pour les femmes enceintes, entre autres. Sous une robe rubis, moyennement profonde, il dévoile un bouquet expressif dominé par des nuances d'épices et de baies rouges telles que la framboise et la fraise. S'ajoutent aussi des notes florales. La bouche est très fruitée, plus proche d'un jus de fruit que d'un vin à proprement parler. Fidèle aux accents perçus à l'olfaction.

Tannins • Corps: Souples • Léger
Caractères: Baies rouges • Épices
Température: Entre 15 et 17 °C

I.M.V. 85

Sauces	Cuissons	Plat 1	Plat 2	Fromages
Aux fruits Au jus Fond de veau	Mijoté Cru Au four	Dinde rôtie, sauce aux canneberges	Filet de porc aux petits fruits	Pâte molle à croûte lavée

BOUSSAC, ROUGE ★★⌐

Producteur: Pellerin Domaines et Châteaux
Appellation: Coteaux du Languedoc
Pays: France

Millésime dégusté: 2009
Prix: 10,85 $
Code SAQ: 346148

Les amateurs de vins légers et fruités aux tannins souples et ronds seront comblés par ce rouge offert à un prix dérisoire. Affichant une robe rubis, moyennement profonde, il dévoile un bouquet assez expressif, marqué par des intonations de petits fruits rouges confits, de fraise et de framboise surtout, ainsi que des nuances d'épices. En filigrane, on détecte aussi des arômes de café. La bouche est sapide, ronde, avec des tannins souples, mais non dénués de structure. Les saveurs de fruits des champs dominent l'ensemble et restent suspendues un long moment avant de s'estomper. Excellent rapport qualité-prix.

Tannins • Corps: Souples • Léger +
Caractères: Baies rouges confites • Épices
Température: Entre 15 et 17 °C

I.M.V. 86

Sauces	Cuissons	Plat 1	Plat 2	Fromages
Aux fruits	Mijoté		Blanquette	
Aux herbes	Cru	Saucissons	de veau à	Pâte pressée
Fond de veau	Au four	secs	l'ancienne	non cuite

SYRAH, LE JAJA DE JAU ★★⌐

Producteur: Vignobles Jean & Bernard Daure
Appellation: Vin de Pays d'Oc
Pays: France

Millésime dégusté: 2010
Prix: 13,05 $
Code SAQ: 11073361

Déjà, l'habillage de la bouteille nous prépare à un vin décontracté et convivial. Le genre de produit qu'on déguste sur une terrasse, entre amis, autour d'un repas simple. Cela dit, ce rouge n'en est pas moins bon. Affichant une robe rubis moyennement profonde, il dévoile un bouquet plutôt discret, d'où émanent des notes de poivre et de baies des champs. La bouche est pleine de fruits et dotée d'une agréable acidité, avec des tannins soyeux. Les notes de fruits des champs s'imposent d'emblée et persistent longtemps avant de disparaître. Simple, mais d'une redoutable efficacité.

Tannins • Corps: Souples • Léger +
Caractères: Fruits des champs • Poivre
Température: Entre 13 et 16 °C

I.M.V. 86

Sauces	Cuissons	Plat 1	Plat 2	Fromages
Au poivre	Mijoté		Assiette de	
Au jus	Au four	Tartare	viandes froides	Pâte pressée
Fond de veau	Nature	de bœuf	et saucissons secs	non cuite

LALANDE BELLEVUE ★★♪

Producteur : Les vignerons de Tutiac
Appellation : Blaye, Côtes de Bordeaux
Pays : France

Millésime dégusté : 2009
Prix : 13,55 $
Code SAQ : 624304

Ce merlot à 85 %, complété par 15 % de cabernet sauvignon, non boisé, est un bel exemple de ce qu'on appelle un bordeaux abordable. Il s'agit d'un rouge assez léger, mais sans être fluet. À l'œil, il dévoile une robe rubis assez dense. Le nez est discret. Le cassis, la prune et la violette s'expriment avec délicatesse. La bouche est cependant plus intéressante. L'attaque est franche, avec des tannins souples, mais structurés tout de même. Les saveurs déjà identifiées au nez se révèlent plus bavardes en bouche. La prune, et la mûre surtout, occupent beaucoup de place. Assez long.

Tannins • Corps : Souples • Moyennement corsé
Caractères : Prune • Mûre
Température : Entre 15 et 18 °C

I.M.V. 86

Sauces	Cuissons	Plat 1	Plat 2	Fromages
Aux fruits Au jus Fond de veau	Mijoté Au four Poêlé	Rôti de porc farci aux prunes	Poulet rôti	Pâte pressée

DOMAINE DE HOUCHART ★★★

Producteur : Domaine Quiot en Provence
Appellation : Côtes de Provence
Pays : France

Millésime dégusté : 2010
Prix : 14,60 $
Code SAQ : 10884612

Voici un assemblage très réussi de syrah, de grenache et de cabernet sauvignon provenant d'une région baignée par la mer et le soleil. Il plaira aux amateurs de vins où le fruit domine. À l'œil, la robe dévoile une couleur rubis avec une légère teinte orangée. Le nez, assez aromatique, révèle principalement des notes de baies rouges, de terre humide et de violette. La bouche est sapide, avec des tannins veloutés. Très fruité et assez léger, mais sans être fluet. Les saveurs de baies s'expriment en premier et sont suivies de nuances d'épices et de poivre.

Tannins • Corps : Souples • Léger
Caractères : Baies rouges • Terre humide
Température : Entre 14 et 16 °C

I.M.V. 86

Sauces	Cuissons	Plat 1	Plat 2	Fromages
Aux fruits Aux champignons Au jus	Mijoté Au four Poêlé	Lapin braisé à la moutarde	Blanquette de veau à l'ancienne	Pâte pressée non cuite

VENTOUX, JÉRÔME QUIOT ★★✦

Producteur : Vignobles Jérôme Quiot
Appellation : Ventoux
Pays : France

Millésime dégusté : 2010
Prix : 14,60 $
Code SAQ : 10259788

Cet assemblage typique des vins du sud de la France, à savoir de grenache, de syrah, de mourvèdre et de cinsault, est idéal pour les jours de semaine, en accompagnement de mets simples. La robe est rubis avec des reflets violacés. Le nez est moyennement aromatique. On y perçoit des notes de confiserie et de petits fruits rouges et noirs ainsi que des accents de terroir et de fleurs. La bouche s'avère très fruitée, avec des tannins souples et une bonne acidité. Les saveurs de baies des champs dominent l'ensemble et demeurent suspendues pendant plusieurs caudalies avant de s'étioler.

Tannins • Corps : Souples • Léger +
Caractères : Baies confites • Floral
Température : Entre 14 et 16 °C

I.M.V. **86**

Sauces	Cuissons	Plat 1	Plat 2	Fromages
Aux champignons Au jus Fond de veau	Mijoté Au four Poêlé	Côtelettes de veau à la forestière	Filet de porc aux pruneaux	Pâte pressée

CASTILLO DE MONSERAN ★★✦

Producteur : Bodegas San Valero S. Coop.
Appellation : Cariñena
Pays : Espagne

Millésime dégusté : 2010
Prix : 9,35 $
Code SAQ : 624296

Ceux qui ne veulent vraiment pas payer cher pour un vin mais en avoir suffisamment à se mettre en bouche peuvent se rabattre sur celui-ci. Élaboré à base de grenache, ce rouge fruité à souhait affiche une robe pourpre assez intense. Le nez est marqué par des notes bien distinctes de baies rouges et noires, de myrtille particulièrement, d'épices aussi, ainsi que par des effluves boisés. La bouche est ronde, sapide, avec des tannins sveltes. On y décèle une dominance de fruits des champs. Ces saveurs occupent le palais sans faire de quartier. Un peu simple, mais à ce prix, il faut être indulgent.

Tannins • Corps : Souples • Léger +
Caractères : Fruits rouges et noirs • Épices
Température : Entre 15 et 17 °C

I.M.V. **87**

Sauces	Cuissons	Plat 1	Plat 2	Fromages
Aux fruits Fond de veau Au vin rouge	Mijoté Au four Poêlé	Filet de porc aux petits fruits	Sauté de veau aux champignons	Pâte pressée

TEMPRANILLO, TURIS ★★✦

Producteur : BCLB de Turis
Appellation : Valencia
Pays : Espagne

Millésime dégusté : 2009
Prix : 10,00 $
Code SAQ : 639542

Ce n'est peut-être pas la découverte du siècle, mais c'est un excellent petit rouge à prix doux. Affichant une robe rubis moyennement profonde, il dévoile au nez un bouquet assez aromatique, d'où émanent des nuances de petits fruits rouges, d'épices, de bois et de café. La bouche se révèle d'une bonne ampleur, avec des tannins souples, mais bien en chair. Le fruit domine. Des saveurs de fraise et de cerise s'expriment d'emblée. Elles s'accompagnent de nuances de framboise qui demeurent suspendues jusqu'à la finale, marquée par des notes d'épices douces. À ce prix, c'est une véritable aubaine.

Tannins • Corps : Souples • Moyennement corsé
Caractères : Fruits rouges • Épices douces
Température : Entre 15 et 17 °C

I.M.V. 87

Sauces	Cuissons	Plat 1	Plat 2	Fromages
Aux fruits Fond de veau Aux herbes	Au four Mijoté Poêlé	Sauté de porc aux champignons	Escalope de veau aux herbes	Pâte pressée

CAZAL-VIEL, VIEILLES VIGNES ★★★

Producteur : Henri Miguel
Appellation : Saint-Chinian
Pays : France

Millésime dégusté : 2009
Prix : 11,55 $
Code SAQ : 202499

Ce rouge, d'une rectitude exemplaire, en offre beaucoup sans pour autant grever le portefeuille. À ce prix, il est bon d'en avoir une caisse en réserve. Sous une robe rubis aux reflets violacés, on découvre un bouquet aromatique à souhait, dominé par des notes de framboise et de mûre ainsi que des nuances de poivre et de garrigue. La bouche est souple, très sapide, avec une trame tannique svelte et une bonne acidité. On retrouve sans surprise les saveurs de fruits déjà identifiées à l'olfaction. La finale nous laisse sur des flaveurs de petite cerise. Que demander de plus ?

Tannins • Corps : Souples • Moyennement corsé
Caractères : Petites baies • Poivre
Température : Entre 15 et 17 °C

I.M.V. 87

Sauces	Cuissons	Plat 1	Plat 2	Fromages
Au poivre Aux herbes Fond de volaille	Au four Mijoté Poêlé	Cuisseau de lapin à la moutarde	Sauté de veau à la piperade	Pâte pressée

MERLOT, SEA RIDGE ★★★

Producteur : Sea Ridge Coastal Winery
Appellation : California
Pays : États-Unis

Millésime dégusté : 2010
Prix : 11,90 $
Code SAQ : 10967389

Ce petit rouge fort sympathique m'apparaît toujours réussi, et ce, année après année. Doté d'une robe rubis aux reflets violacés, il dévoile au nez un bouquet assez aromatique, d'où émanent des notes de baies rouges et noires confites, d'épices douces et, en trame de fond, des nuances légèrement boisées. En bouche, le fruit domine. La trame tannique est souple, sans être qualifiée de frêle. On y dénote aussi une agréable fraîcheur. Les saveurs de baies rouges dominent l'ensemble, demeurent suspendues un bon moment et frayent la voie à des flaveurs d'épices. Excellent rapport qualité-prix.

Tannins • Corps : Souples • Moyennement corsé
Caractères : Fraise confite • Épices douces
Température : Entre 14 et 16 °C

I. M. V. 87

Sauces	Cuissons	Plat 1	Plat 2	Fromages
Aux fruits	Mijoté	Dinde rôtie,	Escalope	
Fond de veau	Au four	sauce aux	de veau	Pâte pressée
Au jus	Poêlé	canneberges	au marsala	

LA RÉSERVE DE BUBAS ★★★

Producteur : Pellerin Domaines et Châteaux
Appellation : Corbières
Pays : France

Millésime dégusté : 2010
Prix : 11,95 $
Code SAQ : 913434

Ce corbières est élaboré à base de syrah, de grenache, de carignan et de cinsault. Pour le prix, il est excellent et n'a aucunement à rougir devant d'autres rouges dotés de plus gros sabots. À l'œil, il affiche une robe rubis assez dense et profonde. L'examen olfactif nous met en contact avec son bouquet assez aromatique marqué par les notes de fruits des champs, de fraise surtout, d'épices et de fleurs. En filigrane, on perçoit également d'attrayantes nuances de sous-bois. La bouche est sapide et ronde. Je m'attendais à plus de caractère toutefois. La fraise revient nous charmer et demeure longtemps suspendue.

Tannins • Corps : Souples • Moyennement corsé
Caractères : Fruits rouges • Épices
Température : Entre 16 et 18 °C

I. M. V. 87

Sauces	Cuissons	Plat 1	Plat 2	Fromages
Au poivre	Mijoté	Blanquette	Mignon de	
Fond de veau	Au four	de veau à	porc au	Pâte pressée
Aux fruits	Poêlé	l'ancienne	poivre	non cuite

Vins rouges à moins de 15 $

MERLOT, THE LITTLE PENGUIN

Producteur : The Little Penguin
Appellation : South Eastern Australia
Pays : Australie

Millésime dégusté : 2011
Prix : 11,95 $
Code SAQ : 10342389

Ce petit rouge on ne peut plus sympathique sera à sa place les jours de semaine, en accompagnement d'un mets simple et peu relevé. À l'œil, il affiche une robe rubis, moyennement profonde. Le nez dévoile un bouquet assez expressif, dominé par des notes de baies rouges et noires confites, de poivron, de vanille et de réglisse. En toile de fond, on perçoit de fins effluves de bois. La bouche est sapide, ronde, avec des tannins soyeux mais bien présents. La bouche reflète parfaitement les accents perçus à l'olfaction. De plus, ce vin est assez long pour un produit de ce prix.

Tannins • Corps : Souples • Léger+
Caractères : Baies rouges et noires • Vanille
Température : Entre 14 et 16 °C   **I.M.V.** 87

Sauces	Cuissons	Plat 1	Plat 2	Fromages
Fond de veau Aux fruits Au jus	Mijoté Au four Poêlé	Émincé de veau à la piperade	Filet de porc, sauce aux mûres	Pâte pressée non cuite

VALPOLICELLA SUPERIORE, SARTORI

Producteur : Casa Vinicola Sartori
Appellation : Valpolicella Superiore
Pays : Italie

Millésime dégusté : 2009
Prix : 13,00 $
Code SAQ : 26021

Voici un produit qui définit bien la notion de vin de semaine. Il est somme toute assez simple, mais efficace et très digestible, caractéristique d'une grande importance puisqu'il se mariera avec une grande quantité de plats cuisinés. Doté d'une couleur rubis, moyennement profonde, il révèle au nez des notes bien définies d'épices et de cerise macérées dans l'alcool. La bouche est ample avec des tannins souples, mais présents. Les saveurs de fruits occupent la majeure partie du palais et s'accompagnent de saveurs de confiserie et d'épices. Le tout baignant dans une douce et agréable harmonie.

Tannins • Corps : Souples • Moyennement corsé
Caractères : Cerise • Épices
Température : Entre 14 et 16 °C   **I.M.V.** 87

Sauces	Cuissons	Plat 1	Plat 2	Fromages
Aux tomates Aux herbes Fond de veau	Mijoté Au four Poêlé	Pennes à la Gigi	Escalope de veau aux champignons	Pâte pressée non cuite

LA VIEILLE ÉGLISE ★★★

Producteur : Cave du Marmandais
Appellation : Côtes du Marmandais
Pays : France

Millésime dégusté : 2009
Prix : 13,35 $
Code SAQ : 560748

La moitié du vin est composée de merlot, auquel on a greffé 20 % de cabernet franc, 15 % de cabernet sauvignon, 10 % d'abouriou et 5 % de malbec. Il en résulte un vin au fruité généreux marqué par des accents de terroir. La robe est rubis avec des reflets violacés. Au nez, celui-ci dévoile un bouquet aromatique, composé en majeure partie de notes de petits fruits rouges et noirs et de fleurs. La bouche est très fruitée, avec des tannins affichant une légère astringence. C'est peut-être son seul défaut. Les fruits noirs et rouges s'imposent et demeurent en suspens pendant plusieurs caudalies.

Tannins • Corps : Charnus • Moyennement corsé
Caractères : Fruits rouges et noirs • Poivron
Température : Entre 14 et 17 °C

I. M. V. 87

Sauces	Cuissons	Plat 1	Plat 2	Fromages
Aux fruits Fond de veau Au vin rouge	Mijoté Au four Poêlé	Rognons de veau au vin rouge	Lapin à la moutarde	Pâte pressée

SYRAH, LES JAMELLES ★★★

Producteur : Les Jamelles
Appellation : Vin de Pays d'Oc
Pays : France

Millésime dégusté : 2010
Prix : 13,45 $
Code SAQ : 10667255

Rien de très compliqué avec ce rouge fort sympathique, qui étale ses atouts avec simplicité et un brin de frivolité. Un peu discret à l'ouverture, ce vin à la robe pourpre, assez foncée, s'est montré plus loquace après un passage en carafe. Des nuances de myrtille, de framboise et d'épices parviennent à nos narines en premier, suivies d'odeurs de sous-bois en filigrane. La bouche est particulièrement juteuse, avec des tannins souples, mais assez présents. Les arômes perçus à l'olfaction reviennent occuper la bouche, surtout les saveurs de myrtille. Idéal pour les jours de soleil, sur la terrasse.

Tannins • Corps : Souples • Léger +
Caractères : Fruits rouges et noirs • Épices
Température : Entre 14 et 17 °C

I. M. V. 87

Sauces	Cuissons	Plat 1	Plat 2	Fromages
Au jus Au vin rouge Aux champignons	Mijoté Au four Poêlé	Cuisse de lapin à l'ancienne	Salade tiède de confit de canard aux bleuets	Pâte pressée

CHÂTEAU LECUSSE, CUVÉE SPÉCIALE ★★★

Producteur: SCA du Château Lecusse
Appellation: Gaillac
Pays: France

Millésime dégusté: 2010
Prix: 13,90
Code SAQ: 11253599

Ce vin, à la fois original et bien ficelé, s'est démarqué lors de sa dégustation, surtout à cause de la subtilité de ses arômes. À l'œil, il affiche une robe rubis moyennement profonde. Le nez est délicat. On y perçoit des nuances de poivron, de prune et de fleurs, ainsi que des notes d'épices et de bois. La bouche est ronde, avec des tannins souples mais non dénués de structure, et dotée d'une agréable acidité. Les saveurs de fruits, comme les cerises et autres petites baies rouges, dominent l'ensemble. Celles-ci nous accompagnent jusqu'à la finale, qui révèle des nuances d'épices et de garrigue.

Tannins · Corps: Souples · Moyennement corsé
Caractères: Poivron · Épices
Température: Entre 14 et 17 °C   **I.M.V.** 87

Sauces	Cuissons	Plat 1	Plat 2	Fromages
Aux poivrons Fond de veau Aux champignons	Mijoté Au four Poêlé	Veau à la piperade	Filet de porc aux pruneaux	Pâte pressée

BARBERA D'ASTI, RICOSSA ★★⌐

Producteur: M.G.M. Mondo del Vino
Appellation: Barbera d'Asti
Pays: Italie

Millésime dégusté: 2010
Prix: 13,95 $
Code SAQ: 11315446

À ce prix, on pourrait s'attendre à un vin somme toute assez ordinaire, mais tel n'est pas le cas. À l'œil, on observe une robe rubis, assez claire. À l'olfaction, il dévoile un fort joli bouquet marqué par des notes d'épices, de baies des champs confites et de prune. En bouche, il s'avère très frais et agréablement fruité. On a littéralement l'impression de croquer dans des baies des champs confites. La trame tannique n'est pas frêle pour autant et repose sur de bonnes assises. Aux saveurs de fruits s'ajoutent des nuances de bois, surtout en rétro.

Tannins · Corps: Moyennement tannique · Léger +
Caractères: Baies des champs · Épices
Température: Entre 14 et 16 °C   **I.M.V.** 87

Sauces	Cuissons	Plat 1	Plat 2	Fromages
Aux fruits Aux tomates Aux épices	Mijoté Au four Poêlé	Pain de viande, sauce aux tomates	Escalope de veau parmigiana	Pâte pressée non cuite

QUINTA DE BONS-VENTOS ★★✦

Producteur: Casa Santos Lima-Companhia sa Vinhas SA
Appellation: Lisboa
Pays: Portugal

Millésime dégusté: 2010
Prix: 10,40 $
Code SAQ: 10269388

Ce rouge ne révolutionnera pas la planète vin, mais il possède tous les attributs pour plaire à une clientèle avide d'aubaines. Affichant une robe rubis assez profonde, il dévoile, au nez, un bouquet assez expressif où dominent les odeurs de cassis et de mûre ainsi que des accents d'herbes fraîchement coupées. En filigrane, on détecte aussi des nuances florales. La bouche est sapide, avec une trame tannique svelte et une agréable acidité, comme lorsqu'on croque dans un fruit frais. Les saveurs de mûre et de cassis s'expriment avec aplomb. La finale révèle des accents de cerise amère.

Tannins · Corps: Souples · Moyennement corsé
Caractères: Baies noires · Floral
Température: Entre 16 et 18 °C

I.M.V. 88

Sauces	Cuissons	Plat 1	Plat 2	Fromages
Fond de veau Aux champignons Aux tomates	Au four Mijoté Poêlé	Émincé de bœuf aux champignons	Bajoue de veau dans son jus	Pâte pressée

P.K.N.T. ★★✦

Producteur: Terraustral SA
Appellation: Valle Central
Pays: Chili

Millésime dégusté: 2010
Prix: 11,90 $
Code SAQ: 10669816

Si le but était de mettre du piquant dans la vie des gens avec ce vin à base de carmenère, le pari est réussi. Il s'agit d'un vin simple, convivial, idéal pour les jours de semaine, que ce soit sur une terrasse ou en accompagnement de mets à base de poivron, entre autres. Sous une robe rubis moyennement profonde, on découvre un bouquet assez aromatique marqué par des nuances de baies rouges et noires, de terre humide et de poivron. La bouche est sapide, ronde et fruitée. On remarque aussi une bonne acidité, comme lorsqu'on croque dans un fruit.

Tannins · Corps: Souples · Moyennement corsé
Caractères: Baies rouges et noires · Sous-bois
Température: Entre 15 et 17 °C

I.M.V. 88

Sauces	Cuissons	Plat 1	Plat 2	Fromages
Fond de veau Aux poivrons Aux champignons	Au four Poêlé Grillé	Poivrons farcis	Côtelettes de porc aux champignons	Pâte pressée

CABERNET SAUVIGNON, BERINGER, CALIFORNIA COLLECTION ★★★

Producteur: Beringer Vineyards
Appellation: California
Pays: États-Unis

Millésime dégusté: 2010
Prix: 11,95 $
Code SAQ: 11133132

À ce prix, on ne s'attend pas à beaucoup; c'est pourtant tout le contraire avec ce vin. Il est bien ficelé, possède suffisamment de complexité et est carrément savoureux. Pour moins de 12 $, que demander de plus. Arborant une robe rubis moyennement profonde, il déploie un bouquet assez aromatique, marqué par des nuances de baies rouges et noires accompagnées de notes de sous-bois, ainsi qu'un côté floral. La bouche est ronde, juteuse à souhait, avec des tannins souples, mais non sans structure. Les intonations perçues au nez reviennent nous charmer pour notre plus grand plaisir.

Tannins • Corps: Souples • Moyennement corsé
Caractères: Baies rouges et noires • Sous-bois
Température: Entre 15 et 17 °C

I.M.V. **88**

Sauces	Cuissons	Plat 1	Plat 2	Fromages
Aux fruits Fond de veau Aux champignons	Au four Poêlé Mijoté	Rôti de veau aux champignons sauvages	Bœuf braisé	Pâte pressée

NERO BY GIORGIO & GIANNI ★★★★↙

Producteur: Giorgio & Gianni
Appellation: I.G.T. Salento
Pays: Italie

Millésime dégusté: 2010
Prix: 12,35 $
Code SAQ: 11462008

Le negroamaro est un cépage autochtone originaire des Pouilles. Il signifie noir-amer. Noir pour la couleur et amer parce qu'il déploie une légère amertume en bouche. Celui-ci est très représentatif de ce qu'il doit être. À l'olfaction, on discerne un bouquet expressif et nuancé, dominé par des notes de cerise noire, de cassis, d'épices et de sous-bois. La bouche est ample, avec une trame tannique bien en chair et une bonne acidité. Bonne présence du fruit en milieu de bouche. Les saveurs de baies des champs, telles que la mûre et la myrtille, demeurent suspendues jusqu'à la finale, assez soutenue.

Tannins • Corps: Charnus • Moyennement corsé
Caractères: Baies des champs • Sous-bois
Température: Entre 16 et 18 °C

I.M.V. **88**

Sauces	Cuissons	Plat 1	Plat 2	Fromages
Fond de veau Au vin rouge Aux champignons	Au four Poêlé Grillé	Escalope de veau parmigiana	Magret de canard aux baies des champs	Pâte pressée

COMTES DE ROCQUEFEUILLE ★★♪

Producteur : Cave des vignerons de Montpeyroux **Millésime dégusté :** 2009
Appellation : Coteaux du Languedoc,
                    Montpeyroux   **Prix :** 12,45 $
Pays : France   **Code SAQ :** 473132

Les années se suivent et, chaque fois c'est avec étonnement que je découvre les multiples vertus de ce rouge. Celui-ci, que je qualifierais de vin de semaine idéal, composé de carignan, de grenache et de syrah, séduit autant par son prix que par ses qualités. Sous une robe rouge cerise, il dévoile un bouquet moyennement aromatique, dominé par des notes de prune, de mûre, de fraise, de sous-bois et d'épices. La bouche est sapide, avec des tannins souples, tout en conservant une structure. On retrouve sans surprise les intonations déjà perçues au nez en plus d'y découvrir des nuances de violette et d'épices.

Tannins · Corps : Souples · Moyennement corsé
Caractères : Fruits rouges et noirs · Sous-bois
Température : Entre 15 et 17 °C   **I.M.V.** 88

Sauces	Cuissons	Plat 1	Plat 2	Fromages
Fond de veau Au jus Au vin rouge	Mijoté Au four Poêlé	Rôti de veau à la forestière	Bœuf aux légumes	Pâte pressée

SHIRAZ, BIN 50 ★★★

Producteur : Lindemans Wines Pty. Ltd   **Millésime dégusté :** 2010
Appellation : South Eastern Australia   **Prix :** 12,95 $
Pays : Australie   **Code SAQ :** 145367

Ce rouge, élaboré par une des vineries les plus anciennes du pays, représente bien l'esprit décontracté d'un shiraz typiquement australien. Doté d'une robe rubis moyennement profonde, il déploie ses parfums avec aplomb. Des nuances de prune, d'épices, de baies rouges et de vanille côtoient des accents de chêne neuf. La bouche est ample, texturée, sapide et ronde. La trame tannique est svelte, mais possède suffisamment de corps pour plaire aux amateurs de vins bien en chair. La prune et les saveurs de baies rouges dominent le palais et demeurent suspendues un long moment avant de s'étioler. Les épices reviennent en finale.

Tannins · Corps : Souples · Moyennement corsé
Caractères : Baies rouges · Prune
Température : Entre 15 et 17 °C   **I.M.V.** 88

Sauces	Cuissons	Plat 1	Plat 2	Fromages
Aux fruits Fond de veau Au jus	Au four Mijoté Poêlé	Rôti de veau à la forestière	Carré de porc au thym et au romarin	Pâte pressée

SANGRE DE TORO ★★✦

Producteur: Miguel Torres
Appellation: Catalunya
Pays: Espagne

Millésime dégusté: 2010
Prix: 13,05 $
Code SAQ: 6585

À ce prix, ce rouge en donnerait moins qu'on ne se sentirait aucunement lésé. Sans révolutionner le monde du vin, il a le mérite d'être bien fait et vraiment savoureux. De plus, lors d'une dégustation comparative, il n'a aucunement eu à rougir devant des vins mieux cotés. Il affiche une robe rubis moyennement profonde. Le nez est aromatique, avec des notes de fruits rouges confits, de cerise et d'épices. La bouche est juteuse à souhait, avec des tannins souples, mais présents. À noter son agréable acidité. Les nuances identifiées à l'olfaction reviennent nous charmer.

Tannins · Corps: Souples · Moyennement corsé
Caractères: Baies noires · Épices
Température: Entre 15 et 17 °C

I.M.V. 88

Sauces	Cuissons	Plat 1	Plat 2	Fromages
Aux fruits Fond de veau Au poivre	Au four Poêlé Mijoté	Bœuf braisé à la catalane	Côte de veau, sauce au poivre	Pâte pressée

CHÂTEAU DE VALCOMBE, PRESTIGE ★★✦

Producteur: EARL Vignobles Dominique Ricome
Appellation: Costières de Nîmes
Pays: France

Millésime dégusté: 2009
Prix: 13,45 $
Code SAQ: 11253821

Cette cuvée dominée par la syrah pour 80 % de l'assemblage et de grenache pour le reste, est certainement un des bons achats à moins de 15 $. Arborant une robe rubis aux reflets violacés, il dévoile, au nez, un riche bouquet dominé par des notes de baies des champs bien mûres, d'épices et de garrigue. La bouche est sapide, dotée de tannins bien bâtis, et présente une certaine finesse dans le grain. Les saveurs de baies des champs remplissent le palais, nous laissant une agréable impression acidulée, comme lorsqu'on croque dans un fruit. La garrigue et les épices, dont le poivre, suivent.

Tannins · Corps: Souples · Moyennement corsé
Caractères: Baies des champs · Épices
Température: Entre 15 et 17 °C

I.M.V. 88

Sauces	Cuissons	Plat 1	Plat 2	Fromages
Aux fruits Fond de veau Aux herbes	Poêlé Mijoté Au four	Couscous aux merguez	Civet de lièvre	Pâte pressée

CHÂTEAU DE PENNAUTIER ★★★

Producteur: Vignoble de Lorgeril SARL
Appellation: Cabardès
Pays: France

Millésime dégusté: 2010
Prix: 13,70 $
Code SAQ: 560755

J'ai un faible pour ce château qui confectionne des vins toujours bien ficelés avec de la personnalité. Ce rouge au rapport qualité-prix difficile à égaler possède tous les atouts pour plaire à une vaste clientèle. Sous une robe rouge cerise moyennement profonde, on perçoit un bouquet assez puissant, marqué par des notes de petits fruits rouges confits et d'épices ainsi que des nuances florales en toile de fond. En filigrane, on détecte de légères notes de sous-bois. La bouche est sapide, l'attaque est franche et les tannins sont fins, mais présents. Les saveurs détectées sont fidèles aux arômes perçus à l'olfaction.

Tannins · Corps: Souples · Moyennement corsé
Caractères: Fruits rouges confits · Épices
Température: Entre 15 et 17 °C

I.M.V. 88

Sauces	Cuissons	Plat 1	Plat 2	Fromages
Aux fruits Fond de veau Au jus	Au four Mijoté Poêlé	Longe de porc aux pruneaux	Blanquette de veau à l'ancienne	Pâte pressée

VALCANTO, CASTILLO DE ALMANSA ★★★

Producteur: Bodegas Piqueras SA
Appellation: Almansa
Pays: Espagne

Millésime dégusté: 2008
Prix: 13,85 $
Code SAQ: 11133087

Un vin élaboré à base de monastrell, mieux connu sous le nom de mourvèdre. Pas besoin de sortir la coutellerie en argent ni sa plus belle porcelaine pour servir ce rouge. Cela dit, il est tout sauf ordinaire. Doté d'une robe pourpre assez dense, il dévoile, au nez, un bouquet aromatique, marqué par des nuances de baies rouges et noires ainsi que des notes de moka. La bouche est ample, avec une trame tannique souple, mais bien constituée. Les saveurs de myrtille, de framboise et de mûre dominent, pour culminer sur des flaveurs d'épices et de bois. Bon rapport qualité-prix.

Tannins · Corps: Souples · Moyennement corsé
Caractères: Baies des champs · Boisé
Température: Entre 15 et 17 °C

I.M.V. 88

Sauces	Cuissons	Plat 1	Plat 2	Fromages
Aux fruits Fond de veau Au jus	Au four Poêlé Mijoté	Dinde rôtie au jus	Confit de canard aux baies des champs	Pâte pressée non cuite

SYRAH, R.H. PHILLIPS ★★⸓

Producteur : The R.H. Phillips Vineyard
Appellation : California
Pays : États-Unis

Millésime dégusté : 2009
Prix : 14,25 $
Code SAQ : 576272

Il y a quelque temps, je trouvais ce rouge trop bonbon et un peu trop racoleur. Mais ce millésime m'a réconcilié avec ce vin bien fait et savoureux. Affichant une robe rubis, moyennement profonde, il diffuse un bouquet dominé par des notes de petits fruits rouges, d'épices et de bois. La bouche se révèle d'une bonne ampleur, avec une trame tannique qui repose sur des assises bien implantées, mais dotées d'une certaine élasticité. Les saveurs qu'il recèle sont en tous points fidèles aux accents perçus à l'olfaction. De plus, il est doté d'une longue et savoureuse finale.

Tannins · Corps : Charnus · Moyennement corsé
Caractères : Baies rouges · Boisé
Température : Entre 15 et 17 °C   **I.M.V.** 88

Sauces	Cuissons	Plat 1	Plat 2	Fromages
Au jus Aux fruits Aux épices	Au four Mijoté Poêlé	Sauté de veau à la piperade	Brochette de bœuf, sauce aux champignons	Pâte pressée

VOGA, QUATTRO ★★★

Producteur : Enoitalia SPA
Appellation : I.G.T. Sicilia
Pays : Italie

Millésime dégusté : 2010
Prix : 14,25 $
Code SAQ : 11072886

Les quatre cépages qu'on utilise pour concocter cette recette gagnante sont le merlot, le shiraz, le pinot noir et le cabernet sauvignon. Certains l'achèteront à cause de son contenant, qui rappelle un flacon de parfum. D'autres pour son contenu. Doté d'une robe rubis moyennement profonde, il dévoile un bouquet assez aromatique où l'emportent les notes de sous-bois, de baies rouges et noires et des nuances florales. La bouche est souple et particulièrement fruitée. La trame tannique repose sur de bonnes assises, tout en affichant une agréable élasticité. Des saveurs de framboise et de cassis occupent la majeure partie du palais.

Tannins · Corps : Souples · Moyennement corsé
Caractères : Baies rouges et noires · Épices
Température : Entre 15 et 18 °C   **I.M.V.** 88

Sauces	Cuissons	Plat 1	Plat 2	Fromages
Aux fruits Aux épices Fond de veau	Au four Mijoté Poêlé	Rôti de veau au jus	Filet de porc, sauce aux mûres	Pâte pressée

CABERNET SAUVIGNON/TEMPRANILLO, CAMPO DE LA TARANTA, CRIANZA

★★★

Producteur: Campo de la Taranta
Appellation: La Mancha
Pays: Espagne

Millésime dégusté: 2009
Prix: 14,55 $
Code SAQ: 11581390

C'est en Espagne, au pays de Don Quichotte, en plein cœur de la plus grande région de la péninsule ibérique, que ce bon «petit» rouge prend naissance. Affichant une robe rubis avec des reflets grenat, ce rouge offre un bouquet très aromatique, marqué par des nuances de cerise confite, de café, de bois et de venaison. La bouche est ample, avec beaucoup de fruits et des tannins agréablement veloutés. À noter aussi sa plaisante acidité. Fidèle aux accents perçus à l'olfaction, ce vin aux charmes évidents culmine sur des accents de baies des champs confites.

Tannins • Corps: Souples • Moyennement corsé
Caractères: Baies des champs • Bois
Température: Entre 16 et 17 °C

I.M.V. 88

Sauces	Cuissons	Plat 1	Plat 2	Fromages
Fond de veau
Au vin rouge
Aux épices	Au four
Poêlé
Mijoté	Émincé de
bœuf aux
champignons	Pot-au-feu	Pâte pressée

LAGUNA DE LA NAVA, GRAN RESERVA

★★★⸮

Producteur: Navarro López SL
Appellation: Valdepeñas
Pays: Espagne

Millésime dégusté: 2005
Prix: 14,65 $
Code SAQ: 902965

Élaboré à base de tempranillo, le cépage roi de l'Espagne, ce rouge a tout pour plaire à l'amateur le plus exigeant. À ce prix, on pourrait s'attendre à un petit vin de semaine, sans plus, mais il est beaucoup plus que ça. Affichant une robe rubis aux reflets orangés, il dévoile, au nez, un bouquet aromatique d'où émanent des notes de baies des champs, de bois, de prune et de terre humide. La bouche est ample, avec de beaux tannins sveltes et harmonieux. Les saveurs de fruits sont aisément détectables. De plus, il est doté d'une longue et savoureuse finale.

Tannins • Corps: Souples • Moyennement corsé
Caractères: Baies des champs • Boisé
Température: Entre 16 et 18 °C

I.M.V. 88

Sauces	Cuissons	Plat 1	Plat 2	Fromages
Au vin rouge
Aux fruits
Aux
champignons	Mijoté
Au four
Poêlé	Carré de
porc aux
champignons	Rôti de veau
au vin rouge	Pâte pressée
non cuite

CABERNET/MERLOT, ROSEMOUNT ESTATE ★★★

Producteur: Rosemount Estate
Appellation: South Eastern Australia
Pays: Australie

Millésime dégusté: 2010
Prix: 14,95 $
Code SAQ: 552000

Rien de compliqué dans ce rouge, qui sera à l'honneur les jours de semaine. Il est doté d'une robe foncée, très dense. Le nez est moyennement aromatique, marqué par des nuances de baies des champs, d'épices et de terre humide ainsi que des notes florales. En filigrane, on détecte aussi des notes boisées. La bouche est juteuse à souhait, avec des tannins souples, mais sans être fluets. Les saveurs de fruits noirs et d'épices reviennent nous charmer. Celles-ci demeurent suspendues un bon moment avant de se fondre et de laisser la place à des flaveurs de sous-bois.

Tannins • Corps: Souples • Moyennement corsé
Caractères: Fruits noirs • Épices
Température: Entre 14 et 17 °C   **I.M.V.** 88

Sauces	Cuissons	Plat 1	Plat 2	Fromages
Fond de veau Aux fruits Aux champignons	Au four Mijoté Poêlé	Filet de porc, sauce aux mûres	Veau au marsala et aux champignons	Pâte pressée

CHIANTI, GABBIANO ★★↘

Producteur: Beringer Blass Italia SRL
Appellation: Chianti
Pays: Italie

Millésime dégusté: 2010
Prix: 14,95 $
Code SAQ: 10754279

Ce rouge est un archétype du vin de semaine idéal. Que ce soit pour accompagner un plat de pâtes ou des mets à l'italienne à base de tomate, par exemple, il fera le bonheur d'une clientèle qui recherche des vins présentant d'excellents rapports qualité-prix. La robe est rubis, peu profonde. Assez aromatique, le nez dévoile des nuances de cèdre et d'épices douces ainsi que des notes de baies rouges confites. La bouche est charnue, sapide, avec des tannins souples, mais présents. À noter également son agréable acidité. Les saveurs de fruits dominent. Aux accents déjà perçus à l'olfaction s'ajoutent des saveurs herbacées.

Tannins • Corps: Charnus • Moyennement corsé
Caractères: Boisé • Baies rouges
Température: Entre 15 et 17 °C   **I.M.V.** 88

Sauces	Cuissons	Plat 1	Plat 2	Fromages
Aux tomates Fond de veau Au jus	Au four Mijoté Poêlé	Farfales à la sauce Gigi et saucisses italiennes douces	Ragoût de bœuf à la toscane	Pâte pressée

MERLOT, WOODBRIDGE

★★★

Producteur : Woodbridge Winery
Appellation : California
Pays : États-Unis

Millésime dégusté : 2010
Prix : 14,95 $
Code SAQ : 494492

Une valeur sûre que ce classique à prix modique, toujours bien ficelé, élaboré par une des maisons phares de la viticulture californienne. À l'œil, il affiche une robe rubis aux reflets violacés, assez profonde. À l'olfaction, il dévoile un bouquet assez aromatique et nuancé. On y perçoit des notes de petits fruits rouges, de cassis surtout, d'épices douces et de bois. En bouche, l'attaque est franche et d'une texture agréable. La trame tannique repose sur de bonnes assises et expose un agréable côté soyeux. Les saveurs de baies des champs dominent l'ensemble et demeurent jusqu'à la finale.

Tannins · Corps : Charnus · Moyennement corsé
Caractères : Baies des champs · Bois
Température : Entre 15 et 17 °C

I. M. V. 88

Sauces	Cuissons	Plat 1	Plat 2	Fromages
Au jus Fond de veau Au vin rouge	Poêlé Au four Mijoté	Dinde rôtie aux champignons sauvages	Rôti de veau, sauce au brie	Pâte pressée

ZINFANDEL, WOODBRIDGE

★★★

Producteur : Woodbridge Winery
Appellation : California
Pays : États-Unis

Millésime dégusté : 2010
Prix : 14,95 $
Code SAQ : 329110

Ce rouge passe-partout, convivial et toujours réussi, plaira à une vaste clientèle. Il m'est apparu plus solide que le précédent. À l'œil, il étale une robe rubis aux reflets violacés. À l'olfaction, il se dégage un intense bouquet aux odeurs principalement de framboise, d'épices et de fruits à noyau. Des intonations boisées se greffent également à l'ensemble. La bouche est charnue, tout en fruits, avec une trame tannique en chair. On a l'impression de croquer dans un fruit frais. Les saveurs de confiture de framboise dominent et demeurent collées au palais jusqu'à la finale, assez soutenue.

Tannins · Corps : Charnus · Moyennement corsé
Caractères : Framboise · Épices
Température : Entre 15 et 17 °C

I. M. V. 88

Sauces	Cuissons	Plat 1	Plat 2	Fromages
Aux fruits Au jus Au vin rouge	Au four Poêlé Mijoté	Blanquette de veau	Macreuse de bœuf à l'échalote et au vin rouge	Pâte pressée

Vins rouges à moins de 15 $

SANGIOVESE/MERLOT, LE CONTRADE ★★✈

Producteur : Cantine Co. Pro. Vi.
Appellation : I.G.P. Latium
Pays : Italie

Millésime dégusté : 2011
Prix : 9,75 $
Code SAQ : 10579

Un rouge à moins de 10 $ offert dans un format d'un litre et, qui plus est, tout à fait potable, wow ! Vraiment surprenant que ce vin élaboré à base de sangiovese et de merlot qui provient du Latium, non loin de Rome. Sous une robe rubis, il expose un bouquet aromatique dominé par des notes de baies des champs confites, de framboise surtout, ainsi que des nuances d'épices. En arrière-plan, on discerne aussi des intonations de sous-bois. La bouche est sapide, avec des tannins en chair. Les accents perçus à l'olfaction reviennent nous charmer. Que demander de plus ?

Tannins • Corps : Charnus • Assez corsé .
Caractères : Baies des champs confites • Épices
Température : Entre 16 et 18 °C

I.M.V. 89

Sauces	Cuissons	Plat 1	Plat 2	Fromages
Fond de veau Aux tomates Au vin rouge	Poêlé Au four Mijoté	Bœuf braisé à la toscane	Escalope de veau parmigiana	Pâte pressée

CANDIDATO, BARRICA 6 ★★✈

Producteur : Cosecheros y Criadores SA
Appellation : Viño de la Tierra de Castilla
Pays : Espagne

Millésime dégusté : 2008
Prix : 10,05 $
Code SAQ : 628115

Bon, d'accord, je ne suis pas tombé de ma chaise en dégustant ce vin, mais lorsque j'ai vu son prix, je ne pouvais pas faire autrement que de le sélectionner pour cet ouvrage. Arborant une robe grenat plutôt claire, il dévoile un bouquet assez intense d'où émanent des nuances de fruits rouges, d'épices et de bois neuf. La bouche est très fruitée, avec des tannins bien en chair. Les saveurs de fruits tels que la fraise et la framboise s'expriment avec aplomb. Des intonations rappelant les bleuets et la prune suivent, pour culminer sur des accents de terroir. Tout ça pour 10 $.

Tannins • Corps : Charnus • Moyennement corsé
Caractères : Fruits rouges • Épices
Température : Entre 15 et 17 °C

I.M.V. 89

Sauces	Cuissons	Plat 1	Plat 2	Fromages
Au vin rouge Aux épices Fond de veau	Au four Poêlé Mijoté	Bœuf braisé	Rôti de veau aux champignons	Pâte pressée

NEGROAMARO, MEZZO MONDO ★★✦

Producteur : M.G.M. Mondo del Vino SRL
Appellation : I.G.T. Salento
Pays : Italie

Millésime dégusté : 2010
Prix : 10,30 $
Code SAQ : 11254452

Ce vin à base de negroamaro, qui signifie noir amer, ne révolutionnera pas le monde du vin, mais il possède suffisamment de caractère et de personnalité pour figurer dans cette sélection. Pour moins de 11 $, il en offre beaucoup. Étalant une robe cerise noire, il dévoile au nez un bouquet aromatique où l'emportent des nuances de fruits rouges et noirs, juxtaposées à des notes de réglisse, ainsi que des accents de fumée et de bois. La bouche est ample, avec des tannins fermes et un peu rustiques. On perçoit des notes de fumée en finale, fidèles aux accents perçus à l'olfaction.

Tannins · Corps : Charnus · Assez corsé
Caractères : Fruits noirs et rouges · Fumée
Température : Entre 16 et 18 °C

I.M.V. 89

Sauces	Cuissons	Plat 1	Plat 2	Fromages
Demi-glace Fond de veau Au vin rouge	Grillé Poêlé Au four	Entrecôte sur le gril	Farfales, sauce aux tomates et au chorizo	Pâte pressée

SHIRAZ, KUMALA ★★✦

Producteur : Western Wines Ltd
Appellation : Western Cape
Pays : Afrique du Sud

Millésime dégusté : 2011
Prix : 10,45 $
Code SAQ : 10754236

Au fil des ans, ce rouge affiche de plus en plus d'élégance. Moins boisé, il présente un dosage modéré des notes de fumée qui le rendaient agressif et plus de fruit. Arborant une robe pourpre moyennement profonde, il déploie un bouquet aromatique, où règnent des nuances de baies des champs, de myrtille surtout, et de bois neuf ainsi que des accents de poivre et d'épices. La bouche est juteuse, sapide, avec une trame tannique en chair tout en affichant un agréable côté soyeux. Les saveurs de fruits dominent. On dirait un fruit frais. Les épices et le poivre suivent.

Tannins · Corps : Charnus · Moyennement corsé
Caractères : Baies des champs · Épices
Température : Entre 16 et 18 °C

I.M.V. 89

Sauces	Cuissons	Plat 1	Plat 2	Fromages
Aux fruits Fond de veau Au vin rouge	Au four Mijoté Poêlé	Couscous aux merguez	Magret de canard aux baies sauvages	Pâte pressée

CABERNET/SHIRAZ, CLIFF 79   ★★✓

Producteur : Berri Estate Winery
Appellation : South Eastern Australia
Pays : Australie

Produit non millésimé
Prix : 10,65 $
Code SAQ : 11133036

Difficile de trouver mieux à meilleur prix. Ce rouge venu d'Australie est embouteillé ici, ce qui explique en partie son prix. De plus, il est non millésimé. Pour la typicité, on repassera, mais en fin de compte, c'est le consommateur qui y gagne. Doté d'une robe assez dense, il s'ouvre sur des notes de mûre, de chocolat et de fruits à noyau. La bouche est pleine de fruits, surtout des saveurs de cerise. La trame tannique est bien constituée, sans lourdeur ni aspérité. De plus, il est doté d'une bonne longueur. Aux saveurs de fruits s'ajoutent des notes d'épices et de moka et des flaveurs légèrement mentholées.

Tannins • Corps : Charnus • Moyennement corsé
Caractères : Baies des champs • Moka
Température : Entre 16 et 18 °C

I.M.V. 89

Sauces	Cuissons	Plat 1	Plat 2	Fromages
Fond de veau	Poêlé	Médaillon	Couscous aux merguez	Pâte pressée
Au vin rouge	Grillé	de bœuf		
Au poivre	Au four	au poivre		

CASALEIRO, RESERVA   ★★★

Producteur : Enoport Exportação de Bebidas SA
Appellation : Vinho Regional Tejo
Pays : Portugal

Millésime dégusté : 2010
Prix : 11,10 $
Code SAQ : 610162

Ce rouge fort sympathique en met plein la vue et les papilles considérant son prix peu élevé. Il est élaboré à base des cépages castelão, tinta roriz et trincadeira. À l'œil, il dévoile une robe rubis moyennement profonde. À l'olfaction, on discerne un bouquet intense d'où émanent des notes d'épices, de cèdre, de vanille, de prune et de baies confites. En filigrane, on détecte aussi des accents de café. La bouche est tout en fruits. La trame tannique repose sur de bonnes assises. Des saveurs de myrtilles s'imposent d'emblée, rejointes par des flaveurs d'épices et de cuir.

Tannins • Corps : Charnus • Assez corsé
Caractères : Fruits noirs • Café
Température : Entre 16 et 18 °C

I.M.V. 89

Sauces	Cuissons	Plat 1	Plat 2	Fromages
Au vin rouge	Grillé	Contre-filet	Longe d'agneau aux herbes	Pâte pressée
Fond de veau	Poêlé	de bœuf		
Aux épices	Au four	aux épices barbecue		

MERLOT/PINOTAGE, KUMALA ★★✦

Producteur : Western Wines Ltd	Millésime dégusté : 2011
Appellation : Western Cape	Prix : 11,45 $
Pays : Afrique du Sud	Code SAQ : 10489743

Ce rouge, somme toute assez simple, m'est apparu fort bien réussi en 2010. Si on le compare aux cuvées précédentes, disons qu'il déploie davantage de fruits et moins de notes de fumée. À l'œil, il dévoile une robe rubis moyennement profonde. À l'olfaction, on perçoit un bouquet assez aromatique, dominé par des notes de fruits rouges et noirs, particulièrement des odeurs de cassis. Celles-ci s'accompagnent de nuances d'épices et de bois. La bouche est ample, avec des tannins bien en chair et beaucoup de fruits. À noter aussi son agréable acidité. Fidèle aux accents perçus à l'olfaction, la finale révèle des notes empyreumatiques.

Tannins • Corps : Charnus • Assez corsé
Caractères : Fruits rouges et noirs • Épices
Température : Entre 16 et 18 °C

I.M.V. 89

Sauces	Cuissons	Plat 1	Plat 2	Fromages
Aux fruits Fond de veau Au vin rouge	Grillé Poêlé Au four	Carré de porc grillé à la moutarde à l'ancienne	Rôti de bœuf au vin rouge	Pâte pressée

RAPSANI, TSANTALI ★★★

Producteur : Evangelos Tsantali SA	Millésime dégusté : 2009
Appellation : Rapsani	Prix : 11,45 $
Pays : Grèce	Code SAQ : 590836

Bien que plus léger et fruité que son grand frère, la cuvée réserve, ce rouge a de quoi faire pâlir bien des vins vendus plus cher. À l'œil, il affiche une robe rubis moyennement profonde. À l'olfaction, il dévoile un bouquet aromatique d'où émanent des notes de fraise, de mûre, de terre humide, de chêne, de café et d'eucalyptus. La bouche est charnue, très sapide, avec des tannins bien en chair et dotée d'une agréable acidité. Les saveurs de baies dominent l'ensemble et demeurent suspendues un long moment avant de s'estomper. Cette cuvée m'a semblé meilleure que les millésimes précédents.

Tannins • Corps : Charnus • Moyennement corsé
Caractères : Baies rouges et noires • Épices
Température : Entre 16 et 18 °C

I.M.V. 89

Sauces	Cuissons	Plat 1	Plat 2	Fromages
Aux fruits Fond de veau Au vin rouge	Au four Poêlé Grillé	Brochette de bœuf au poivre vert	Côte de veau de grain aux champignons sauvages	Pâte pressée

SHIRAZ, DEAKIN ESTATE ★★★

Producteur: Deakin Estate
Appellation: Victoria
Pays: Australie

Millésime dégusté: 2010
Prix: 11,95 $
Code SAQ: 560821

Une valeur sûre que ce shiraz résolument australien, plein de fruits et de charme. La robe est pourpre, dense et profonde. Le nez s'est avéré peu bavard à l'ouverture, mais il est devenu plus loquace à l'aération. Des nuances de baies des champs, d'épices et de moka sont aisément détectables. En arrière-plan, on perçoit des notes de sous-bois. La bouche est particulièrement sapide, avec des tannins fermes, bien présents et sans aspérité. Des saveurs de framboise confite dominent l'ensemble et sont rejointes par des nuances d'épices et de cerise. Celles-ci demeurent suspendues pendant plusieurs caudalies avant de s'étioler.

Tannins • Corps: Charnus • Moyennement corsé
Caractères: Framboise • Épices
Température: Entre 15 et 17 °C

I.M.V. 89

Sauces	Cuissons	Plat 1	Plat 2	Fromages
Au vin rouge Fond de veau Demi-glace	Au four Poêlé Mijoté	Macreuse de bœuf aux chanterelles	Poire de bison au vin rouge	Pâte pressée cuite

L'ORANGERIE DE PENNAUTIER ★★★

Producteur : Vignoble de Lorgeril SARL
Appellation : Vin de Pays Cité de Carcassonne
Pays : France

Millésime dégusté : 2010
Prix : 12,55 $
Code SAQ : 605261

Une valeur sûre. Jamais décevant, toujours égal à lui-même. La robe est invitante avec ses teintes rouge cerise d'une bonne densité. L'examen olfactif permet de déceler un agréable bouquet d'odeurs. Parmi celles-ci, on découvre des nuances de garrigue, de baies des champs, de fruits à noyau aussi, ainsi que des notes légèrement épicées. Des nuances florales se pointent en filigrane. La bouche est sapide, ronde, avec une trame tannique bien bâtie. On retrouve sans surprise les saveurs déjà perçues à l'olfaction. À l'avant-plan se manifestent les saveurs de fruits à noyau, suivies de flaveurs d'épices qui persistent jusqu'à la finale.

Tannins · Corps : Souples · Moyennement corsé
Caractères : Fruits rouges et noirs · Épices
Température : Entre 15 et 17 °C

I.M.V. 89

Sauces	Cuissons	Plat 1	Plat 2	Fromages
Aux fruits Fond de veau Aux herbes	Au four Mijoté Poêlé	Confit de canard aux baies des champs	Longe d'agneau aux herbes de Provence	Pâte pressée non cuite

QUINTA DAS SETENCOSTAS ★★★

Producteur: Casa Santos Lima-Companhia
das Vinhas SA
Appellation: Alenquer
Pays: Portugal

Millésime dégusté: 2008
Prix: 13,10 $
Code SAQ: 897512

La région d'Alenquer est située près de Lisbonne. Ce rouge est élaboré à base de cépages autochtones de l'endroit. À l'œil, il affiche une robe pourpre, assez dense et profonde. À l'olfaction, il déploie un intense bouquet où priment des notes de myrtille, de cerise, de prune, d'épices et de bois ainsi que des nuances de terre humide. La bouche est ample, très sapide, avec des tannins charnus et dotés d'une bonne acidité. La bouche est le miroir du nez quant aux caractères organoleptiques. La finale nous laisse sur des accents de cerise noire et une sensation d'amertume.

Tannins • Corps: Charnus • Assez corsé
Caractères: Charnus • Assez corsé
Température: Entre 16 et 18 °C

I.M.V. 89

Sauces	Cuissons	Plat 1	Plat 2	Fromages
Aux tomates Aux fruits Au vin rouge	Grillé Au four Mijoté	Filet de bœuf au vin rouge	Carré d'agneau aux tomates et à l'ail	Pâte pressée

MERLOT, BARON PHILIPPE DE ROTHSCHILD ★★⌐

Producteur: Baron Philippe de Rothschild
Appellation: Vin de Pays d'Oc
Pays: France

Millésime dégusté: 2010
Prix: 13,15 $
Code SAQ: 407544

Le producteur bordelais Baron Philippe de Rothschild ne bouleversera pas le monde du vin avec ce rouge, mais il a le mérite de nous présenter un produit bien ficelé, convivial et représentatif du cépage. Affichant une robe rubis assez profonde, il offre au nez un intense bouquet marqué par des notes de prune, de baies noires et de poivron ainsi que des nuances d'épices et de bois. La bouche est charnue, avec une trame tannique en chair et un peu rustique. Les saveurs de baies rouges et noires s'expriment avec aplomb et sont suivies de nuances de cuir, particulièrement en finale. Beau, bon, pas cher.

Tannins • Corps: Charnus • Moyennement corsé
Caractères: Baies rouges et noires • Épices
Température: Entre 16 et 18 °C

I.M.V. 89

Sauces	Cuissons	Plat 1	Plat 2	Fromages
Aux fruits Fond de veau Au vin rouge	Au four Poêlé Mijoté	Rôti d'épaule de bœuf au jus	Saucisses Toulouse	Pâte pressée

SHIRAZ/CABERNET SAUVIGNON, SETTLES'S COVE ★★★

Producteur : Settler's Cove
Appellation : South Eastern Australia
Pays : Australie

Millésime dégusté : 2009
Prix : 13,85 $
Code SAQ : 598623

Ce digne représentant de la viticulture australienne en offre beaucoup pour son argent à tout amateur de vin qui recherche un bon rapport qualité-prix-plaisir. Affichant une robe rubis assez profonde, il dévoile au nez un intense bouquet marqué par des intonations de cassis, de confiture de baies rouges, de fraise surtout. On y trouve aussi des notes de violette et d'épices. La bouche est charnue, avec une trame tannique qui se tient bien droite. À noter aussi son agréable acidité, comme lorsqu'on croque dans un fruit. On retrouve les mêmes nuances fruitées que lors de l'examen olfactif. Finale assez soutenue.

Tannins • Corps : Charnus • Assez corsé
Caractères : Baies confites • Épices
Température : Entre 16 et 18 °C

I.M.V. **89**

Sauces	Cuissons	Plat 1	Plat 2	Fromages
Aux fruits Fond de veau Au vin rouge	Poêlé Au four Grillé	Filet de bœuf au vin rouge	Magret de canard aux fruits sauvages	Pâte pressée

CABERNET SAUVIGNON/MERLOT, LULU B. ★★☆

Producteur : Louis Bernard
Appellation : Vin de Pays d'Oc
Pays : France

Millésime dégusté : 2010
Prix : 13,95 $
Code SAQ : 11459095

Louis Bernard est un producteur bien connu dans la vallée du Rhône. Cette incursion dans le pays d'Oc est fort intéressante. Déjà, l'an dernier, j'avais été conquis par le chardonnay et celui-ci ne m'a pas déçu. Il affiche une robe rubis moyennement profonde. Le nez est subtil et nuancé, avec des notes de cassis, de baies confites, d'épices, de violette et de sous-bois. La bouche est ample, avec beaucoup de fruits et des tannins souples, mais présents. D'agréables saveurs de baies des champs s'expriment en premier et sont rejointes par des nuances rappelant la cerise jubilée. De plus, la finale est longue et soutenue.

Tannins • Corps : Charnus • Moyennement corsé
Caractères : Baies des champs • Épices
Température : Entre 16 et 18 °C

I.M.V. **89**

Sauces	Cuissons	Plat 1	Plat 2	Fromages
Aux fruits Au vin rouge Fond de veau	Poêlé Au four Grillé	Entrecôte de bœuf au vin rouge	Magret de canard aux baies sauvages	Pâte pressée cuite

MERLOT/PRIMITIVO, TREVINI, PRIMO ★★★

Producteur : M.G.M. Mondo del Vino
Appellation : I.G.T. Tarantino
Pays : Italie

Millésime dégusté : 2010
Prix : 13,95 $
Code SAQ : 643106

Originaire des Pouilles, c'est-à-dire le talon de la botte italienne, ce rouge offert à prix doux saura agrémenter les dîners en famille les jours de semaine. Il affiche une robe rubis assez profonde. Au nez, on perçoit un bouquet expressif à souhait, où trônent des notes bien appuyées de fruits noirs confits, de bois torréfié et d'épices. La bouche est ample, dotée de tannins bien en chair, tout en affichant une certaine rondeur. On perçoit une agréable texture acidulée, qu'on associe aux petits fruits des champs. Des saveurs de cassis, de myrtille et de mûres persistent jusqu'à la finale.

Tannins · Corps : Charnus · Assez corsé
Caractères : Baies des champs · Boisé
Température : Entre 15 et 18 °C

I.M.V. **89**

Sauces	Cuissons	Plat 1	Plat 2	Fromages
Fond de veau Aux tomates Aux fruits	Au four Poêlé Grillé	Lasagne à la viande	Filet d'épaule de bœuf au poivre long	Pâte pressée

PINOT NOIR, BIN 99 ★★☆

Producteur : Lindeman's Wines
Appellation : South Eastern Australia
Pays : Australie

Millésime dégusté : 2007
Prix : 13,95 $
Code SAQ : 458661

Lindemans est un des pionniers de la viticulture australienne. On a droit la plupart du temps à des vins au rapport qualité-prix difficile à égaler. Celui-ci est un bel exemple. On a affaire à un pinot très typé «Nouveau Monde», ce qui ne représente aucunement un défaut. Sous une robe rubis, assez claire, on découvre un bouquet expressif, dominé par des accents de baies des champs, appuyés par des nuances de bois, d'épices douces et de confiserie. La bouche est fraîche, très sapide et ronde. La trame tannique repose toutefois sur de bonnes assises. Les accents de baies des champs dominent, les épices suivent.

Tannins · Corps : Souples · Moyennement corsé
Caractères : Baies des champs · Épices douces
Température : Entre 15 et 17 °C

I.M.V. **89**

Sauces	Cuissons	Plat 1	Plat 2	Fromages
Fond de gibier Au vin rouge Aux épices	Au four Grillé Mijoté	Navarin d'agneau aux herbes de Provence	Bœuf en croûte	Pâte pressée

TEMPRANILLO, CORONAS ★★★

Producteur: Miguel Torres SA
Appellation: Catalunya
Pays: Espagne

Millésime dégusté: 2008
Prix: 14,05 $
Code SAQ: 29728

Miguel Torres récidive une fois de plus en nous présentant ce vin à base de tempranillo auquel on a ajouté un peu de cabernet sauvignon afin de lui donner une personnalité unique. À l'œil, celui-ci dévoile une robe rubis assez profonde. L'examen olfactif met nos sens en contact avec d'intenses notes de cerise confite, d'épices et de bois. La bouche est ample, sapide, dotée d'une agréable fraîcheur et de tannins sveltes. Les intonations perçues à l'olfaction reviennent nous charmer. Les saveurs de cerise confites et les épices se collent au palais et y demeurent un long moment avant de s'étioler.

Tannins · Corps: Charnus · Moyennement corsé
Caractères: Cerise · Épices
Température: Entre 16 et 18 °C

I.M.V. **89**

Sauces	Cuissons	Plat 1	Plat 2	Fromages
Au vin rouge Aux épices Fond de veau	Poêlé Au four Mijoté	Bœuf braisé à la catalane	Magret de canard aux cerises	Pâte pressée

BLÉS, CRIANZA ★★★

Producteur: Domino Aranleon
Appellation: Valencia
Pays: Espagne

Millésime dégusté: 2008
Prix: 14,75 $
Code SAQ: 10856427

Ce vin coup de cœur s'est avéré une belle surprise lors de sa dégustation. Issu de l'agriculture biologique, il est à base de monastrell (mourvèdre) et de cabernet sauvignon. À l'œil, il dévoile une robe rubis avec des reflets violacés. L'examen olfactif est un pur délice. Des notes de fruits confits, de cassis, de mûre et de cacao ainsi que des nuances de sous-bois titillent nos narines. La bouche est gourmande à souhait et dotée d'une belle trame tannique. Les saveurs de baies des champs, de poivre et d'épices se côtoient en harmonie. De plus, la finale s'étire sur plusieurs caudalies.

Tannins · Corps: Charnus · Assez corsé
Caractères: Baies des champs · Poivre
Température: Entre 16 et 18 °C

I.M.V. **89**

Sauces	Cuissons	Plat 1	Plat 2	Fromages
Fond de gibier Aux champignons Au vin rouge	Au four Poêlé Mijoté	Entrecôte au poivre long	Confit de canard aux champignons sauvages	Pâte pressée

MERLOT, JACKSON-TRIGGS, BLACK SERIES ★★★✦

Producteur : Jackson-Triggs Estate Wines
Appellation : Niagara Peninsula
Pays : Canada

Millésime dégusté : 2010
Prix : 14,95 $
Code SAQ : 11462112

Jackson-Triggs est certainement un des meilleurs représentants de la viticulture canadienne. Déjà, à l'œil, ce vin nous interpelle par sa robe dense et foncée. Le nez est aromatique. On reconnaît aisément les arômes typiques du merlot, à savoir des intonations de prune et de baies des champs ainsi que des nuances de café et de vanille apportées par un élevage en barrique de chêne. La bouche est ample, avec des tannins bien présents, quoiqu'un peu verts, caractéristique qui devrait s'estomper avec le temps. Aux saveurs déjà perçues au nez s'ajoutent des nuances de cuir. Agréable finale sapide révélant des flaveurs d'anis.

Tannins • Corps : Charnus • Moyennement corsé
Caractères : Prune • Café
Température : Entre 15 et 16 °C

I.M.V. 89

Sauces	Cuissons	Plat 1	Plat 2	Fromages
Au vin rouge Aux fruits Fond de veau	Grillé Poêlé Au four	Mignon de bœuf aux champignons sauvages	Pavé d'autruche, sauce au vin rouge	Pâte pressée

DUQUE DE MEDINA, CRIANZA ★★✦

Producteur : Bodegas Ignacio Marin
Appellation : Cariñena
Pays : Espagne

Millésime dégusté : 2009
Prix : 10,30 $
Code SAQ : 10325925

À ce prix, il faut savoir faire preuve d'un peu d'indulgence. Toutefois, ce rouge en offre beaucoup plus que ce qu'on pourrait attendre d'un vin offert à un prix aussi bas. Arborant une robe rubis, assez profonde, ce rouge à base de grenache et de tempranillo offre un agréable bouquet d'où émanent des nuances de cerise, de sous-bois et de chêne. En toile de fond, on perçoit aussi des notes de violette. La bouche est ample, avec des tannins fermes et un peu asséchants. Les saveurs de cerise occupent beaucoup d'espace et y demeurent jusqu'à la finale.

Tannins • Corps : Charnus • Corsé
Caractères : Cerise • Sous-bois
Température : Entre 16 et 18 °C

I.M.V. 90

Sauces	Cuissons	Plat 1	Plat 2	Fromages
Fond de gibier Au vin rouge Aux épices	Poêlé Grillé Au four	Rôti de bœuf au poivre	Confit de canard aux figues	Pâte pressée

1752, J. CARAU PUJOL ★★★

Producteur : Bodegas Carrau
Appellation : Cerro Chapeu
Pays : Uruguay

Millésime dégusté : 2007
Prix : 14,70 $
Code SAQ : 439331

Ce rouge aux larges épaules provenant de l'Uruguay est composé de tannat, de cabernet sauvignon et de cabernet franc. Le résultat est tout à fait exquis. Déjà, à l'œil, sa robe pourpre assez foncée nous sollicite. Au nez, il dévoile d'intenses notes d'épices, de fruits noirs, de violette et de bois. La bouche est costaude, riche et soutenue. Les saveurs de prune dominent le palais et l'occupent un bon moment avant de céder devant des nuances de myrtille et de bois torréfié. En rétro-olfaction, on discerne des flaveurs de poivron et de champignons. Excellent rapport qualité-prix.

Tannins • Corps : Charnus • Bien corsé
Caractères : Prune • Épices
Température : Entre 16 et 18 °C

I.M. V. 90

Sauces	Cuissons	Plat 1	Plat 2	Fromages
Fond de gibier	Grillé	Entrecôte de bœuf à la piperade	Côtelettes d'agneau à l'ail et au romarin	Pâte pressée
Aux poivrons	Au four			
Au porto	Poêlé			

CABERNET SAUVIGNON, WOODBRIDGE ★★★

Producteur : Woodbridge Winery
Appellation : California
Pays : États-Unis

Millésime dégusté : 2009
Prix : 14,95 $
Code SAQ : 48611

Avec le temps, la gamme Woodbridge de Robert Mondavi a su s'imposer en tant qu'incontournable parmi les vins offerts à prix modique. Une demi-douzaine de cépages se greffent à 77 % de cabernet sauvignon pour former un ensemble agréable et bien ficelé. Ce vin expose une robe rubis assez profonde. Le nez est expressif à souhait, dominé par des nuances de petites baies sauvages, de cassis surtout, d'épices également, ainsi que des notes de violette et de bois. La bouche est ample, avec des tannins bien en chair et beaucoup de fruits. Les saveurs décrites au nez se côtoient en harmonie. Meilleur que jamais.

Tannins • Corps : Charnus • Assez corsé
Caractères : Baies noires • Boisé
Température : Entre 16 et 18 °C

I.M. V. 90

Sauces	Cuissons	Plat 1	Plat 2	Fromages
Fond de gibier	Au four	Carré d'agneau à l'ail et au romarin	Magret de canard aux baies des champs	Pâte pressée
Aux fruits	Poêlé			
Au vin rouge	Grillé			

CABERNET SAUVIGNON/SANGIOVESE, STRADA ALTA ★★★

Producteur : Strada Alta   **Millésime dégusté :** 2010
Appellation : I.G.T. Sicilia   **Prix :** 14,95 $
Pays : Italie   **Code SAQ :** 11581373

Surprenant que ce rouge aux accents du sud de l'Italie. À l'œil, on découvre une robe pourpre assez dense. L'examen olfactif permet de détecter d'agréables arômes de fruits rouges et noirs bien mûrs, accompagnés de nuances de café. En filigrane, on perçoit des notes de sous-bois. La bouche est charnue, un peu rustique toutefois. La trame tannique est bien constituée. De plus, il affiche une bonne acidité. Les saveurs de baies des champs confites occupent la majeure partie du palais, particulièrement les nuances de framboise et de mûre. Long en bouche. La finale nous laisse sur des intonations de myrtille.

Tannins · Corps : Charnus · Corsé
Caractères : Fruits noirs et rouges · Sous-bois
Température : Entre 16 et 18 °C   **I.M.V.** 90

Sauces	Cuissons	Plat 1	Plat 2	Fromages
Au vin rouge Fond de gibier Aux tomates	Grillé Poêlé Au four	Souris d'agneau à la milanaise	Magret de canard aux champignons sauvages	Pâte pressée cuite

🍇 SHIRAZ/SANGIOVESE, BUTCHER'S GOLD ★★★

Producteur : Hardy's & Sons   **Millésime dégusté :** 2010
Appellation : South Australia   **Prix :** 14,95 $
Pays : Australie   **Code SAQ :** 11676364

Voici un rouge qui ne laissera personne indifférent. Un vin aux larges épaules, robuste, qui s'exprime avec aplomb. Il plaira aux amateurs de vins qui ont de la personnalité et du caractère. Sous une robe pourpre, dense et profonde, on perçoit un bouquet intense, marqué par des accents de prune, de myrtille, de mûre et d'épices, juxtaposées à des nuances de sous-bois. La bouche est ample, avec des tannins bien en chair, qui devraient s'assouplir avec le temps et, ainsi, révéler un côté soyeux. Les saveurs de fruits noirs occupent le palais sans faire de quartier. La finale est longue et soutenue.

Tannins · Corps : Charnus · Bien corsé
Caractères : Fruits noirs · Épices
Température : Entre 16 et 18 °C   **I.M.V.** 90

Sauces	Cuissons	Plat 1	Plat 2	Fromages
Aux fruits Au vin rouge Aux épices	Grillé Au four Poêlé	Carré d'agneau à l'ail et au romarin	Côte de cerf aux baies sauvages	Pâte pressée

THE PIRATE OF COCOA HILL ★★┘

Producteur: Christoph Dornier Wines
Appellation: Western Cape
Pays: Afrique du Sud

Millésime dégusté: 2009
Prix: 14,95 $
Code SAQ: 10679361

Cet assemblage de shiraz, de merlot, de cabernet sauvignon et de malbec, dans des proportions de 47, 31, 18 et 4 % respectivement, est l'archétype des vins rouges d'Afrique du Sud. Certains aimeront ses accents de fumée caractéristiques, d'autres détesteront. Affichant une robe rubis assez profonde, il dévoile un bouquet puissant d'où émanent des notes de fumée, de baies rouges et d'épices. On perçoit aussi des nuances empyreumatiques. La bouche est ample, charnue et dotée d'une trame tannique assez costaude. Les accents identifiés au nez sont aisément détectables. De plus, il est doté d'une longue finale soutenue.

Tannins • Corps: Charnus • Corsé
Caractères: Baies rouges • Fumée
Température: Entre 16 et 18 °C

I.M.V. 90

Sauces	Cuissons	Plat 1	Plat 2	Fromages
Demi-glace Au porto Fond de gibier	Grillé Poêlé Au four	Gigot d'agneau au poivre	Aloyau de bœuf grillé, aux épices barbecue	Gouda fumé

GARNACHA, FINCA ANTIGUA ★★★

Producteur: Finca Antigua SA
Appellation: La Mancha
Pays: Espagne

Millésime dégusté: 2009
Prix: 13,90 $
Code SAQ: 11254225

Un peu robuste et carré, ce rouge aux larges épaules plaira davantage à une clientèle avide de vins boisés qu'aux amateurs de vins tout en finesse. Cela dit, il mérite de faire partie de cette sélection, ne serait-ce que pour son caractère assumé. La robe est rouge cerise noire, intense. Au nez, il est très aromatique, dominé par les notes bien appuyées de bois torréfié. En arrière-plan, on distingue des nuances de cassis, de mûre et de prune. La bouche est charnue, avec une trame tannique vigoureuse, fidèle aux accents perçus à l'olfaction. Un coup de carafe lui permettra d'arrondir ses angles.

Tannins • Corps: Charnus • Bien corsé
Caractères: Boisé • Cassis
Température: Entre 17 et 18 °C

I.M.V. 91

Sauces	Cuissons	Plat 1	Plat 2	Fromages
Au poivre Au porto Fond de gibier	Grillé Poêlé Au four	Entrecôte de bœuf au poivre	Côtelettes d'agneau grillées à l'ail et au romarin	Pâte pressée cuite

Les vins du vendredi (entre 15 et 20 $)

La fin de semaine est enfin arrivée! Vous avez travaillé toute la semaine et vous avez le goût de vous payer un petit extra sans vider vos poches. C'est dans cette gamme de prix qu'on retrouve la plupart des vins qui présentent le meilleur rapport qualité-prix. Vous pouvez y aller sans crainte d'être déçu, car ces vins sont pour la plupart dignes des meilleures tables même s'il n'est pas nécessaire de sortir l'argenterie et la verrerie en cristal pour les apprécier.

Les vins qu'on trouve dans cette catégorie sont souvent ce qu'on appelle des entrées de gamme de grandes maisons viticoles, et il s'agit dans certains cas de vins milieu de gamme. Dans plusieurs cas, ce sont des cartes de visite pour ces grands producteurs qui espèrent attirer leur clientèle vers leurs produits haut de gamme. Ces producteurs ont donc intérêt à ce que ces produits soient bien faits. Vous constaterez une amélioration de la complexité aromatique et une définition plus précise des arômes par rapport aux vins de semaine proposés dans le chapitre précédent.

VIÑA ESMERALDA ★★★

Producteur : Miguel Torres
Appellation : Catalunya
Pays : Espagne

Millésime dégusté : 2010
Prix : 15,05 $
Code SAQ : 10357329

Ce vin de plaisir n'a pas son égal. Demi-sec, très fruité, ce blanc élaboré à base de muscat d'Alexandrie (85 %) et de gewurztraminer (15 %) est toujours une réussite année après année. Arborant une robe jaune paille, il dévoile à l'olfaction un bouquet expressif où les nuances de fruits tropicaux, de fleurs blanches et d'épices douces ont préséance. La bouche est très sapide, fraîche, texturée et savoureuse. Les saveurs de fruits tropicaux s'expriment sans ménagement. Elles côtoient des nuances de jasmin et de sucre d'orge. Des saveurs de litchi et de rose couronnent un ensemble harmonieux.

Acidité · Corps : Frais · Léger
Caractères : Fruits tropicaux · Fleurs blanches
Température : Entre 7 et 10 °C

I.M.V. 62

Sauces	Cuissons	Plat 1	Plat 2	Fromages
Aux fruits Au beurre Fumet de poisson	Cru Bouilli Poêlé	Nouilles au riz à la Thaï	Sushis	Pâte molle à croûte lavée

PINOT BLANC, TRIMBACH ★★★

Producteur : F. E. Trimbach
Appellation : Alsace
Pays : France

Millésime dégusté : 2008
Prix : 15,75 $
Code SAQ : 89292

Les vins à base de pinot blanc sont souvent d'un ennui mortel. Toutefois, celui-ci, sans être un vin de méditation, est tout à fait ravissant. Il s'agit plus d'un vin de plaisir, facile à boire. Idéal en apéritif, mais aussi avec des mets délicats, comme des huîtres. À l'œil, il affiche une robe couleur paille. Au nez, il présente un bouquet délicat et nuancé où s'imposent des notes de fruits tropicaux et d'anis. La bouche est croustillante à souhait et tout en fruits. C'est sans surprise qu'on décèle de délicates saveurs de fruits tropicaux, tels que l'ananas, le citron et la mangue.

Acidité · Corps : Vif · Léger
Caractères : Fruits tropicaux · Anis
Température : Entre 8 et 11 °C

I.M.V. 62

Sauces	Cuissons	Plat 1	Plat 2	Fromages
Aux fruits Fumet de poisson Nature	Cru Bouilli Vapeur	Mousse de poisson	Huîtres nature	Pâte fraîche

PINOT BLANC, FIVE VINEYARDS ★★★

Producteur : Mission Hill Family Estate
Appellation : Okanagan Valley
Pays : Canada (C.B.)

Millésime dégusté : 2009
Prix : 16,15 $
Code SAQ : 300301

Le pinot blanc est un cépage qui me laisse souvent tiède, mais celui-ci est une des exceptions qui confirme la règle. Comme son nom l'indique, il provient de cinq vignobles situés dans la vallée de l'Okanagan. Son profil aromatique, joyeux, convivial et très fruité le rend tout à fait craquant. À l'oeil, il expose une robe jaune paille avec des reflets verts. À l'olfaction, on perçoit un intense bouquet dominé par des nuances de fruits tropicaux, de poire et d'agrumes. La bouche est vive, mais sans excès. On a l'impression de croquer dans un bol de fruits. En rétro, des flaveurs de gingembre se révèlent.

Acidité · Corps : Vif · Léger
Caractères : Fruits tropicaux · Poire
Température : Entre 8 et 10 °C   **I.M.V.** 62

Sauces	Cuissons	Plat 1	Plat 2	Fromages
Aux fruits Au vin blanc Nature	Cru Bouilli Mijoté	Flan aux fruits de mer	Aiglefin, sauce vierge	Chèvre

VOUVRAY, DOULCE FRANCE ★★★

Producteur : Bougrier SA
Appellation : Vouvray
Pays : France

Millésime dégusté : 2009
Prix : 16,90 $
Code SAQ : 11461970

Voici un vin différent, demi-doux, élaboré à base de chenin blanc. Il plaira surtout aux amateurs de vins où le fruit domine. À l'œil, il dévoile une robe jaune paille. Le nez est expressif à souhait. Des accents de fruits tropicaux côtoient des nuances de pomme, de poire, de miel et d'anis. En toile de fond, on discerne des notes minérales. La bouche est sapide, fraîche, ronde et onctueuse. L'acidité est contrebalancée par une légère présence de sucre résiduel. Les saveurs de fruits blancs dominent l'ensemble et s'accompagnent de flaveurs de gingembre. Ce vin sera excellent à l'apéro avec un brie, entre autres.

Acidité · Corps : Demi-doux · Léger
Caractères : Fruits tropicaux · Poire
Température : Entre 8 et 10 °C   **I.M.V.** 62

Sauces	Cuissons	Plat 1	Plat 2	Fromages
Fumet de poisson Aux fruits Nature	Mijoté Cru Bouilli	Filet de bar, salsa à la mangue	Jambon bergère	Pâte molle à croûte fleurie

PINOT GRIGIO/VERDUZZO, MASIANCO ★★★

Producteur: Masi Agricola SPA
Appellation: I.G.T. Veneto
Pays: Italie

Millésime dégusté: 2010
Prix: 16,95 $
Code SAQ: 10439404

Année après année, ce vin convivial, sans prétention et tout à fait charmant n'est jamais décevant. Il plaira aux amateurs de vins tout en fruits. À l'œil, il affiche une robe jaune pâle avec des reflets verts. À l'olfaction, on discerne un bouquet expressif, marqué par des notes de fruits tropicaux et de miel avec une touche florale et d'amande douce. La bouche est ample, très fruitée et croustillante à souhait. Les saveurs de fruits tropicaux s'expriment avec aplomb et demeurent suspendues un bon moment avant de battre en retraite et de laisser place à des nuances minérales.

Acidité · Corps: Vif · Léger
Caractères: Fruits tropicaux · Minéral
Température: Entre 8 et 11 °C

I.M.V. 62

Sauces	Cuissons	Plat 1	Plat 2	Fromages
Aux fruits Fumet de poisson Au beurre	Cru Bouilli Mijoté	Nage de fruits de mer, gastrique à l'orange	Salade de chèvre chaud	Pâte molle à croûte fleurie

CHARDONNAY, FETZER, VALLEY OAKS ★★★

Producteur: Fetzer Vineyards
Appellation: California
Pays: États-Unis

Millésime dégusté: 2008
Prix: 15,05 $
Code SAQ: 291674

Fetzer est une vinerie qui produit des vins en communion avec la terre et l'environnement. Ce vin écologique est issu d'une agriculture raisonnée et élevé dans un chai équipé à l'énergie solaire. Ce chardonnay à prix doux affiche une belle couleur jaune paille. Au nez, il dévoile un bouquet assez intense d'où émanent des nuances de fruits tropicaux, d'agrumes et de pomme Golden ainsi que des notes de vanille et de pain grillé. La bouche est fraîche, croquante et dotée d'une texture grasse. Les saveurs détectées au nez s'expriment avec légèreté, sans que rien ne s'entrechoque. Bel équilibre et excellent rapport qualité-prix.

Acidité · Corps: Frais · Léger
Caractères: Fruits tropicaux · Vanille
Température: Entre 8 et 10 °C

I.M.V. 63

Sauces	Cuissons	Plat 1	Plat 2	Fromages
Aux fruits Fumet de poisson Au beurre	Bouilli Mijoté Poêlé	Nage de crevettes, gastrique à l'orange	Mousse de poisson	Pâte molle à croûte fleurie

GEWÜRZTRAMINER, HOGUE

★★★

Producteur: Hogue Cellars Vineyards
Appellation: Columbia Valley
Pays: États-Unis

Millésime dégusté: 2010
Prix: 15,75 $
Code SAQ: 11334751

Ce gewurztraminer a des affinités avec ceux de l'Allemagne beaucoup plus que ceux élaborés en Alsace. Pas étonnant donc que son nom soit orthographié dans la langue germanique. Sous une robe jaune paille aux reflets dorés, on discerne un bouquet très expressif, dominé par des notes caractéristiques du cépage, à savoir des accents de litchis, de papaye et de melon. Des nuances d'agrumes et d'abricot se greffent à l'ensemble. La bouche est ample, goûteuse, texturée, de vin demi-doux, mais contrebalancée par une agréable acidité. Les saveurs de fruits tropicaux dominent et sont rejointes par des nuances d'épices douces ainsi que des notes minérales.

Acidité · Corps: Demi-doux · Moyennement corsé
Caractères: Fruits tropicaux · Épices
Température: Entre 8 et 10 °C

I.M.V. 63

Sauces	Cuissons	Plat 1	Plat 2	Fromages
Aux fruits Fumet de poisson Aux épices douces	Cru Poêlé Au four	Sushis	Nage de pétoncles, gastrique à l'orange	Pâte molle à croûte lavée

GRAVES, MOUTON CADET, RÉSERVE

★★★

Producteur: Baron Philippe de Rothschild SA
Appellation: Graves
Pays: France

Millésime dégusté: 2010
Prix: 15,95 $
Code SAQ: 11314953

Ce blanc élaboré à base de 50 % de sémillon, de 45 % de sauvignon et de 5 % de muscadelle, sans me bouleverser, m'a beaucoup plu. Par son côté charmeur et réconfortant, facile à boire et bien balancé. À l'œil, il affiche une robe jaune pâle avec des reflets verts. Au nez, il est assez aromatique et nuancé, avec des accents de pomme Golden, de lime, de melon de miel, d'ananas et de fleurs blanches. La bouche est fraîche, croquante et savoureuse. Le sémillon lui donne une dimension où le moelleux domine. La pomme Golden est aisément identifiable ; les saveurs de lime suivent.

Acidité · Corps: Frais · Léger +
Caractères: Pomme Golden · Lime
Température: Entre 8 et 10 °C

I.M.V. 63

Sauces	Cuissons	Plat 1	Plat 2	Fromages
Fumet de poisson Aux agrumes Aux herbes	Mijoté Bouilli Poêlé	Brie en croûte aux pommes	Nage de fruits de mer à la lime	Pâte molle à croûte fleurie

BOURGOGNE ALIGOTÉ, LOUIS ROCHE ★★★

Producteur: Louis Roche
Appellation: Bourgogne Aligoté
Pays: France

Millésime dégusté: 2010
Prix: 16,65 $
Code SAQ: 240382

L'aligoté est un cépage qui, en Bourgogne, vit dans l'ombre du chardonnay. Moins charmeur que son proche cousin, sa vivacité a longtemps été son talon d'Achille. C'est pourquoi le maire de Dijon eut l'idée d'y ajouter de la crème de cassis pour créer le fameux kir. Mais il est beaucoup plus que ça. Arborant une robe jaune paille, il expose un joli nez délicat et nuancé d'où émanent des notes de poire, de citron et de fleurs blanches. La bouche est croquante, vive, mais sans excès. Les saveurs de poire et d'agrumes occupent la majorité du palais. Celles-ci demeurent suspendues un long moment avant de s'estomper.

Acidité · Corps: Frais · Léger +
Caractères: Poire · Agrumes
Température: Entre 8 et 10 °C

I.M.V. 63

Sauces	Cuissons	Plat 1	Plat 2	Fromages
Aux agrumes Fumet de poisson Au vin blanc	Mijoté Bouilli Cru	Filet de morue poché au vin blanc	Mousse de crabe	Pâte molle à croûte fleurie

TORUS, BLANC ★★★

Producteur: Alain Brumont
Appellation: Pacherenc du Vic-Bilh
Pays: France

Millésime dégusté: 2009
Prix: 16,90 $
Code SAQ: 11098314

Alain Brumont dit de ce blanc, élaboré à base de petit courbu et de gros manseng, que la gamme Torus est à Montus et Bouscassé ce que le prêt-à-porter est à la haute couture. J'aime bien cette métaphore. Sous une robe jaune paille avec des reflets or, il déploie un bouquet intense, marqué par des notes d'épices, de melon et d'agrumes, de fleurs blanches, ainsi que des nuances minérales. La bouche est vive, texturée et d'une bonne ampleur. La poire, la pomme, les agrumes et d'autres fruits exotiques se côtoient et s'amusent à nous faire titiller les papilles. Long et savoureux.

Acidité · Corps: Vif · Moyennement corsé
Caractères: Fruits blancs · Fruits tropicaux
Température: Entre 8 et 10 °C

I.M.V. 63

Sauces	Cuissons	Plat 1	Plat 2	Fromages
Aux fruits Fumet de poisson Au vin blanc	Mijoté Poêlé Bouilli	Filet de sole au vin blanc	Pétoncles poêlés au citron vert	Chèvre

VIOGNIER, YALUMBA, THE Y SERIES ★★★⟅

Producteur: Yalumba Wines
Appellation: South Australia
Pays: Australie

Millésime dégusté: 2011
Prix: 16,95 $
Code SAQ: 11133811

Sous une robe jaune vif, ce vin à base de viognier à 100 % en charmera plus d'un. D'abord par son nez aromatique, marqué par des notes florales, de pêche et d'abricot. Ensuite et surtout grâce à sa bouche agréablement fruitée et fraîche. Les accents de pêche et d'abricot se précisent. Elles demeurent suspendues un long moment et se collent littéralement au palais pendant plusieurs caudalies. Des saveurs de miel s'ajoutent à l'ensemble, particulièrement en rétro-olfaction, créant un tout extrêmement harmonieux et savoureux. Prenez avantage de ses nuances de pêche au moment de créer votre accord mets et vin.

Acidité · Corps: Frais · Léger +
Caractères: Pêche · Miel
Température: Entre 7 et 10 °C

I.M.V. 63

Sauces	Cuissons	Plat 1	Plat 2	Fromages
Aux pêches Fumet de poisson Au miel	Poêlé Mijoté Au four	Baluchon de brie aux pêches	Sauté de crevettes à l'asiatique	Pâte molle à croûte fleurie

RIESLING, RIEFLÉ, BONHEUR CONVIVIAL ★★★

Producteur: Domaine Rieflé
Appellation: Alsace
Pays: France

Millésime dégusté: 2010
Prix: 17,10 $
Code SAQ: 10915327

L'amateur de riesling que je suis préfère les vins à base de ce cépage qui dévoilent des notes minérales. Celui-ci est davantage axé sur le fruit. Cela dit, il n'en est pas moins intéressant. Affichant une robe jaune or, il dévoile un bouquet très aromatique, dominé par des odeurs de pommes compotées qui s'accompagnent de nuances de champignons et de miel. La bouche est croquante, vive, tout en affichant une agréable fraîcheur. Les saveurs de pomme occupent la majeure partie du palais. Des flaveurs de melon de miel suivent. Simple, certes, mais d'une redoutable efficacité.

Acidité · Corps: Vif · Léger
Caractères: Pommes · Miel
Température: Entre 8 et 11 °C

I.M.V. 63

Sauces	Cuissons	Plat 1	Plat 2	Fromages
Aux fruits Fumet de poisson Nature	Bouilli Nature Mijoté	Terrine de poisson	Nage de crevettes aux agrumes	Pâte molle à croûte fleurie

ANTHÌLIA ★★★

Producteur : Donnafugata
Appellation : I.G.T. Sicilia
Pays : Italie

Millésime dégusté : 2011
Prix : 17,20 $
Code SAQ : 10542137

Ce blanc me fait toujours craquer. Il faut préciser que cette maison sicilienne nous présente toujours des vins originaux et uniques. Celui-ci est élaboré essentiellement à base des cépages catarratto et ansonica. Sous une robe jaune pâle, il dévoile un bouquet assez aromatique qui me rappelle certains rieslings par ses accents de citron, son côté minéral aussi. Des nuances de poire et des notes florales se greffent à l'ensemble. La bouche est à la fois fraîche et croquante. Sa texture est ample. Les intonations perçues au nez reviennent nous charmer. La finale nous laisse sur des flaveurs de citron.

Acidité • Corps : Vif • Moyennement corsé
Caractères : Citron • Minéral
Température : Entre 9 et 11 °C

I.M.V. 63

Sauces	Cuissons	Plat 1	Plat 2	Fromages
Aux agrumes Fumet de poisson Aux herbes	Cru Mijoté Au four	Sushis	Ceviche de pétoncles	Chèvre

RIESLING, LÉON BEYER, RÉSERVE ★★★

Producteur : Léon Beyer
Appellation : Alsace
Pays : France

Millésime dégusté : 2010
Prix : 18,15 $
Code SAQ : 81471

Les rieslings alsaciens n'ont pas leur pareil. Léon Beyer est un producteur à qui on peut se fier les yeux fermés. Ce blanc affiche une robe jaune paille avec des reflets dorés. Très expressif au nez, il dévoile des notes bien définies de zeste de citron, d'ananas, de romarin, de gingembre et de fleurs. La bouche est ample, texturée et dotée d'une bonne activité tranchante, mais contrebalancée par une agréable sensation de sucre résiduel. Les saveurs déjà identifiées au nez reviennent nous charmer. Celles-ci s'accompagnent de nuances de mangue en fin de bouche.

Acidité • Corps : Vif • Moyennement corsé
Caractères : Zeste de citron • Mangue
Température : Entre 8 et 10 °C

I.M.V. 63

Sauces	Cuissons	Plat 1	Plat 2	Fromages
Aux fruits Fumet de poisson Nature	Cru Mijoté Bouilli	Ceviche de pétoncles	Nage de fruits de mer à la lime	Pâte molle à croûte fleurie

RIESLING, BABICH

★★★✦

Producteur : Babich Wines Limited
Appellation : Marlborough
Pays : Nouvelle-Zélande

Millésime dégusté : 2010
Prix : 19,10 $
Code SAQ : 11462454

Déjà, avec le chardonnay et le pinot noir de cette maison néo-zélandaise, j'avais été conquis par la qualité des produits. Avec ce riesling, ce producteur confirme son savoir-faire. La robe dévoile une couleur jaune paille étincelante. Les amateurs de ce cépage reconnaîtront aisément ses accents typiques. Des nuances de romarin, de zeste d'orange, de lime et de pomme et des nuances minérales s'expriment avec aplomb. La bouche est juteuse à souhait, vive, mais sans excès, comme un bon riesling se doit de l'être. Les agrumes et les nuances minérales occupent le palais durant plusieurs caudalies.

Acidité • Corps : Vif • Léger +
Caractères : Agrumes • Minéraux
Température : Entre 8 et 11 °C

I.M.V. 63

Sauces	Cuissons	Plat 1	Plat 2	Fromages
Aux agrumes Fumet de poisson Nature	Bouilli Tartare Mijoté	Ceviche de pétoncles	Sushis	Pâte molle à croûte fleurie

CASTELLO DI POMINO, BIANCO

★★★✦

Producteur : Marchesi de Frescobaldi
Appellation : Pomino
Pays : Italie

Millésime dégusté : 2010
Prix : 19,20 $
Code SAQ : 65086

Année après année, ce vin, qui parvient d'une petite appellation de la Toscane, réussit à combler mes attentes. Il est élaboré à base de chardonnay et de pinot blanc. Sous une robe jaune paille, on trouve un bouquet intense où dominent des notes de pomme, de pêche et de poire ainsi que des nuances minérales. La bouche est croustillante, ronde et délicieuse. Les saveurs de pomme et de poire s'expriment d'emblée. En rétro-olfaction, on discerne de subtiles flaveurs de vanille témoignant qu'on a affiné le vin en barrique de chêne pendant quelques mois afin de lui donner plus de caractère.

Acidité • Corps : Frais • Léger +
Caractères : Fruits blancs • Vanille
Température : Entre 9 et 11 °C

I.M.V. 63

Sauces	Cuissons	Plat 1	Plat 2	Fromages
Aux fruits Fond de volaille Fumet de poisson	Bouilli Mijoté Poêlé	Salade de chèvre chaud	Feuilleté de brie aux poires	Pâte molle à croûte fleurie

CHARDONNAY, ROBERT SKALLI ★★★♪

Producteur : Les vins Skalli
Appellation : Vin de Pays d'Oc
Pays : France

Millésime dégusté : 2008
Prix : 15,05 $
Code SAQ : 592519

Robert Skalli est reconnu pour produire des vins bien faits à prix raisonnable. Celui-ci en est un bel exemple. Malgré le prix assez bas, le producteur n'a pas lésiné sur la qualité du travail. Doté d'une robe dorée, ce blanc dévoile un agréable bouquet d'où émanent des notes bien appuyées d'agrumes, d'amande douce et d'ananas. La bouche est ample, texturée et fraîche. Aux accents de fruits détectés à l'olfaction s'ajoutent des nuances typiques du chardonnay, à savoir des saveurs de pain grillé, de vanille, de pain d'épices et de beurre. De plus, il est pourvu d'une longueur en bouche surprenante pour un vin de ce prix.

Acidité · Corps : Frais · Moyennement corsé
Caractères : Agrumes · Pain grillé
Température : Entre 8 et 10 °C

I.M.V. 64

Sauces	Cuissons	Plat I	Plat 2	Fromages
Au beurre À la crème Aux agrumes	Poêlé Grillé Mijoté	Linguines aux fruits de mer	Coquille Saint-Jacques	Pâte molle à croûte fleurie

CHARDONNAY, KOONUNGA HILL ★★★

Producteur : Penfolds Wines Pty. Ltd.
Appellation : South Australia
Pays : Australie

Millésime dégusté : 2011
Prix : 15,95 $
Code SAQ : 321943

Qu'il s'agisse de grands vins ou de crus plus modestes, la maison Penfolds réussit toujours son mandat, qui est de nous offrir de bons produits. Ce chardonnay à la robe jaune paille dévoile un joli nez avec des notes bien définies de pomme Golden, d'abricot, d'amande et de vanille. La bouche est fraîche, enveloppante et dotée d'une agréable acidité. Des saveurs de beurre apparaissent d'emblée, suivies de nuances de pêche et de fruits tropicaux. À noter son agréable texture grasse qui enveloppe le palais et apporte beaucoup de fraîcheur en fin de bouche. Bien fait, excellent rapport qualité-prix.

Acidité · Corps : Frais · Léger +
Caractères : Amande · Pêche
Température : Entre 8 et 11 °C

I.M.V. 64

Sauces	Cuissons	Plat I	Plat 2	Fromages
Au beurre Fumet de poisson Fond de volaille	Poêlé Au four Mijoté	Crevettes poêlées au beurre	Blanc de volaille à la mangue	Pâte molle à croûte fleurie

VIOGNIER, DOMAINE CAZAL-VIEL ★★★

Producteur : Domaine Cazal-Viel
Appellation : Vin de Pays d'Oc
Pays : France

Millésime dégusté : 2010
Prix : 16,25 $
Code SAQ : 895946

C'est toujours avec beaucoup de bonheur que je revisite ce viognier bien ficelé, qui irradie le visage par son côté convivial et facile à boire. Arborant une robe jaune paille assez profonde, il déploie un fort joli bouquet d'arômes où priment les odeurs de pêche et de fleurs blanches ainsi que des nuances minérales. La bouche est fraîche, croustillante à souhait, goûteuse et munie d'une texture enveloppante. Les accents perçus à l'olfaction se reflètent en bouche, pour notre plus grand plaisir, mais c'est surtout les intonations de pêche qui s'imposent. De plus, il est doté d'une bonne allonge.

Acidité · Corps : Frais · Moyennement corsé
Caractères : Pêche · Floral
Température : Entre 8 et 10 °C

I.M.V. 64

Sauces	Cuissons	Plat 1	Plat 2	Fromages
Au beurre Aux fruits Fumet de poisson	Mijoté Au four Poêlé	Truite poêlée, sauce vierge	Brie en croûte à la pêche	Pâte molle à croûte fleurie

CHARDONNAY/PINOT GRIGIO, TREVINI, PRIMO ★★★

Producteur : M.G.M. Mondo del Vino
Appellation : I.G.T. Veneto
Pays : Italie

Millésime dégusté : 2007
Prix : 17,30 $
Code SAQ : 10955046

Deux cépages, apparemment dissemblables au départ, mais le résultat prouve le contraire. À l'œil, ce blanc affiche une robe jaune aux reflets dorés. Au nez, on perçoit un bouquet assez aromatique, d'où émanent des nuances de pomme, de fruits tropicaux, de pain grillé, de vanille et de beurre. La bouche est ample, croustillante, texturée et dotée d'une agréable fraîcheur. Nous avons droit ensuite à un joli cocktail de saveurs comprenant le miel, la pomme et l'anis. Des notes de grillé et de caramel s'ajoutent à l'ensemble à mesure que la température augmente. Il est aussi doté d'une bonne allonge.

Acidité · Corps : Frais · Moyennement corsé
Caractères : Pomme · Vanille
Température : Entre 8 et 10 °C

I.M.V. 64

Sauces	Cuissons	Plat 1	Plat 2	Fromages
Au beurre Au vin blanc Fond de volaille	Mijoté Poêlé Au four	Sauté de fruits de mer à l'asiatique	Saumon poêlé au citron et aux herbes	Pâte molle à croûte fleurie

C.M.S., BLANC ★★★

Producteur : Hedges Family Estate
Appellation : Columbia Valley
Pays : États-Unis

Millésime dégusté : 2008
Prix : 18,00 $
Code SAQ : 11035655

C. M. S. pour chardonnay, marsanne et sauvignon blanc, mais pas nécessairement dans cet ordre puisque le sauvignon est dominant dans cet assemblage tout à fait savoureux originaire de l'État de Washington. D'une couleur jaune-vert, ce blanc dévoile un bouquet fin et aromatique d'où émanent des arômes bien définis de pomme, d'agrumes et de caramel ainsi que des notes florales et minérales. La bouche est fraîche, avec une belle acidité croquante, texturée et enveloppante. Elle est le miroir du nez, du point de vue organoleptique. De plus, les saveurs demeurent suspendues un long moment avant de se fondre et de disparaître.

Acidité • Corps : Frais • Moyennement corsé
Caractères : Agrumes • Minéral
Température : Entre 8 et 10 °C

I.M.V. 64

Sauces	Cuissons	Plat 1	Plat 2	Fromages
Fumet de poisson Fond de volaille Aux fruits	Mijoté Cru Poêlé	Nage de fruits de mer au safran	Filet de flétan au beurre et aux amandes grillées	Pâte molle à croûte fleurie

MÂCON UCHIZY, G. & P. TALMARD ★★★

Producteur : Gérald & Philibert Talmard
Appellation : Mâcon Uchizy
Pays : France

Millésime dégusté : 2010
Prix : 18,30 $
Code SAQ : 882381

Ce blanc bien ficelé, à base de chardonnay, est une des valeurs sûres sur le marché. À noter que la bouteille est munie d'une pratique capsule à vis, donc, sans goût de bouchon. À l'œil, il dévoile une robe jaune paille. Dès l'ouverture, des nuances évoquant la noisette grillée apparaissent ; suivent des notes plus fruitées, telles que la pomme et la poire. Des nuances de vanille et de fleurs complètent le bouquet aromatique à souhait. La bouche est fraîche, texturée, assez grasse. Aux saveurs de pomme et de poire s'ajoutent des notes de beurre et de brioche à la vanille.

Acidité • Corps : Frais • Moyennement corsé
Caractères : Pomme • Brioché
Température : Entre 8 et 11 °C

I.M.V. 64

Sauces	Cuissons	Plat 1	Plat 2	Fromages
Aux fruits Fumet de poisson Au beurre	Poêlé Bouilli Mijoté	Casserole de fruits de mer	Truite poêlée au beurre	Pâte molle à croûte fleurie

BOURGOGNE, CHARDONNAY, LOUIS LATOUR ★★★✦

Producteur : Louis Latour
Appellation : Bourgogne
Pays : France

Millésime dégusté : 2010
Prix : 18,50 $
Code SAQ : 55533

Cette cuvée, 100 % inox, est élaborée à partir de vignes de chardonnay provenant de Meursault, Puligny, Chassagne-Montrachet ainsi que de certains vignobles de la côte chalonnaise. Il y a donc un peu des grands dans ce bourgogne générique. Affichant une robe jaune or aux reflets verts, il offre un agréable bouquet assez aromatique aux nuances de pomme Golden, de fleurs et de miel. La bouche est fraîche, croquante et assez puissante. Les saveurs de pomme s'expriment d'emblée et ouvrent la voie à des accents d'amande fraîche, de beurre et de vanille. Belle réussite à prix doux.

Acidité • Corps : Frais • Moyennement corsé
Caractères : Pomme • Amande
Température : Entre 8 et 10 °C   **I.M.V.** 64

Sauces	Cuissons	Plat 1	Plat 2	Fromages
Au beurre Aux amandes Fond de volaille	Poêlé Nature Bouilli	Filet de sole à la meunière	Pétoncles poêlés au pistils de safran	Pâte molle à croûte fleurie

CHARDONNAY, KIM CRAWFORD, UNOAKED ★★★

Producteur : Kim Crawford Wines
Appellation : Marlborough
Pays : Nouvelle-Zélande

Millésime dégusté : 2011
Prix : 18,95 $
Code SAQ : 10669470

Ce vin, comme son nom l'indique, n'a subi aucun levage sous bois, ce qui favorise l'expression naturelle du cépage. Le résultat est tout à fait réussi. À l'œil, il dévoile une robe jaune paille assez profonde. Les nuances typiques du chardonnay se déploient avec intensité. Des notes de beurre frais, de pain grillé, de caramel et de fruits tropicaux titillent nos sens. La bouche est fraîche, ample, texturée et sphérique. Les saveurs de fruits tropicaux, tels que la mangue, l'abricot et les agrumes, se côtoient en harmonie. Elles s'accompagnent de flaveurs de beurre frais qui nous laissent une sensation enveloppante sur le palais.

Acidité • Corps : Frais • Moyennement corsé
Caractères : Beurre • Fruits tropicaux
Température : Entre 8 et 11 °C   **I.M.V.** 64

Sauces	Cuissons	Plat 1	Plat 2	Fromages
Au beurre Aux agrumes À la crème	Poêlé Mijoté Au four	Baluchon de brie et abricot	Filet de flétan au beurre blanc	Pâte molle à croûte fleurie

🍷 CHARDONNAY, ROBERT MONDAVI, PRIVATE SELECTION

★★★⭐

Producteur : Robert Mondavi Winery
Appellation : California
Pays : États-Unis

Millésime dégusté : 2010
Prix : 19,25 $
Code SAQ : 379180

Private Selection est le milieu de la gamme de cette grande maison californienne. Cette cuvée est élaborée à partir de raisins provenant de la Central Coast, en Californie. À cet endroit, les grappes bénéficient d'un climat frais favorisant une longue et lente maturation. Il en résulte un vin à la robe jaune paille aux reflets dorés. Le nez est expressif, avec des notes de fruits tropicaux, de mangue surtout, de chêne, de vanille, de beurre et de bonbon anglais. La bouche est sapide, croquante et dotée d'une agréable texture enveloppante. Fidèle aux accents perçus à l'olfaction. Bel équilibre et harmonieux.

Acidité • Corps : Frais • Assez corsé
Caractères : Fruits tropicaux • Vanille
Température : Entre 8 et 11 °C

I.M.V. 64

Sauces	Cuissons	Plat 1	Plat 2	Fromages
Au beurre Aux fruits Fond de volaille	Poêlé Au four Grillé	Morue charbonnière, sauce vierge	Gambas à la plancha au citron vert	Pâte pressée

CHARDONNAY, OYSTER BAY

★★★⭐

Producteur : Oyster Bay Wines
Appellation : Marlborough
Pays : Nouvelle-Zélande

Millésime dégusté : 2010
Prix : 19,35 $
Code SAQ : 10383691

J'ai un petit faible pour les vins de ce producteur néo-zélandais, qui nous offre toujours des produits qui ne manquent pas d'expression. Affichant une robe dorée moyennement profonde, ce blanc offre un bouquet aromatique marqué par des notes briochées telles que la vanille, le beurre et le caramel. Des nuances de bois et de fruits tropicaux, comme la mangue et la papaye, suivent. La bouche est ample, sapide, fraîche et croustillante. Des saveurs de compote de pommes et de fruits tropicaux dominent l'ensemble et demeurent suspendues longtemps avant de fondre et de nous laisser une douce sensation enveloppante. Excellent rapport qualité-prix.

Acidité • Corps : Frais • Moyennement corsé
Caractères : Pomme • Fruits tropicaux
Température : Entre 8 et 11 °C

I.M.V. 64

Sauces	Cuissons	Plat 1	Plat 2	Fromages
Au beurre Fumet de poisson Fond de volaille	Poêlé Mijoté Cru	Crevettes sautées au beurre de vanille	Saumon en papillotte, sauce hollandaise	Pâte molle à croûte fleurie

CHARDONNAY, CHÂTEAU ST-JEAN ★★★

Producteur : Château St-Jean
Appellation : Sonoma
Pays : États-Unis

Millésime dégusté : 2010
Prix : 19,95 $
Code SAQ : 897215

D'emblée, je dois me confesser d'avoir un petit faible, voire un parti pris, pour cet archétype de chardonnay à la californienne. Pour employer une métaphore, il est comme une bonne couverture chaude et réconfortante. Arborant une robe dorée, il dévoile un riche bouquet d'où émanent des parfums de pêche et de fruits exotiques, de vanille aussi, et de pain grillé. La bouche est ample, charnue, texturée, juteuse à souhait et munie d'une agréable fraîcheur. Les saveurs détectées au nez reviennent nous charmer pour notre plus grand bonheur. Des nuances boisées, s'intégrant bien à l'ensemble, accompagnées de flaveurs de vanille clôturent une bouche tout à fait séduisante.

Acidité • Corps : Frais • Assez corsé
Caractères : Fruits exotiques • Beurre
Température : Entre 8 et 10 °C

I.M.V. 64

Sauces	Cuissons	Plat 1	Plat 2	Fromages
Au beurre Fond de volaille Fumet de poisson	Poêlé Au four Grillé	Pétoncles grillés, au beurre de vanille	Morue noire au citron	Pâte molle à croûte fleurie

SAUMUR BLANC, LOUIS ROCHE ★★★

Producteur : Louis Roche
Appellation : Saumur
Pays : France

Millésime dégusté : 2010
Prix : 15,20 $
Code SAQ : 918243

Voici un vin fort agréable présenté par la maison de négoce Louis Roche et élaboré à partir de chenin blanc. Il expose une robe jaune paille. Au nez, il offre un bouquet très aromatique marqué par des nuances évoquant l'ananas et le pamplemousse ainsi que des notes végétales rappelant le chou-fleur. La bouche est agréable, pourvue d'une belle acidité tranchante tout en affichant une certaine rondeur. Les saveurs de pamplemousse et d'ananas s'expriment d'emblée pour faire place ensuite à des nuances minérales. En rétro-olfaction, on discerne des flaveurs de miel. Des flaveurs de poire couronnent une belle finale.

Acidité • Corps : Vif • Moyennement corsé
Caractères : Fruits tropicaux • Minéral
Température : Entre 8 et 11 °C

I.M.V. 65

Sauces	Cuissons	Plat 1	Plat 2	Fromages
Aux fruits Au miel Fond de volaille	Mijoté Au four Poêlé	Salade de chèvre chaud au miel et aux noix	Pétoncles grillés au safran	Chèvre

PINOT GRIS, BODEGA FRANÇOIS LURTON ★★★

Producteur: Jacques & François Lurton Argentina
Appellation: Mendoza
Pays: Argentine

Millésime dégusté: 2011
Prix: 15,45 $
Code SAQ: 556746

Une autre belle réussite des frères Lurton en sol argentin que ce pinot gris. Arborant une robe jaune paille, il offre un bouquet assez aromatique, dominé par des nuances de pêche, de melon et d'épices douces ainsi qu'une touche florale. La bouche est juteuse, assez vive, mais sans excès et d'une texture ample empreinte de générosité. Les saveurs de melon et de pêche s'expriment d'emblée et demeurent suspendues un bon moment avant de laisser place à des notes plus subtiles comme le jasmin et les épices douces. Ce vin au rapport qualité-prix indéniable s'avère très polyvalent en matière d'accords mets et vins.

Acidité · Corps: Frais · Moyennement corsé
Caractères: Melon · Jasmin
Température: Entre 8 et 11 °C

I.M.V. 65

Sauces	Cuissons	Plat 1	Plat 2	Fromages
Aux fruits Fond de volaille Fumet de poisson	Poêlé Au four Mijoté	Bar rayé, poêlé au beurre et aux échalotes	Suprême de volaille au citron	Pâte molle à croûte fleurie

CHARDONNAY, UNOAKED, BABICH ★★★↘

Producteur: Babich Wines Limited
Appellation: East Coast
Pays: Nouvelle-Zélande

Millésime dégusté: 2009
Prix: 16,15 $
Code SAQ: 10216737

Les amateurs de chardonnay seront comblés par ce vin qui ne manque pas d'air. D'abord, il nous attire par son prix alléchant. Ensuite, il surprend par l'expression de son bouquet d'où émanent de puissants parfums d'ananas, de pomme verte, de caramel et de vanille. En bouche, sa puissance étonne; on a même l'impression qu'il a séjourné en fût, ce qui n'est pas le cas. Qui plus est, son côté savoureux et sa texture enveloppante ont de quoi nous laisser pantois. À cela s'ajoute une finale marquée par des flaveurs d'épices et de fruits tropicaux, qui s'étire sur une bonne longueur.

Acidité · Corps: Frais · Assez corsé
Caractères: Fruits tropicaux · Vanille
Température: Entre 9 et 11 °C

I.M.V. 65

Sauces	Cuissons	Plat 1	Plat 2	Fromages
Au beurre À l'huile Fond de volaille	Poêlé Au four Grillé	Duo de truite et de crevettes au safran	Homard thermidor	Pâte molle à croûte lavée

CHARDONNAY, CUPCAKE

★ ★ ★

Producteur: Chardonnay, Cupcake
Appellation: Chardonnay, Cupcake
Pays: États-Unis

Millésime dégusté: 2010
Prix: 16,20 $
Code SAQ: 11372791

Chez Cupcake, l'objectif est de faire des vins réconfortants, comme le crémage sur un gâteau, et il faut l'avouer, sur ce point, c'est fort bien réussi. Affichant une robe jaune paille, ce blanc dévoile au nez un bouquet expressif, voire exubérant, marqué par des notes bien appuyées de beurre, de pain grillé, d'épices, de chêne et de vanille. La bouche est ample, croustillante et fraîche. Elle est dotée d'une texture grasse et enveloppante. Des saveurs de mangue, de beurre et de bois neuf sont aisément détectables. Des accents d'épices se greffent à l'ensemble. La finale révèle aussi des notes de pêche.

Acidité · Corps: Frais · Assez corsé
Caractères: Fruits tropicaux · Vanille
Température: Entre 9 et 11 °C

I.M.V. 65

Sauces	Cuissons	Plat 1	Plat 2	Fromages
Au beurre Fond de volaille Aux fruits	Poêlé Mijoté Au four	Coulibiac de saumon	Filet de tilapia poêlé au beurre et au citron	Pâte molle à croûte fleurie

CHÂTEAU DE SUAU, BLANC ★★★

Producteur : SCA Château de Suau	**Millésime dégusté :** 2010
Appellation : Bordeaux	**Prix :** 16,80 $
Pays : France	**Code SAQ :** 11015793

On reconnaît la qualité d'un producteur par la constance de ses produits. Voici donc un produit qui est toujours stable et qui ne déçoit jamais. Élaboré à base de sauvignon, de sémillon et de muscadelle, ce vin arbore une robe jaune paille. Il offre, au nez, un bouquet assez intense d'où émanent des nuances de pamplemousse rose, de pomme verte et de buis. La bouche est ample et savoureuse, assez vive tout en offrant une agréable onctuosité. Les accents de pamplemousse se révèlent en premier ; suivent des saveurs évoquant le zeste de citron, le tout dans une bouche bien équilibrée.

Acidité • Corps : Vif • Moyennement corsé
Caractères : Fruits exotiques • Pomme
Température : Entre 9 et 11 °C
I.M.V. 65

Sauces	Cuissons	Plat 1	Plat 2	Fromages

Aux agrumes
Fumet
  de poisson
Fond de volaille
	Poêlé
	Au four
	Mijoté
		Pétoncles
		  poêlés à
		la vanille
			Crevettes
			sautées
			au beurre
			d'agrumes
				Chèvre

PINOT GRIGIO, LE ROSSE ★★★

Producteur : Agricola Tommasi Viticoltori	**Millésime dégusté :** 2010
Appellation : I.G.T. Delle Venezie	**Prix :** 16,85 $
Pays : Italie	**Code SAQ :** 10230555

Depuis quelques années, le cépage pinot grigio a la cote auprès d'une vaste clientèle. Davantage que son cousin français, le pinot gris. Pourtant, il s'agit du même cépage. La maison Tommasi nous offre un vin bien ficelé, très représentatif du cépage et de l'appellation. À l'œil, il arbore une robe jaune aux reflets dorés. À l'olfaction, il dégage un bouquet assez aromatique marqué par des effluves de fruits exotiques, de melon surtout, de pomme aussi, ainsi que des nuances florales. La bouche est croquante et d'une texture enveloppante. Les inflexions de fruits exotiques perçues à l'olfaction reviennent nous charmer. Assez long.

Acidité • Corps : Frais • Assez corsé
Caractères : Fruits tropicaux • Floral
Température : Entre 8 et 11 °C
I.M.V. 65

Sauces	Cuissons	Plat 1	Plat 2	Fromages
Aux fruits Fumet de poisson Au beurre	Grillé Au four Mijoté	Pavé de saumon, sauce vierge	Pétoncles grillés au pesto et aux tomates	Pâte molle à croûte lavée

GRAN VIÑA SOL ★★★↗

Producteur : Soc. Vinicola Miguel Torres SA
Appellation : Penedès
Pays : Espagne

Millésime dégusté : 2010
Prix : 17,05 $
Code SAQ : 64774

Peut-être devrais-je créer une section dans ce guide uniquement pour les vins du producteur catalan Miguel Torres. Les vins qui portent sa signature sont toujours d'une très grande qualité. Celui-ci ne fait pas exception. Sous une robe jaune paille, il dévoile un bouquet aromatique marqué par des intonations de mangue, de melon de miel, de vanille et de caramel écossais ainsi que des notes minérales appuyées par un boisé bien intégré. La bouche est fraîche et croquante, à la fois charnue, ronde et sapide. À noter la belle définition des arômes. Les saveurs perçues sont en tous points fidèles aux accents détectés à l'olfaction.

Acidité • Corps : Frais • Assez corsé
Caractères : Fruits tropicaux • Boisé
Température : Entre 8 et 11 °C

I. M. V. 65

Sauces	Cuissons	Plat 1	Plat 2	Fromages
Au beurre Aux fruits Fond de volaille	Grillé Poêlé Au four	Homard thermidor	Saumon grillé, épices barbecue et zeste de lime	Pâte molle à croûte fleurie

PINOT GRIS, ACROBAT ★★★

Producteur : King Estate Winery
Appellation : Oregon
Pays : États-Unis

Millésime dégusté : 2009
Prix : 18,00 $
Code SAQ : 11333767

Belle réussite que ce pinot gris très fruité, facile à boire et convivial. À l'œil, il affiche une robe jaune paille avec de légers reflets dorés. À l'ouverture, le nez semblait peu loquace, mais après quelques minutes d'aération et à mesure qu'il se réchauffait, il devint plus bavard. Des notes de pomme, de poire, d'agrumes et de melon de miel se côtoient en harmonie. La bouche est ample, sapide, fraîche, croustillante. On perçoit aussi une agréable présence de sucre résiduel. Les nuances détectées à l'olfaction reviennent nous charmer. Elles s'accompagnent de saveurs de mandarine et d'épices douces.

Acidité • Corps : Frais • Moyennement corsé
Caractères : Fruits blancs • Fruits exotiques
Température : Entre 8 et 11 °C

I. M. V. 65

Sauces	Cuissons	Plat 1	Plat 2	Fromages
Aux fruits Fumet de poisson Fond de volaille	Mijoté Au four Poêlé	Truite à l'unilatérale au beurre d'agrumes	Nage de fruits de mer, gastrique à l'orange	Pâte molle à croûte brossée

SAUVIGNON BLANC, WILD SOUTH ★★★

Producteur : Wild South Vineyards
Appellation : Marlborough
Pays : Nouvelle-Zélande

Millésime dégusté : 2010
Prix : 18,20 $
Code SAQ : 10826383

Ce sauvignon blanc est très typique des vins issus de ce cépage et provenant de la Nouvelle-Zélande. À l'œil, il arbore une robe jaune paille avec des reflets verts. Au nez, il étale ses arômes avec puissance. Des accents typiques de pamplemousse, de bourgeon de cassis et d'ananas côtoient des effluves de chou-fleur. La bouche est vive, croquante et très goûteuse. Les saveurs de pamplemousse dominent l'ensemble et occupent le palais pendant plusieurs caudalies avant de céder devant des nuances d'herbes fraîchement coupées. En rétro-olfaction, on perçoit des flaveurs de gingembre. Bon rapport qualité-prix-plaisir.

Acidité • Corps : Vif • Assez corsé
Caractères : Pamplemousse • Bourgeon de cassis
Température : Entre 8 et 10 °C

I.M.V. 65

Sauces	Cuissons	Plat 1	Plat 2	Fromages
Aux agrumes Fumet de poisson Aux herbes	Mijoté Poêlé Au four	Filet de morue au citron vert	Sushis	Chèvre

CHARDONNAY, EXP ★★★↓

Producteur : The R.H. Phillips Vineyard
Appellation : California
Pays : États-Unis

Millésime dégusté : 2010
Prix : 18,45 $
Code SAQ : 594341

Difficile de ne pas aimer ce chardonnay typiquement californien, élevé en barrique. Expressif à souhait, ce blanc affiche une robe jaune paille avec des reflets dorés. Il dévoile des notes d'abricot, de vanille, de fruits tropicaux, de beurre et de bois. S'ajoutent aussi des nuances de pain grillé. La bouche est fraîche, ample et texturée, avec une légère impression de sucre résiduel. Les intonations déjà perçues à l'olfaction reviennent nous charmer en bouche. Les saveurs de mangue, surtout, demeurent suspendues un long moment avant de s'estomper. Les accents de vanille, d'épices et de pain grillé clôturent une finale tout à fait savoureuse.

Acidité • Corps : Frais • Assez corsé
Caractères : Mangue • Beurre
Température : Entre 8 et 11 °C

I.M.V. 65

Sauces	Cuissons	Plat 1	Plat 2	Fromages
Fond de volaille Au beurre Aux fruits	Grillé Poêlé Mijoté	Brie en croûte à la mangue	Saumon cuit à l'unilatérale, raisins de Corinthe	Pâte molle à croûte fleurie

CHARDONNAY, RODNEY STRONG ★★★

Producteur : Rodney Strong Vineyards
Appellation : Sonoma
Pays : États-Unis

Millésime dégusté : 2009
Prix : 18,95 $
Code SAQ : 10544714

Les amateurs de chardonnay de style Nouveau Monde seront comblés par ce vin bien ficelé et aux charmes évidents. Sous une robe jaune paille, on perçoit un bouquet expressif à souhait, dominé par des notes aisément identifiables de cantaloup, de mangue, de beurre frais et de vanille ainsi que des nuances boisées bien intégrées à l'ensemble. La bouche est fraîche, tout en courbes, empreinte de suavité, sapide et croustillante. Aux nuances perçues à l'olfaction s'ajoutent des saveurs de pomme et de caramel écossais. De plus, les saveurs de fruits tropicaux demeurent suspendues un long moment, s'étiolent lentement et cèdent devant des flaveurs de vanille.

Acidité · Corps : Frais · Assez corsé
Caractères : Fruits tropicaux · Beurre
Température : Entre 8 et 11 °C

I.M.V. 65

Sauces	Cuissons	Plat 1	Plat 2	Fromages

Au beurre
Aux fruits
Fond
  de volaille
	Poêlé
	Au four
	Mijoté
		Blanc de
		  volaille au
		  jus de lime
			Linguines aux
			fruits de mer
				Pâte molle
				à croûte
				fleurie

SAUVIGNON BLANC, BABICH ★★★

Producteur : Babich Wines Limited
Appellation : Marlborough
Pays : Nouvelle-Zélande

Millésime dégusté : 2011
Prix : 19,10 $
Code SAQ : 560144

On reconnaît aisément le style néo-zélandais dans ce sauvignon blanc expressif à souhait élaboré par une maison sérieuse, qui a le souci du travail bien fait. À l'œil, on découvre une robe jaune paille aux reflets verts. À l'olfaction, un bouquet riche et intense s'offre à nous. Il est marqué par des arômes de pamplemousse rose, d'ananas, de pomme et de buis. La bouche se révèle d'une bonne ampleur, vive mais sans excès, et très fruitée. Les intonations déjà perçues au nez reviennent nous charmer, surtout les notes de pamplemousse et d'ananas. Celles-ci demeurent suspendues pendant plusieurs caudalies avant de s'estomper.

Acidité · Corps : Vif · Assez corsé
Caractères : Fruits tropicaux · Buis
Température : Entre 8 et 10 °C

I.M.V. 65

Sauces	Cuissons	Plat 1	Plat 2	Fromages
Aux agrumes Fumet de poisson Au vin blanc	Cru Bouilli Au four	Truite à la grenobloise	Crevettes au pastis	Chèvre

SAUVIGNON BLANC, OYSTER BAY ★★★

Producteur : Oyster Bay Wines
Appellation : Marlborough
Pays : Nouvelle-Zélande

Millésime dégusté : 2011
Prix : 19,35 $
Code SAQ : 316570

Certainement un des meilleurs sauvignons blancs néo-zélandais sur le marché. Un copié-collé de mes notes de l'an dernier pour ce millésime. Ce blanc affiche une robe jaune paille avec des reflets verts. Le nez est très aromatique, marqué par des notes bien définies de pamplemousse, d'ananas et de buis. Doté d'une bouche vive à l'intérieur de laquelle dominent des saveurs de pamplemousse, d'anis et d'ananas ainsi que des notes herbacées. Les amateurs de vins expressifs seront comblés. À noter que la bouteille est munie d'une capsule à vis, comme c'est le cas pour la plupart des vins en provenance de ce pays.

Acidité • Corps : Vif • Moyennement corsé
Caractères : Pamplemousse • Buis
Température : Entre 9 et 11 °C

I.M.V. 65

Sauces	Cuissons	Plat 1	Plat 2	Fromages
Aux agrumes Fumet de poisson Aux herbes	Bouilli Cru Mijoté	Moules à la dijonnaise	Sushis	Chèvre

SAUVIGNON BLANC, SAINT CLAIR ★★★

Producteur : Saint Clair Family Estate
Appellation : Marlborough
Pays : Nouvelle-Zélande

Millésime dégusté : 2011
Prix : 17,90 $
Code SAQ : 10382639

Un copié-collé de mes notes de l'an dernier, ce sauvignon s'exprime avec beaucoup de verve, à la limite de l'exubérance. À l'œil, il arbore une robe jaune paille avec des reflets verts. À l'olfaction on perçoit un bouquet très expressif, aux accents de fruits tropicaux, comme le pamplemousse rose et l'ananas. À cela s'ajoutent des nuances de bourgeon de cassis. La bouche est vive, mais sans excès et savoureuse à souhait. On retrouve avec plaisir les intonations perçues à l'olfaction. Celles-ci sont rejointes par des nuances de litchi ainsi que des flaveurs minérales, particulièrement en finale.

Acidité • Corps : Vif • Assez corsé
Caractères : Fruits tropicaux • Bourgeon de cassis
Température : Entre 8 et 11 °C

I.M.V. 66

Sauces	Cuissons	Plat 1	Plat 2	Fromages
Aux fruits Au vin blanc Aux herbes	Mijoté Poêlé Grillé	Morue poêlée au vin blanc et poireaux	Cuisses de grenouilles au pastis	Chèvre

CHEVERNY, DOMAINE DES HUARDS ★★★

Producteur: Michel Gendrier
Appellation: Cheverny
Pays: France

Millésime dégusté: 2010
Prix: 18,85 $
Code SAQ: 961607

Voici une cuvée 100 % biodynamique qui ne manque pas d'expression et qui plaira aux amateurs de vins à base de sauvignon provenant de la vallée de la Loire. On a utilisé 15 % de chardonnay afin de lui apporter un peu de rondeur. À l'œil, il affiche une robe jaune pâle. Au nez, il dévoile un bouquet très aromatique. On y trouve des arômes typiques du sauvignon, c'est-à-dire des notes de pamplemousse et d'ananas, ainsi que des notes de buis. La bouche est vive, sapide et très goûteuse. Les nuances perçues à l'olfaction reviennent nous charmer en bouche, particulièrement les saveurs de pamplemousse.

Acidité · Corps: Vif · Assez corsé
Caractères: Pamplemousse · Ananas
Température: Entre 9 et 11 °C

I.M.V. 66

Sauces	Cuissons	Plat 1	Plat 2	Fromages
Aux agrumes Fumet de poisson Aux herbes	Mijoté Bouilli Au four	Filet de truite à la grenobloise	Langoustines au beurre à l'ail	Chèvre

CHARDONNAY, GRAN CUVÉE ★★★

Producteur: Viña William Fèvre Chili SA
Appellation: Valle del Maipo
Pays: Chili

Millésime dégusté: 2010
Prix: 19,05 $
Code SAQ: 10692629

William Fèvre réussit à nous présenter un vin à base de chardonnay expressif et nuancé avec une profondeur digne de ce grand producteur chablisien. Affichant une robe jaune paille aux reflets dorés, ce blanc déploie un bouquet très aromatique, marqué par des nuances de beurre, d'amande, de pomme, de mangue et de bois. La bouche est fraîche, ample, texturée, sapide et croustillante. Les saveurs de pomme et de mangue s'expriment d'emblée et occupent le palais sans faire de quartier. Elles demeurent suspendues un long moment et frayent la voie à des nuances de pain grillé et de bois. Bien fait.

Acidité · Corps: Frais · Assez corsé
Caractères: Pomme · Beurre
Température: Entre 8 et 11 °C

I.M.V. 67

Sauces	Cuissons	Plat 1	Plat 2	Fromages
Fond de volaille Fumet de poisson Au beurre	Poêlé Grillé Au four	Coulibiac de saumon	Vol-au-vent au poulet	Pâte à croûte fleurie

SAUMUR ROUGE, LOUIS ROCHE ★★★

Producteur: Louis Roche
Appellation: Saumur
Pays: France

Millésime dégusté: 2010
Prix: 15,70 $
Code SAQ: 10689681

Depuis quelques années, la maison Louis Roche a effectué un virage vers la qualité. Une prise de contrôle serrée et une surveillance plus stricte des vignobles qui la fournissent en raisins se reflètent dans ses vins. Élaboré à base de cabernet franc à 100 %, ce rouge dévoile une robe rubis moyennement profonde. Le nez est assez aromatique. On détecte aisément des notes de pruneau, de poivron et de sous-bois. La bouche est tout en fruits, ronde et fraîche. La trame tannique est délicate, mais sans être frêle. Les saveurs de baies des champs dominent le palais, précédant une finale légèrement amère.

Tannins · Corps: Souples · Léger +
Caractères: Pruneau · Poivron
Température: Entre 14 et 16 °C

I.M.V. 84

Sauces	Cuissons	Plat 1	Plat 2	Fromages
Aux fruits Aux herbes Aux poivrons	Mijoté Au four Poêlé	Lapin à la moutarde	Émincé de veau aux poivrons	Pâte pressée non cuite

🍇 PINOT NOIR, ROBERT MONDAVI, PRIVATE SELECTION ★★★↗

Producteur: Robert Mondavi Winery
Appellation: California
Pays: États-Unis

Millésime dégusté: 2010
Prix: 19,25 $
Code SAQ: 465135

Ce produit est toujours aussi bien ficelé. On pourrait dire qu'il se situe à mi-chemin entre les styles Nouveau Monde et bourguignon. Affichant une robe rubis claire, il déploie un fort joli bouquet constitué en majeure partie de notes de baies des champs bien mûres, de cerise aussi, ainsi que de nuances d'épices et de vanille. En filigrane et après une aération, il dévoile aussi des nuances de terroir. La bouche est fraîche, très sapide, avec une trame tannique svelte et sphérique. Les saveurs de fruits, tels que la framboise fraîche, dominent le palais et l'occupent sans faire de quartier. À noter l'agréable acidité.

Tannins · Corps: Souples · Léger
Caractères: Fruits rouges · Épices
Température: Entre 15 et 17 °C

I.M.V. 84

Sauces	Cuissons	Plat 1	Plat 2	Fromages
Fond de veau Aux fruits Au vin rouge	Mijoté Poêlé Au four	Lapin braisé à l'ancienne	Dinde rôtie	Pâte molle à croûte fleurie

PINOT NOIR, BLACKSTONE

★★★✦

Producteur : Blackstone Winery
Appellation : Monterey
Pays : États-Unis

Millésime dégusté : 2010
Prix : 19,05 $
Code SAQ : 10544811

D'entrée de jeu, précisons que nous sommes aux antipodes du style bourguignon avec ce pinot typiquement Nouveau Monde. Bavard au nez, il dévoile des nuances d'épices douces telles que la cannelle et le clou de girofle, de cerise aussi, accompagnées de notes de bois et de vanille. La bouche est joufflue, gourmande et très fruitée, avec une trame tannique en chair, mais souple. Les saveurs de fruits, de cerise confite surtout, et des notes de pâtisserie occupent le palais pendant plusieurs caudalies. En rétro-olfaction, on perçoit des flaveurs de noyau de cerise et de prune.

Tannins • Corps : Souples • Léger +
Caractères : Cerise • Épices douces
Température : Entre 15 et 17 °C

I.M.V. 85

Sauces	Cuissons	Plat 1	Plat 2	Fromages
Aux fruits Fond de veau Au vin rouge	Au four Mijoté Poêlé	Mignon de porc, sauce aux canneberges	Lapin braisé à la moutarde	Pâte molle à croûte lavée

CHÂTEAU DE JAU

★★★

Producteur : Château de Jau
Appellation : Côtes du Roussillon Villages
Pays : France

Millésime dégusté : 2009
Prix : 15,95 $
Code SAQ : 972661

Cet assemblage typique de syrah (52 %), de mourvèdre (30 %), de carignan (10 %) et de grenache (8 %) plaira aux amateurs de vins où le fruit domine, peu tannique et léger. À l'œil, il dévoile une robe rubis avec des reflets violacés. À l'olfaction, on découvre un bouquet assez aromatique où trônent des effluves fruités et des notes de confiserie. En filigrane, on détecte de subtiles nuances de garrigue. La bouche est sapide, avec des tannins souples, et très fruitée. Des notes de petits fruits rouges s'expriment d'emblée. Seul bémol : on l'aurait aimé plus long en bouche.

Tannins • Corps : Souples • Léger
Caractères : Petits fruits rouges • Garrigue
Température : Entre 14 et 16 °C

I.M.V. 86

Sauces	Cuissons	Plat 1	Plat 2	Fromages
Aux fruits Aux herbes Au jus	Mijoté Au four Poêlé	Blanquette de veau à l'ancienne	Cuisseau de lapin aux champignons	Pâte pressée non cuite

CHÂTEAU COURONNEAU ★★★

Producteur: Château Couronneau
Appellation: Bordeaux Supérieur
Pays: France

Millésime dégusté: 2009
Prix: 16,50 $
Code SAQ: 10667301

Voici un exemple de bordeaux abordable, accessible et pas compliqué, issu de l'agriculture biologique et élaboré à base de merlot à 100 %. À l'œil, il dévoile une robe rubis assez dense et profonde. D'entrée de jeu, on perçoit, au nez, des fragrances de fruits confits; des nuances de pain d'épices se pointent ensuite à l'horizon, suivies de nuances de bois et de vanille. En bouche, il s'avère très souple, fruité et d'une texture délicate. Des saveurs de cerise confite s'expriment d'emblée. Celles-ci sont rejointes aussitôt par des goûts rappelant la prune, ainsi que des notes de bois brûlé, particulièrement en finale.

Tannins • Corps: Souples • Léger +
Caractères: Fruits confits • Pain d'épices
Température: Entre 14 et 16 °C

I.M.V. 86

Sauces	Cuissons	Plat 1	Plat 2	Fromages
Fond de veau Au jus Au vin rouge	Mijoté Au four Poêlé	Bajoue de bœuf au jus	Escalope de veau à la forestière	Pâte pressée non cuite

CÔTE DE BROUILLY, TERRES DORÉES ★★★

Producteur: Jean-Paul Brun
Appellation: Côte de Brouilly
Pays: France

Millésime dégusté: 2010
Prix: 19,50 $
Code SAQ: 10520237

Voici un beaujolais élaboré à la bourguignonne, c'est-à-dire sans macération carbonique, comme c'est généralement le cas dans ce coin de pays. Le tout est exécuté avec un grand respect du cépage et du terroir, entre autres avec des levures indigènes. Le résultat est plus que réussi. La robe est rubis assez claire. Au nez, on perçoit un bouquet fin et délicat marqué par des nuances de petits fruits des champs, de framboise et de cerise surtout, et des accents évoquant le terroir. La bouche se révèle très souple, avec une agréable fraîcheur et des tannins qui se tiennent. Fidèle à l'olfaction.

Tannins • Corps: Souples • Léger +
Caractères: Petits fruits rouges • Sous-bois
Température: Entre 14 et 17 °C

I.M.V. 86

Sauces	Cuissons	Plat 1	Plat 2	Fromages
Aux fruits Aux champignons Au jus	Mijoté Au four Cru	Assiette de viandes froides et pâtés	Dinde rôtie	Pâte pressée non cuite

MERLOT, ATRIUM ★★★

Producteur: Miguel Torres
Appellation: Penedès
Pays: Espagne

Millésime dégusté: 2010
Prix: 16,05 $
Code SAQ: 640201

Ce rouge catalan, bien ficelé, en donne davantage que ce qu'on croyait obtenir au départ. Il possède suffisamment de substance et de complexité pour combler les amateurs de vins les plus exigeants. À l'œil, il dévoile une robe rubis avec des reflets violacés. À l'olfaction, il dégage d'intenses notes de fruits des champs confits, de cerise noire et d'épices ainsi que des nuances de terre humide. La bouche est ample et ronde, avec des tannins sveltes et bien constitués. À noter la belle définition des arômes, autant au nez qu'en bouche. Aux accents perçus à l'olfaction s'ajoutent des notes de prune.

Tannins • Corps: Souples • Moyennement corsé
Caractères: Fruits noirs et rouges • Sous-bois
Température: Entre 15 et 17 °C   **I.M.V.** 87

Sauces	Cuissons	Plat 1	Plat 2	Fromages
Au jus Aux fruits Fond de veau	Au four Mijoté Poêlé	Filet de porc aux pruneaux	Bajoue de veau au jus	Pâte pressée

LA VESPA ★★★

Producteur: Michele Chiarlo
Appellation: Monferrato
Pays: Italie

Millésime dégusté: 2009
Prix: 16,95 $
Code SAQ: 1184976

Sans contredit un des bons producteurs piémontais, Michele Chiarlo unit dans ce vin des cépages internationaux (30 % merlot, 20 % cabernet sauvignon) au cépage traditionnel barbera (50 %). Le résultat est passablement heureux. La robe est rubis, moyennement profonde, avec des reflets violets. Au nez, il dévoile un bouquet moyennement aromatique, marqué par des notes de cerise, de confiserie, de fraise et de framboise. La bouche est fraîche, avec une trame tannique fine, sans pour autant être qualifiée de frêle. On dénote aussi une agréable acidité. Les saveurs de baies des champs occupent la majorité du palais et y demeurent un bon moment.

Tannins • Corps: Souples • Moyennement corsé
Caractères: Baies des champs • Confiserie
Température: Entre 14 et 16 °C   **I.M.V.** 87

Sauces	Cuissons	Plat 1	Plat 2	Fromages
Au jus Aux tomates Aux champignons	Mijoté Au four Grillé	Rôti de veau aux champignons	Filet de porc, sauce aux prunes	Pâte pressée non cuite

MERLOT, OYSTER BAY ★★★✈

Producteur : Oyster Bay Wines
Appellation : Hawkes Bay
Pays : Nouvelle-Zélande

Millésime dégusté : 2011
Prix : 19,35 $
Code SAQ : 10826113

C'est dans l'île du Nord que prend naissance ce merlot gourmand à souhait, très Nouveau Monde dans le style. Mais qui s'en plaindra ? Affichant une robe rubis moyennement profonde, il dévoile un bouquet expressif où s'imposent des notes de prune confite, de café, de chocolat, de bois neuf et de vanille. La bouche est à la fois gourmande et ronde, avec des tannins souples, mais non dénués de structure. Les saveurs de pruneaux et de fraise s'expriment d'emblée et sont aussitôt suivies par des accents de bois neuf. Les saveurs de baies reviennent nous charmer lors d'une finale qui perdure.

Tannins • Corps : Souples • Moyennement corsé
Caractères : Fruits des champs • Boisé
Température : Entre 15 et 17 °C

I.M.V. 87

Sauces	Cuissons	Plat 1	Plat 2	Fromages
Fond de veau Au vin Aux fruits	Au four Poêlé Mijoté	Longe de veau aux champignons	Filet de porc aux pruneaux	Pâte pressée non cuite

IL DUCALE ★★★

Producteur : Ruffino SPA
Appellation : I.G.T. Toscana
Pays : Italie

Millésime dégusté : 2009
Prix : 19,95 $
Code SAQ : 11133204

Le producteur toscan nous présente ici une cuvée élaborée à base de sangiovese (60 %) complété à parts égales de merlot et de syrah. Un vin assez léger et facile à boire, convivial et bien fait qui affiche une robe rubis peu profonde. Il déploie, au nez, un bouquet assez aromatique et nuancé, dominé par des odeurs de baies rouges et noires confites et d'épices ainsi que de légères intonations boisées. La bouche est souple, sapide, avec une trame tannique svelte. À noter également son agréable acidité. Aux accents déjà perçus à l'olfaction s'ajoutent des saveurs de cerise. Longue finale soutenue.

Tannins • Corps : Souples • Moyennement corsé
Caractères : Baies rouges et noires • Épices
Température : Entre 15 et 17 °C

I.M.V. 87

Sauces	Cuissons	Plat 1	Plat 2	Fromages
Au jus Aux tomates Fond de veau	Mijoté Au four Poêlé	Escalope de veau parmigiana	Filet de porc, sauce au brie	Pâte molle à croûte lavée

CABERNET SAUVIGNON, FETZER, VALLEY OAKS ★★★

Producteur : Fetzer Vineyards
Appellation : California
Pays : États-Unis

Millésime dégusté : 2009
Prix : 15,55 $
Code SAQ : 336974

Question rapport qualité-prix, cette maison californienne est difficile à égaler. À noter que tous ses produits sont vendus à peu près au même prix et tous dignes de mention. De plus, ils sont écologiques. Ce cabernet sauvignon affiche une robe rubis moyennement profonde. À l'olfaction, on discerne un bouquet expressif, marqué par des notes de cassis et de mûre, d'épices et de bois. La bouche est ample, avec une structure tannique souple, mais non dénuée de chair. Fidèle aux accents perçus à l'olfaction, particulièrement les saveurs de baies bien mûres. Un vin pour toutes les occasions.

Tannins • Corps : Souples • Moyennement corsé
Caractères : Baies • Boisé
Température : Entre 15 et 18 °C   **I. M. V.** 88

Sauces	Cuissons	Plat 1	Plat 2	Fromages
Fond de veau Aux fruits Aux épices	Poêlé Au four Mijoté	Rôti de bœuf au jus	Côte de veau aux champignons	Pâte pressée

BACCHUS ★★★

Producteur : Enoteca Internationale de Rham
Appellation : Montepulciano d'Abruzzo
Pays : Italie

Millésime dégusté : 2010
Prix : 16,00 $
Code SAQ : 11462024

Voici un très beau vin issu de l'agriculture biologique. À l'œil, il dévoile une robe rubis assez dense et profonde. Au nez, il divulgue un bouquet aromatique d'où émanent des notes de baies des champs confites et de réglisse, avec des nuances de sous-bois en filigrane. La bouche, juteuse et gourmande, est dotée d'une trame tannique élancée, mais bien constituée. On dénote une agréable fraîcheur et un peu de nervosité due à sa jeunesse. Les saveurs détectées sont en tous points fidèles aux accents perçus à l'olfaction, avec une dominance de nuances de baies des champs confites. Longue finale savoureuse.

Tannins • Corps : Souples • Moyennement corsé
Caractères : Baies des champs • Sous-bois
Température : Entre 14 et 16 °C   **I. M. V.** 88

Sauces	Cuissons	Plat 1	Plat 2	Fromages
Aux tomates Aux fruits Demi-glace	Au four Mijoté Poêlé	Lasagne au four	Escalope de veau parmigiana	Pâte pressée

L'ESPRIT DE CHÂTEAU CAPENDU ★★★

Producteur : SA du Château Capendu
Appellation : Corbières
Pays : France

Millésime dégusté : 2010
Prix : 16,10 $
Code SAQ : 706218

Voici un excellent vin qui plaira aux amateurs de produits provenant de ce coin de pays. Il est élaboré à base de carignan, de syrah et de grenache, dans des proportions respectives de 50, 30 et 20 %. Doté d'une robe rubis assez foncée, il offre, au nez, un bouquet moyennement aromatique, pourvu de notes de prune, d'épices et de cerise confite. La bouche est charnue et très sapide. La trame tannique est bien en chair, mais sans aucune lourdeur. On y perçoit une agréable sensation d'acidité évoquant les petits fruits des champs. Les saveurs de prune et de baies demeurent suspendues un long moment avant de s'estomper.

Tannins • Corps : Charnus • Moyennement corsé
Caractères : Fruits noirs • Épices
Température : Entre 15 et 17 °C

I.M.V. 88

Sauces	Cuissons	Plat 1	Plat 2	Fromages
Fond de veau	Au four	Rôti de	Filet de porc	
Aux épices	Mijoté	veau aux	farci aux	Pâte pressée
Au vin rouge	Poêlé	champignons	pruneaux	

CABERNET SAUVIGNON, CUPCAKE ★★★

Producteur : Cupcake Vineyards
Appellation : Central Coast
Pays : États-Unis

Millésime dégusté : 2010
Prix : 16,20 $
Code SAQ : 11372811

Difficile de résister à ce vin ultra charmeur et plein de fruits. Affichant une robe rouge cerise moyennement profonde, il dégage un bouquet très aromatique. Il dévoile des notes bien définies de myrtille, de baies confites, d'épices douces et de prune. Celles-ci sont rejointes aussitôt par des nuances de bois et de vanille. La bouche est ample, sapide et ronde. La trame tannique, sans être frêle, est souple. Les saveurs qu'on y perçoit sont en tous points fidèles aux arômes perçus à l'olfaction. La finale, particulièrement savoureuse, est marquée par d'intenses saveurs de cerise noire.

Tannins • Corps : Souples • Moyennement corsé
Caractères : Myrtille • Cerise noire
Température : Entre 16 et 18 °C

I.M.V. 88

Sauces	Cuissons	Plat 1	Plat 2	Fromages
Aux fruits	Mijoté	Confit de	Rôti de veau	
Fond de veau	Au four	canard aux	aux lardons	Pâte pressée
Au vin rouge	Poêlé	bleuets		

CHÂTEAU SAINT-ANTOINE, RÉSERVE DU CHÂTEAU ★★★

Producteur : Aubert Vignobles
Appellation : Bordeaux Supérieur
Pays : France

Millésime dégusté : 2009
Prix : 16,35 $
Code SAQ : 10915263

Cet assemblage de merlot et de cabernet franc m'a complètement séduit lors de sa dégustation. On reconnaît la qualité du terroir bordelais, ou serait-ce le savoir-faire du producteur ? Toujours est-il que, sous une robe rubis assez profonde, il dévoile un bouquet expressif, fin et nuancé, marqué par des notes de prune, de baies rouges et noires, ainsi que des intonations évoquant le terroir. La bouche est ronde, soyeuse, avec une trame tannique bien bâtie. Les saveurs de pruneaux dominent et les notes de baies suivent, pour culminer sur des accents de sous-bois. Très long en bouche. Excellent rapport qualité-prix.

Tannins · Corps : Souples · Moyennement corsé
Caractères : Prune · Sous-bois
Température : Entre 14 et 17 °C

I. M. V. 88

Sauces	Cuissons	Plat 1	Plat 2	Fromages
Au jus Au vin rouge Aux champignons	Mijoté Au four Poêlé	Rôti de veau aux champignons	Rognons de veau à la moutarde	Pâte pressée non cuite

ALVAR ★★★

Producteur : Pelee Island Winery
Appellation : Pelee Island
Pays : Canada

Millésime dégusté : 2008
Prix : 16,95 $
Code SAQ : 11567088

Intéressant produit que celui-là, élaboré à base de cabernet sauvignon et de merlot. Il provient de l'île Pelée, au sud de la péninsule du Niagara, au milieu du lac Érié. Pelee Island Winery est la seule vinerie de l'île. Affichant une robe rubis, moyennement profonde, ce vin dévoile, au nez, un bouquet assez expressif marqué par des notes de baies confites, de prune, d'épices, de poivron et de pivoine ainsi qu'une touche de bois torréfié. La bouche est ronde, avec une trame tannique élastique et beaucoup de fruits. C'est d'ailleurs ce côté fruité qui fait son charme et ce pour quoi on en redemande.

Tannins · Corps : Souples · Moyennement corsé
Caractères : Baies confites · Poivron
Température : Entre 15 et 18 °C

I. M. V. 88

Sauces	Cuissons	Plat 1	Plat 2	Fromages
Aux poivrons Fond de veau Au vin rouge	Mijoté Au four Poêlé	Bœuf sauté au cari	Veau à la piperade	Pâte pressée

SANTA CRISTINA, CHIANTI SUPERIORE ★★★

Producteur: Marchesi Antinori SRL
Appellation: Chianti Superiore
Pays: Italie

Millésime dégusté: 2010
Prix: 17,00 $
Code SAQ: 11315411

Ce chianti provient de la zone d'Arezzo, de la ville de Cortona plus précisément. Une ville fortifiée offrant un paysage à couper le souffle. Ce rouge affiche une robe rubis moyennement profonde. À l'olfaction, il dévoile un bouquet aromatique marqué par des notes de baies des champs, de moka, d'épices et de torréfaction. En filigrane, on perçoit aussi des nuances de sous-bois. La bouche est ample, sapide, avec une bonne présence de tannins. Les saveurs de fruits s'imposent d'emblée, surtout les nuances de fraise. Des notes d'épices suivent. Elles s'accompagnent, en finale, de flaveurs de sous-bois.

Tannins • Corps: Charnus • Assez corsé
Caractères: Baies des champs • Épices
Température: Entre 15 et 17 °C   **I.M.V.** 88

Sauces	Cuissons	Plat 1	Plat 2	Fromages
Aux tomates Fond de veau Aux épices barbecue	Au four Poêlé Grillé	Pizza au prosciutto et aux olives noires	Saucisses italiennes douces	Pâte pressée

CHÂTEAU DU GRAND CAUMONT, IMPATIENCE ★★★

Producteur: Famille Rigal
Appellation: Corbières
Pays: France

Millésime dégusté: 2009
Prix: 18,05 $
Code SAQ: 978189

C'est avec un réel plaisir que j'ai renoué avec les saveurs de ce vin tout à fait savoureux, élaboré à base de grenache noir pour 55 % de l'assemblage et de syrah pour 45 %. Une partie de la récolte a bénéficié d'une macération carbonique, qui favorise l'expression du fruit. À l'œil, la robe est rubis, assez profonde. Le nez dévoile un bouquet nuancé, dominé par des accents de cassis, de cerise et de pruneaux, suivis de nuances de sous-bois. La bouche est ample, avec des tannins bien en chair, et très sapide. Elle est le miroir du nez en termes de caractères organoleptiques.

Tannins • Corps: Charnus • Moyennement corsé
Caractères: Baies rouges et noires • Sous-bois
Température: Entre 15 et 17 °C   **I.M.V.** 88

Sauces	Cuissons	Plat 1	Plat 2	Fromages
Fond de veau Au vin rouge Aux champignons	Poêlé Au four Mijoté	Rôti de veau, sauce aux champignons sauvages	Bœuf braisé	Pâte pressée

SEDÀRA ★★★

Producteur : Donnafugata
Appellation : I.G.T. Sicilia
Pays : Italie

Millésime dégusté : 2009
Prix : 18,20 $
Code SAQ : 10276457

Ce rouge issu de l'assemblage de syrah et de nero d'avola s'avère fort charmant.
La robe affiche une teinte rubis moyennement profonde. Des nuances de baies
des champs, de réglisse, de café et de chêne s'expriment avec aplomb. Des arômes d'épices, de violette et de confiserie se joignent à l'ensemble. En toile de
fond, on perçoit également des accents de sous-bois. La bouche est sapide, avec
passablement de caractère, mais avec des tannins sveltes. Les saveurs de fruits
occupent le palais sans faire de quartier. La finale laisse percevoir des flaveurs
rappelant la terre humide.

Tannins • Corps : Souples • Moyennement corsé
Caractères : Fruits noirs • Réglisse
Température : Entre 16 et 18 °C

I.M.V. 88

Sauces	Cuissons	Plat 1	Plat 2	Fromages
Fond de gibier Demi-glace Aux fruits	Au four Poêlé Grillé	Tortellinis farcis au veau, sauce à la Gigi	Escalope de veau parmigiana	Pâte pressée

CLANCY'S ★★★

Producteur : Peter Lehmann Wines
Appellation : Barossa
Pays : Australie

Millésime dégusté : 2009
Prix : 18,25 $
Code SAQ : 10345707

Le moins que l'on puisse dire de ce vin élaboré à base de shiraz, de cabernet
sauvignon et de merlot, c'est qu'il ne manque pas de personnalité. À l'œil, la
robe affiche une teinte grenat assez dense et profonde. Au nez, des notes bien
appuyées de prune, de mûre et de chocolat se joignent à des nuances boisées
bien intégrées à l'ensemble. La bouche est ample, charnue, tout en affichant un
agréable côté soyeux. Les saveurs de fruits, tels que la prune et la mûre, occupent la majeure partie du palais. Elles demeurent suspendues un bon moment
avant de s'estomper.

Tannins • Corps : Charnus • Assez corsé
Caractères : Fruits noirs • Boisé
Température : Entre 16 et 18 °C

I.M.V. 88

Sauces	Cuissons	Plat 1	Plat 2	Fromages
Fond de veau Au vin rouge Au poivre	Poêlé Grillé Au four	Longe d'agneau au vin rouge	Filet de bœuf au poivre	Pâte pressée

LES JAMELLES, G.S.M., SÉLECTION SPÉCIALE ★★★⭐

Producteur : Les Jamelles
Appellation : Vin de Pays d'Oc
Pays : France

Millésime dégusté : 2009
Prix : 18,95 $
Code SAQ : 11184861

G.S.M., pour grenache (39 %), syrah (38 %) et mourvèdre (28 %). À noter que ce vin, élevé en fût de chêne pendant neuf mois, n'a subi aucune filtration. Il en résulte un produit bien ficelé, riche, concentré et assez complexe. Il affiche une robe rubis moyennement profonde. Au nez, il dévoile un bouquet aromatique d'où émanent des nuances de fruits rouges et noirs confits, de bois et de confiserie. La bouche est suave, ronde et pleine de fruits, avec de beaux tannins fondus et une belle chaleur. Les saveurs de fruits des champs dominent et s'accompagnent de flaveurs de sous-bois.

Tannins • Corps : Charnus • Moyennement corsé
Caractères : Baies des champs • Boisé
Température : Entre 14 et 16 °C   **I.M.V.** **88**

Sauces	Cuissons	Plat 1	Plat 2	Fromages
Aux champignons Au vin rouge Demi-glace	Au four Mijoté Poêlé	Ragoût de bœuf aux champignons	Rôti de veau au vin rouge	Pâte pressée

DOMAINE DE BRIZÉ, CLOS MÉDECIN ★★★

Producteur : Marc et Luc Delhumeau SCEA
Appellation : Anjou-Villages
Pays : France

Millésime dégusté : 2009
Prix : 19,30 $
Code SAQ : 871541

Ce rouge, majoritairement élaboré à base de cabernet franc et complété par du cabernet sauvignon, plaira aux amateurs de vins alliant finesse et volupté. Affichant une robe rubis moyennement profonde, il dévoile au nez un bouquet nuancé, marqué par des odeurs de petites baies sauvages, de poivron et de sous-bois. La bouche est sapide, dotée d'une trame tannique qui se tient bien droite, et d'une agréable acidité. Les saveurs de framboise et de fraise s'expriment avec aplomb et demeurent suspendues un bon moment avant de s'étioler doucement. La finale nous laisse sur des accents de terroir. Très beau.

Tannins • Corps : Charnus • Assez corsé
Caractères : Fruits sauvages • Poivron
Température : Entre 15 et 17 °C   **I.M.V.** **88**

Sauces	Cuissons	Plat 1	Plat 2	Fromages
Aux poivrons Aux champignons Fond de veau	Au four Poêlé Mijoté	Civet de lièvre	Bœuf braisé	Pâte pressée

SHIRAZ, ERRAZURIZ ★★★

Producteur : Viña Errazuriz
Appellation : Valle de Rapel
Pays : Chili

Millésime dégusté : 2010
Prix : 15,00 $
Code SAQ : 604066

Une valeur sûre que ce vin élaboré par un des géants de la viticulture chilienne. Sa robe est très foncée, presque noire. À l'olfaction, il dévoile un bouquet expressif, dominé par des notes de baies des champs confites, de bois neuf et de poivre. La bouche est charnue, avec une trame tannique bien en chair, tout en affichant un agréable côté soyeux. Les saveurs perçues en bouche ne sont pas étrangères aux arômes détectés à l'olfaction. Les nuances de mûre et de bois torréfié s'imposent d'emblée et demeurent suspendues un bon moment avant de s'étioler. Excellent rapport qualité-prix-plaisir.

Tannins • Corps : Charnus • Assez corsé
Caractères : Mûre • Boisé
Température : Entre 16 et 18 °C

I.M.V. 89

Sauces	Cuissons	Plat 1	Plat 2	Fromages
Aux fruits Fond de gibier Au poivre	Grillé Au four Poêlé	Entrecôte de bœuf, sauce au poivre	Bœuf braisé aux olives noires	Pâte pressée

CAMINO SAN PABLO, ROUGE ★★★

Producteur : Hijos de Antonio Barcelo
Appellation : Vino de la Tierra Castilla y Leon
Pays : Espagne

Millésime dégusté : 2009
Prix : 15,35 $
Code SAQ : 11316131

Ce rouge, élaboré à base de tempranillo et de syrah, possède des attributs qui en surprendront plus d'un, indépendamment du fait qu'il est offert à un prix aussi alléchant. Arborant une robe rubis moyennement profonde, il dévoile, à l'olfaction, un bouquet assez aromatique, dominé par des notes de cerise confite et de terre humide appuyées par des nuances boisées. La bouche est ample, ronde, avec des tannins sveltes. Des intonations de poivre apparaissent d'emblée. Des saveurs de fruits suivent, de même que des flaveurs de plant de tomate. La finale est tout en fruits et fraîche.

Tannins • Corps : Souples • Moyennement corsé
Caractères : Cerise • Poivre
Température : Entre 15 et 17 °C

I.M.V. 89

Sauces	Cuissons	Plat 1	Plat 2	Fromages
Aux poivrons Au poivre Fond de veau	Au four Mijoté Poêlé	Poivrons farcis	Steak au poivre	Pâte pressée

CÔTES DU RHÔNE VILLAGES, RASTEAU, ORTAS ★★★

Producteur : Cave de Rasteau
Appellation : Côtes du Rhône Villages
Pays : France

Millésime dégusté : 2010
Prix : 15,40 $
Code SAQ : 113407

Ce rouge ne révolutionnera pas le monde du vin, mais ce produit d'entrée de gamme de la cave de Rasteau mérite qu'on s'y attarde. Sous une robe rubis moyennement profonde, on découvre des odeurs de baies rouges et noires, de bois et de garrigue. La bouche est charnue, avec une trame tannique reposant sur de bonnes assises et un côté soyeux. Les saveurs de baies rouges dominent l'ensemble, surtout les accents de fraise. Des nuances d'herbes fines se pointent en milieu de bouche et précèdent une finale révélant des notes de réglisse. De plus, la finale est longue et soutenue.

Tannins · Corps : Charnus · Assez corsé
Caractères : Baies rouges et noires · Garrigue
Température : Entre 15 et 17 °C

I.M.V. **89**

Sauces	Cuissons	Plat 1	Plat 2	Fromages
Aux fruits Aux herbes Fond de veau	Au four Mijoté Poêlé	Souris d'agneau aux herbes	Confit de canard aux baies des champs	Pâte pressée

---

MERLOT, CHRISTIAN MOUEIX ★★★

Producteur : Ets. Jean-Pierre Moueix
Appellation : Bordeaux
Pays : France

Millésime dégusté : 2008
Prix : 15,90 $
Code SAQ : 369405

Un bordeaux générique élaboré par un grand producteur. Ce vin d'entrée de gamme donne beaucoup de plaisir considérant son prix peu élevé. Affichant une robe rubis moyennement profonde, il dévoile un bouquet assez aromatique à l'intérieur duquel on distingue des accents de prune, de cassis et de violette. La bouche est ample, structurée, avec des tannins en chair et une agréable sensation d'acidité comme lorsqu'on croque dans un fruit. Les saveurs de cassis dominent et s'accompagnent d'intonations rappelant le cuir et le sous-bois. Goûté lors d'une dégustation comparative, il n'a pas rougi devant de plus grosses pointures.

Tannins · Corps : Charnus · Assez corsé
Caractères : Fruits noirs · Cuir
Température : Entre 16 et 18 °C

I.M.V. **89**

Sauces	Cuissons	Plat 1	Plat 2	Fromages
Demi-glace Au vin rouge Aux champignons	Poêlé Au four Grillé	Rôti de bœuf au vin rouge	Souris d'agneau aux champignons	Pâte pressée

PREMIUS, ROUGE ★★★

Producteur : Yvon Mau
Appellation : Bordeaux
Pays : France

Millésime dégusté : 2009
Prix : 15,95 $
Code SAQ : 10540588

La nature a été généreuse à Bordeaux en 2009. Cela explique en partie la qualité de ce vin. Mais le producteur y est certainement pour quelque chose. À l'œil, ce rouge affiche une robe pourpre assez dense. Le bouquet qu'il dégage est expressif à souhait. Des notes bien appuyées de mûre, de cassis et de prune apparaissent d'emblée. Suivent des accents de vanille et des nuances mentholées. La bouche est ample, avec des tannins souples, mais bien présents. Les saveurs de baies rouges et noires dominent et occupent longtemps le palais, pour ensuite faire place à des flaveurs mentholées.

Tannins • Corps : Souples • Assez corsé
Caractères : Baies rouges et noires • Menthe
Température : Entre 16 et 18 °C

I.M.V. 89

Sauces	Cuissons	Plat 1	Plat 2	Fromages
Fond de veau Au vin rouge Au jus	Poêlé Au four Mijoté	Filet de bœuf au vin rouge	Rôti de bœuf au jus	Pâte pressée

---

SHIRAZ/CABERNET SAUVIGNON, RED LABEL ★★★

Producteur : Wolf Blass Wines
Appellation : South Eastern Australia
Pays : Australie

Millésime dégusté : 2010
Prix : 15,95 $
Code SAQ : 311795

La recette employée depuis des années par le géant Wolf Blass est éprouvée et elle fonctionne bien. À l'œil, ce vin affiche une robe rubis moyennement profonde. L'examen olfactif révèle un nez aromatique à souhait, dominé par des notes bien appuyées de mûres, de myrtille, d'eucalyptus, de poivron et de réglisse. La bouche est ample, sapide, avec une trame tannique reposant sur des assises solides, tout en affichant un agréable côté soyeux. Il est également pourvu d'une bonne acidité. Les saveurs de fruits dominent. La mûre et la framboise se côtoient et demeurent suspendues un bon moment avant de s'estomper.

Tannins • Corps : Charnus • Assez corsé
Caractères : Baies des champs • Eucalyptus
Température : Entre 16 et 18 °C

I.M.V. 89

Sauces	Cuissons	Plat 1	Plat 2	Fromages
Fond de veau Au poivre Au vin rouge	Poêlé Au four Mijoté	Longe d'agneau au vin rouge	Entrecôte au poivre long	Pâte pressée

CERRO AÑON ★★★ノ

Producteur: Bodega Olarra
Appellation: Rioja
Pays: Espagne

Millésime dégusté: 2008
Prix: 16,05 $
Code SAQ: 11472581

Avant toute chose, il faut préciser que ce produit n'est offert que dans les succursales SAQ Dépôt. Ce vin s'est avéré une des plus belles surprises de l'année. À l'œil, il affiche une robe rubis, dense et foncée. Au nez, il dévoile un bouquet aromatique marqué par des notes bien appuyées de fruits noirs bien mûrs, de bois et d'épices. La bouche est ample, structurée et très en verve. La trame tannique repose sur des assises solides. Les saveurs de fruits noirs s'expriment sans retenue. De plus, ce vin est doté d'une longueur surprenante pour ce prix.

Tannins • Corps: Charnus • Assez corsé
Caractères: Fruits noirs • Épices
Température: Entre 15 et 16 °C

I.M.V. 89

Sauces	Cuissons	Plat 1	Plat 2	Fromages
Fond de veau Au vin rouge Au poivre	Poêlé Au four Mijoté	Bœuf braisé	Filet d'épaule de bœuf, sauce au poivre long	Pâte pressée

TORRELONGARES RESERVA ★★★ノ

Producteur: Covinca S. Coop
Appellation: Cariñena
Pays: Espagne

Millésime dégusté: 2003
Prix: 16,10 $
Code SAQ: 904615

Des vins qui sont âgés de presque dix ans sont assez rares dans ce guide étant donné l'échelle de prix s'arrêtant à 30 $. Ne serait-ce que pour cette raison, il est intéressant de se le procurer, pourvu que ce millésime soit encore disponible à l'automne 2012. Affichant une robe grenat avec des reflets orangés, il dévoile un bouquet aromatique dominé par des notes de bois, de vanille, de prune et de confiture de baies rouges et noires. Bouche sapide, trame tannique assez costaude, mais sans lourdeur; agréable côté fruité. Fidèle aux accents perçus à l'olfaction. Cuir en finale.

Tannins • Corps: Charnus • Assez corsé
Caractères: Fruits rouges et noirs confits • Boisé
Température: Entre 16 et 18 °C

I.M.V. 89

Sauces	Cuissons	Plat 1	Plat 2	Fromages
Fond de veau Au vin rouge Aux fruits	Au four Poêlé Grillé	Brochette de bœuf, sauce au poivre vert	Farfales, sauce aux tomates et au chorizo	Pâte pressée cuite

DOURTHE, LA GRANDE CUVÉE ★★★

Producteur: Vins et Vignobles Dourthe
Appellation: Bordeaux
Pays: France

Millésime dégusté: 2008
Prix: 17,10 $
Code SAQ: 409912

Ce rouge, qu'on appelait autrefois Dourthe no.1, se révèle d'une droiture exemplaire année après année. Composé à 65 % de merlot et à 35 % de cabernet sauvignon, il est réalisé dans les règles de l'art en bénéficiant, entre autres, d'un élevage de 12 mois en barrique de chêne neuf. À l'olfaction, il dévoile d'intenses notes de fruits rouges et noirs, de chocolat et de café torréfié. La bouche est d'une bonne ampleur, charpentée, ronde et pleine de fruits. Les saveurs de bois et de vanille côtoient les notes de fruits bien mûrs avec harmonie. Les flaveurs de café reviennent nous charmer en finale.

Tannins • Corps: Tannique • Moyennement corsé
Caractères: Fruits noirs • Café
Température: Entre 16 et 18 °C

I.M.V. 89

Sauces	Cuissons	Plat 1	Plat 2	Fromages
Au vin rouge Fond de gibier Demi-glace	Poêlé Grillé Au four	Rôti de bœuf au jus	Côte de veau de grain aux champignons sauvages	Pâte pressée cuite

MONTEPULCIANO D'ABRUZZO, TERRA D'ALIGI ★★★

Producteur: Montepulciano d'Abruzzo
Appellation: Azienda Agricola Terra D'aligi
Pays: Italie

Millésime dégusté: 2009
Prix: 17,20 $
Code SAQ: 11567387

Belle découverte que ce rouge qui n'aura aucune difficulté à plaire à une vaste clientèle. À l'œil, il dévoile une robe pourpre, dense et profonde. L'examen olfactif permet de déceler un riche bouquet dans lequel priment des notes bien définies de baies confites, de mûre et de myrtille surtout, ainsi que des nuances de violette. En filigrane, on détecte aussi des odeurs de bois qui s'intègrent bien à l'ensemble. La bouche est sapide, avec une trame tannique souple, mais bien constituée. Les saveurs de baies des champs sont bien présentes. Des intonations rappelant le cuir suivent. De plus, il est doté d'une finale soutenue.

Tannins • Corps: Charnus • Assez corsé
Caractères: Baies des champs • Boisé
Température: Entre 15 et 18 °C

I.M.V. 89

Sauces	Cuissons	Plat 1	Plat 2	Fromages
Fond de veau Aux champignons Au vin rouge	Au four Poêlé Grillé	Entrecôte de bœuf au vin rouge	Carnard rôti, sauce aux figues	Pâte pressée

CAPITEL DELLA CROSARA, RIPASSO ★★★

Producteur : Cantine Giacomo Montresor SPA
Appellation : Valpolicella Classico
Pays : Italie

Millésime dégusté : 2009
Prix : 17,60 $
Code SAQ : 10705178

Agréable découverte que ce rouge élaboré selon la méthode ripasso. À l'oeil, il affiche une robe rubis moyennement profonde. L'examen olfactif met nos narines en contact avec des notes bien appuyées de baies des champs confites, de café, d'épices et de réglisse. La bouche est ample, dotée d'un enrobage velouté et d'une plaisante acidité. Ce vin gourmand déploie à profusion ses saveurs de baies des champs. Celles-ci demeurent suspendues pendant plusieurs caudalies et s'étiolent lentement. La finale nous laisse sur des accents rappelant la prune. Excellent rapport qualité-prix-plaisir.

Tannins • Corps : Charnus • Assez corsé
Caractères : Fruits rouges et noirs confits • Réglisse
Température : Entre 16 et 18 °C

I.M.V. 89

Sauces	Cuissons	Plat 1	Plat 2	Fromages
Aux fruits Fond de veau Aux tomates	Poêlé Au four Mijoté	Cannellonis farcis au veau, sauce aux tomates	Escalope de veau parmigiana	Pâte pressée

---

CÔTES DU RHÔNE, DOMAINE DE BEAURENARD ★★★

Producteur : Paul Coulon & Fils
Appellation : Côtes du Rhône
Pays : France

Millésime dégusté : 2008
Prix : 17,70 $
Code SAQ : 873018

Un rouge plus que plaisant que celui-là, facile à boire, élaboré majoritairement à base de grenache, associé à la syrah, ainsi que de mourvèdre et de cinsault. La robe est de couleur grenat, plutôt claire et limpide. Au nez, il ne manque pas d'expression. Des notes bien appuyées de baies sauvages, de cèdre et de garrigue s'associent pour titiller nos narines. La bouche est ample, sapide, avec une trame tannique structurée et bien en chair tout en affichant un agréable côté soyeux. Des saveurs de poivre s'expriment d'emblée. Suivent des nuances de framboise et de garrigue.

Tannins • Corps : Charnus • Assez corsé
Caractères : Baies sauvages • Poivre
Température : Entre 16 et 18 °C

I.M.V. 89

Sauces	Cuissons	Plat 1	Plat 2	Fromages
Aux épices Au poivre Fond de veau	Au four Poêlé Grillé	Longe d'agneau aux herbes	Entrecôte au poivre long	Pâte pressée

CÔTES DU RHÔNE, GUIGAL, ROUGE ★★★

Producteur: E. Guigal
Appellation: Côtes du Rhônes
Pays: France

Millésime dégusté: 2009
Prix: 17,95$
Code SAQ: 259721

Ce grand classique, élaboré par une figure de proue de la vallée du Rhône, est toujours aussi bon et peut-être davantage en ce millésime 2009. Ce rouge bien ficelé arbore une robe rubis moyennement profonde. À l'olfaction, il dévoile un bouquet assez aromatique, aux intonations de poivre, de prune et de framboise, ainsi qu'aux nuances d'épices et de cuir. La bouche est ample, avec une trame tannique bien en chair et élancée. Les saveurs de fruits dominent, surtout les notes de prune et de framboise. La finale expose un profil typiquement rhodanien, avec ses flaveurs de garrigue.

Tannins • Corps: Charnus • Moyennement corsé
Caractères: Prune • Garrigue
Température: Entre 15 et 17 °C

I.M.V. 89

Sauces	Cuissons	Plat 1	Plat 2	Fromages
Aux fruits Fond de veau Aux herbes	Poêlé Au four Mijoté	Filet de veau de grain au poivre	Longe d'agneau aux herbes	Pâte pressée

CABERNET SAUVIGNON, YULUPA ★★★↙

Producteur: Kenwood Vineyards
Appellation: California
Pays: États-Unis

Millésime dégusté: 2008
Prix: 18,20$
Code SAQ: 862953

D'entrée de jeu, il faut préciser que cette gamme de vin était à l'origine destinée à la restauration. Pas étonnant, donc, que celui-ci soit aussi digeste. La recette est éprouvée, alors pourquoi la changer? À l'œil, on perçoit une robe rubis moyennement profonde. Le nez, expressif, est dominé par des notes bien appuyées de baies des champs confites, d'épices, de chocolat, de violette et de bois. La bouche est agréable, pulpeuse, avec de beaux tannins ronds reposant sur de bonnes assises. Les saveurs de baies des champs s'affirment avec aplomb, surtout les nuances de cassis et de fraise. On en redemande.

Tannins • Corps: Charnus • Moyennement corsé
Caractères: Baies des champs • Chocolat
Température: Entre 15 et 16 °C

I.M.V. 89

Sauces	Cuissons	Plat 1	Plat 2	Fromages
Aux fruits Demi-glace Au vin rouge	Poêlé Grillé Au four	Rôti de bœuf, sauce au vin rouge	Confit de canard aux figues	Pâte pressée

CHÂTEAU SIGNAC, CUVÉE COMBE D'ENFER ★★★

Producteur: SCA du Château Signac
Appellation: Côtes du Rhône Villages
Pays: France

Millésime dégusté: 2007
Prix: 18,65 $
Code SAQ: 917823

Les amateurs de vins de ce coin de la France seront comblés par ce produit issu d'un assemblage dominé par le grenache (40 %), suivi par la syrah (27 %), la counoise (15 %), le cinsault (11 %) et le mourvèdre (6 %). Affichant une robe rubis aux reflets violacés, il dévoile un bouquet aromatique d'où émanent des notes de cerise, de prune et de myrtille ainsi que des nuances florales. La bouche est particulièrement sapide, avec des tannins bien en chair. Les saveurs de fruits, de prune et de cerise surtout, dominent. La finale est assez soutenue.

Tannins • Corps: Charnus • Assez corsé
Caractères: Fruits à noyau • Floral
Température: Entre 16 et 18 °C

I.M.V. 89

Sauces	Cuissons	Plat 1	Plat 2	Fromages
Fond de veau Au vin rouge Aux fruits	Poêlé Au four Grillé	Tajine à l'agneau	Magret de canard aux baies des champs	Pâte pressée

SYRAH, TABALI ★★★

Producteur: Viña Tabali SA
Appellation: Valle del Limari
Pays: Chili

Millésime dégusté: 2009
Prix: 18,65 $
Code SAQ: 10960072

Une syrah «à la chilienne», c'est-à-dire avec du caractère, assez boisée et très fruitée, toutefois sans le côté charmeur de certains vins du Nouveau Monde. À l'œil, ce rouge affiche une robe rubis, dense et profonde. À l'olfaction, il présente son profil fruité en premier, avec des notes aisément identifiables de framboise. Suivent des nuances de poivre blanc, d'épices et de bois. La bouche est ample, costaude et très sapide tout en offrant un agréable côté soyeux. Aux accents déjà perçus à l'olfaction s'ajoutent des saveurs de terre humide. La finale nous laisse sur une douce sensation de fraîcheur.

Tannins • Corps: Charnus • Assez corsé
Caractères: Framboise • Boisé
Température: Entre 16 et 18 °C

I.M.V. 89

Sauces	Cuissons	Plat 1	Plat 2	Fromages
Au vin rouge Fond de veau Aux épices	Grillé Poêlé Au four	Entrecôte grillée, aux épices barbecue	Émincé de bœuf au poivre	Pâte pressée

C.M.S. ROUGE ★★★

Producteur : Hedges Family Estate
Appellation : Columbia Valley
Pays : États-Unis

Millésime dégusté : 2009
Prix : 18,80 $
Code SAQ : 10354478

Les initiales de ce produit signifient cabernet, merlot et syrah. L'union de ces trois cépages est fort réussie. À l'œil, ce rouge exhibe une robe rubis moyennement profonde. À l'olfaction, on détecte un bouquet assez aromatique, dominé par des odeurs de baies des champs confites, de terre humide et de fruits noirs, de cassis surtout, avec en filigrane des notes légèrement boisées. En bouche, la trame tannique est bien en chair et dotée d'une agréable fraîcheur. On y perçoit beaucoup de fruits. Les notes de baies des champs sont aisément détectables. Celles-ci sont rejointes par des nuances de moka qui demeurent jusqu'à la finale.

Tannins · Corps : Charnus · Moyennement corsé
Caractères : Baies des champs · Moka
Température : Entre 15 et 17 °C

I.M.V. 89

Sauces	Cuissons	Plat 1	Plat 2	Fromages
Fond de veau Au vin rouge Aux champignons	Au four Poêlé Mijoté	Aloyau de bœuf aux champignons	Confit de canard aux épices douces	Pâte pressée

CHÂTEAU BOUSCASSÉ ★★★

Producteur : Alain Brumont
Appellation : Madiran
Pays : France

Millésime dégusté : 2007
Prix : 18,90 $
Code SAQ : 856575

Alain Brumont n'est pas le premier venu. En fait, ce chef de file fait figure de proue en ce qui concerne cette appellation, où le tannat est à l'honneur. Celui-ci est composé de 65 % du cépage roi de l'appellation, complété par du cabernet sauvignon et du cabernet franc. Il en résulte un vin à la robe foncée, dotée d'un bouquet expressif marqué par des notes de prune, de cuir, d'épices et de café. La bouche se révèle d'une bonne ampleur, avec des tannins fermes, un peu astringents, et beaucoup de fruits, la prune s'affirmant particulièrement avec aplomb. Les saveurs de mûre suivent. Belle longue finale.

Tannins · Corps : Charnus · Corsé
Caractères : Fruits noirs · Café
Température : Entre 16 et 18 °C

I.M.V. 89

Sauces	Cuissons	Plat 1	Plat 2	Fromages
Au vin rouge Fond de gibier Demi-glace	Grillé Poêlé Au four	Mignon de cerf rouge au vin rouge	Rôti de côte de bœuf au poivre	Pâte pressée

🍷 SYRAH, EXP ★★★♪

Producteur: The R.H. Phillips Vineyard
Appellation: California
Pays: États-Unis

Millésime dégusté: 2010
Prix: 18,95 $
Code SAQ: 864801

Cette syrah ne laisse personne indifférent. Elle est bavarde, mais son discours est éloquent. On fléchit pour ses saveurs, on se laisse bercer par son charme et on en redemande. Sous une robe rubis assez foncée, on perçoit un bouquet expressif, marqué par des parfums bien définis de baies des champs et de fruits à noyau. Des nuances de fumée et de bois neuf suivent. La bouche est ample, juteuse et dotée d'une trame tannique bien en chair. Des saveurs de baies des champs et de cerise confite côtoient des nuances d'épices et de poivre pour créer un ensemble harmonieux.

Tannins • Corps: Charnus • Assez corsé
Caractères: Baies des champs • Épices
Température: Entre 16 et 18 °C

I.M.V. 89

Sauces	Cuissons	Plat 1	Plat 2	Fromages
Aux fruits Fond de veau Au vin rouge	Grillé Au four Mijoté	Côtes levées sauce barbecue	Côte de cerf sauce au vin rouge	Pâte pressée

---

ZINFANDEL, RAVENSWOOD, VINTNERS BLEND ★★★

Producteur: Ravenswood Winery
Appellation: California
Pays: États-Unis

Millésime dégusté: 2010
Prix: 18,95 $
Code SAQ: 427021

Ce rouge à la personnalité assumée est élaboré à base de vieilles vignes de zinfandel. Il a séjourné 14 mois en barrique de chêne français. Le résultat est tout à fait délicieux et charmant. Affichant une robe rubis assez profonde, il déploie un intense bouquet d'où émanent des notes d'épices, de framboise et de confiture de petits fruits ainsi que des nuances de terre humide et de bois en arrière-plan. La bouche est sapide, avec des tannins bien présents, mais avec un côté soyeux et une agréable acidité. À noter sa texture légèrement sirupeuse. Des nuances perçues à l'olfaction, la framboise s'impose et semble ne jamais s'estomper.

Tannins • Corps: Charnus • Assez corsé
Caractères: Baies des champs confites • Épices
Température: Entre 16 et 18 °C

I.M.V. 89

Sauces	Cuissons	Plat 1	Plat 2	Fromages
Aux fruits Fond de veau Aux épices	Poêlé Au four Grillé	Côte de bœuf grillée aux épices barbecue	Carré de porc aux champignons sauvages	Pâte pressée

🍇 MERLOT, FOREST GLEN ★★★✦

Producteur: Forest Glen Winery
Appellation: California
Pays: États-Unis

Millésime dégusté: 2009
Prix: 19,00 $
Code SAQ: 708263

Je dois avouer que j'ai un petit faible pour ce rouge californien qui, année après année, est toujours bien ficelé, bien dosé et sans surextraction. Le nez est aromatique avec une dominance de notes de prune et de cerise confite qui s'accompagnent de nuances boisées, de moka et de vanille. On y perçoit aussi des parfums qui évoquent la pâtisserie. La bouche est pulpeuse, goûteuse, avec une trame tannique bien en chair, tout en affichant une agréable souplesse et une finesse dans le grain. Les saveurs détectées au nez reviennent nous charmer et demeurent suspendues un long moment avant de s'étioler.

Tannins · Corps: Souples · Moyennement corsé
Caractères: Fruits noirs · Moka
Température: Entre 15 et 17 °C

I.M.V. 89

Sauces	Cuissons	Plat 1	Plat 2	Fromages
Fond de veau Au vin rouge Aux champignons	Poêlé Au four Grillé	Faux filet de bœuf grillé	Rôti de veau à l'échalote	Pâte pressée

SANGIOVESE DI ROMAGNA, RESERVA ★★★✦

Producteur: Umberto Cesari
Appellation: Sangiovese di Romagna
Pays: Italie

Millésime dégusté: 2009
Prix: 19,00 $
Code SAQ: 10780338

Le charme de ce vin est indéniable. Dans le style propre à Umberto Cesari, qu'on connaît bien au Québec grâce au Liano, un vin fort populaire également décrit dans ce guide. Doté d'une robe rubis tirant sur l'orangé, dense et profonde, ce rouge divulgue un bouquet riche et très aromatique, marqué par le fruit, les baies des champs confites surtout, la prune aussi, ainsi que des nuances de café et de vanille. La bouche est ample, structurée, avec une trame tannique reposant sur de solides assises. Les saveurs de fruits confits dominent le palais, suivies de flaveurs de pruneaux et de cuir.

Tannins · Corps: Charnus · Corsé
Caractères: Baies confites · Café
Température: Entre 16 et 18 °C

I.M.V. 89

Sauces	Cuissons	Plat 1	Plat 2	Fromages
Fond de gibier Au vin rouge Aux tomates	Au four Grillé Poêlé	Osso buco	Lasagne à la viande	Parmesan

ESCUDO ROJO ★★★

Producteur: Baron Philippe de Rothschild
Appellation: Maipo
Pays: Chili

Millésime dégusté: 2009
Prix: 19,05 $
Code SAQ: 577155

Ce rouge, élaboré à base de cabernet sauvignon, de carmenère, de syrah et de cabernet franc, est une incursion réussie de ce géant de la viticulture bordelaise en terre chilienne. Arborant une robe rubis dense et profonde, il déploie un bouquet aromatique où règnent des odeurs de cassis, de mûre et de prune. Celles-ci s'accompagnent de nuances d'épices et de légères notes mentholées. La bouche est ample, structurée, avec une trame tannique qui se tient bien droite. Les saveurs de fruits s'expriment d'emblée. On y perçoit aussi des nuances de poivron et d'épices. Bel équilibre et harmonie.

Tannins • Corps: Charnus • Assez corsé
Caractères: Fruits noirs • Épices
Température: Entre 16 et 18 °C

I.M.V. 89

Sauces	Cuissons	Plat 1	Plat 2	Fromages
Fond de veau Au vin rouge Aux poivrons	Au four Mijoté Grillé	Brochette de bœuf, sauce au poivre vert	Confit de canard aux champignons sauvages	Pâte pressée

LA CUVÉE MYTHIQUE ★★★

Producteur: Les Vignerons du Val d'Orbieu
Appellation: Vin de Pays d'Oc
Pays: France

Millésime dégusté: 2008
Prix: 19,15 $
Code SAQ: 488726

Ce rouge est issu de l'assemblage de micro-cuvées sélectionnées par une trentaine de vignerons languedociens. Ensemble, ceux-ci ont créé une cuvée qui se veut la quintessence de ce terroir unique. Ce vin affiche une robe rubis assez profonde. Au nez, il dévoile un bouquet aromatique et nuancé, aux notes de baies rouges et noires, de garrigue et de sous-bois. La bouche est charnue, très sapide, avec une trame tannique bien bâtie et une agréable acidité. Aux accents déjà identifiés à l'olfaction s'ajoutent des saveurs de cacao. La finale culmine sur des flaveurs de cerise noire. Très joli.

Tannins • Corps: Charnus • Assez corsé
Caractères: Baies rouges et noires • Garrigue
Température: Entre 15 et 17 °C

I.M.V. 89

Sauces	Cuissons	Plat 1	Plat 2	Fromages
Aux herbes Fond de veau Aux fruits	Poêlé Au four Grillé	Carré d'agneau aux herbes de Provence	Rôti de bœuf au jus	Pâte pressée

CABERNET SAUVIGNON, ROBERT MONDAVI, PRIVATE SELECTION

★★★

Producteur : Robert Mondavi Winery
Appellation : California
Pays : États-Unis

Millésime dégusté : 2010
Prix : 19,25 $
Code SAQ : 392225

Ce vin sera à sa place autant pour accompagner les repas modestes et simples que lors de somptueuses réceptions. Son côté convivial et facile à boire plaira à une vaste clientèle. Affichant une robe rubis assez profonde, il offre, au nez, un bouquet expressif, avec des nuances d'épices, de fruits rouges confits, de confiture de fraise et de framboise surtout, ainsi que des notes de prune. La bouche est ample, sapide, avec des tannins présents et une bonne acidité, comme lorsqu'on croque dans un fruit frais. Fidèle aux accents perçus à l'olfaction, les saveurs de baies rouges demeurent suspendues jusqu'à la fin.

Tannins · Corps : Charnus · Assez corsé
Caractères : Fruits rouges confits · Épices
Température : Entre 16 et 18 °C

I. M. V. 89

Sauces	Cuissons	Plat 1	Plat 2	Fromages
Fond de veau Aux fruits Au vin rouge	Poêlé Grillé Au four	Longe d'agneau aux herbes de Provence	Rôti de bœuf au jus	Pâte pressée

MONTI GARBI, RIPASSO

★★★⌐

Producteur : Azienda Agricola Tenuta Sant'Antonio
Appellation : Valpolicella Superiore
Pays : Italie

Millésime dégusté : 2008
Prix : 19,35 $
Code SAQ : 10859855

Voici un ripasso qui ne manque pas de personnalité. Affichant une robe rubis moyennement profonde, il dévoile, à l'olfaction, un bouquet aromatique dominé par des nuances florales, de fumée et de pivoine, sans oublier des accents de baies des champs confites qui prennent le dessus après quelques minutes d'aération. La bouche est ample, sapide, avec des tannins fermes et légèrement asséchants. À noter aussi une agréable acidité qui donne l'impression de savourer un fruit frais. Des saveurs de fraise et de framboise sont aisément identifiables. La finale est longue et marquée par des saveurs de fruits rouges confits.

Tannins · Corps : Charnus · Assez corsé
Caractères : Baies rouges confites · Floral
Température : Entre 16 et 18 °C

I. M. V. 89

Sauces	Cuissons	Plat 1	Plat 2	Fromages
Fond de gibier Au vin rouge Aux tomates	Grillé Poêlé Au four	Rôti de côte de bœuf au vin rouge	Lasagne à la viande	Pâte pressée cuite

SYRAH, J. LOHR, SOUTH RIDGE ★★★

Producteur : J. Lohr Vineyards and Wine
Appellation : Passo Robles
Pays : États-Unis

Millésime dégusté : 2010
Prix : 19,35 $
Code SAQ : 425272

Ce producteur confectionne toujours des vins qui ne manquent pas d'expression. Il ravira les amateurs de vins affichant une certaine opulence et où le bois fait partie intégrante de l'ensemble. Doté d'une robe pourpre assez foncée, ce rouge dévoile au nez des accents d'épices, de poivre surtout, de cassis et de moka. En filigrane, on perçoit aussi des arômes de bois s'intégrant bien à l'ensemble. La bouche est sapide, joufflue, avec une trame tannique bien en chair. Les saveurs de cassis et de moka s'expriment avec aplomb et demeurent suspendues un long moment avant de céder le passage à des flaveurs de bois.

Tannins • Corps : Charnus • Assez corsé
Caractères : Cassis • Boisé
Température : Entre 15 et 18 °C

I.M.V. 89

Sauces	Cuissons	Plat 1	Plat 2	Fromages
Aux fruits	Poêlé	Magret de	Filet de bœuf	
Fond de veau	Mijoté	canard au	au poivre	Pâte pressée
Au poivre	Au four	cassis	long	

SAINT-ÉMILION, MOUTON CADET, RÉSERVE ★★★

Producteur : Baron Philippe de Rothschild SA
Appellation : Saint-Émilion
Pays : France

Millésime dégusté : 2010
Prix : 19,95 $
Code SAQ : 11314822

Le label Mouton Cadet est certainement un des plus connus dans le monde du vin. Cela dit, cette réputation vient avec son lot de préjugés. Élaboré à base de 80 % de merlot et à parts égales de cabernet sauvignon et de cabernet franc, il a séjourné 12 mois en barrique. Il affiche une robe rubis assez profonde. Le nez est discret et nuancé, avec des nuances de cassis et de violette ainsi que des intonations de sous-bois. C'est en bouche qu'il déploie son charme. Celle-ci est charnue, avec une trame tannique bien bâtie et dotée d'une bonne acidité. Très savoureux. Agréables saveurs de baies.

Tannins • Corps : Charnus • Assez corsé
Caractères : Cassis • Sous-bois
Température : Entre 15 et 17 °C

I.M.V. 89

Sauces	Cuissons	Plat 1	Plat 2	Fromages
Aux	Au four	Confit de	Entrecôte	
champignons	Poêlé	canard aux	de bœuf à	Pâte pressée
Au vin rouge	Grillé	champignons	la bordelaise	
Fond de veau		sauvages		

CONDE DE VALDEMAR, CRIANZA ★★★

Producteur : Finca Valpiedra SA
Appellation : Rioja
Pays : Espagne

Millésime dégusté : 2007
Prix : 15,75 $
Code SAQ : 897330

Ce Rioja est élaboré à base de tempranillo pour 90 % de l'assemblage, et de mazuelo (carignan) pour 10 %. Il en résulte un vin à la robe pourpre assez profonde. Au nez, il dévoile un intense bouquet marqué par des notes de cèdre, de garrigue, de cerise et de baies noires. Des nuances de vanille suivent. La bouche est particulièrement charnue, sapide , avec des tannins bien en chair et reposant sur des assises solides. Au milieu de bouche, le fruit domine. Les saveurs de prune, de cerise et de mûre se côtoient en harmonie. La finale est assez soutenue.

Tannins · Corps : Charnus · Assez corsé
Caractères : Cerise · Cèdre
Température : Entre 15 et 18 °C

I.M.V. 90

Sauces	Cuissons	Plat 1	Plat 2	Fromages
Aux herbes Aux épices Fond de gibier	Au four Grillé Poêlé	Carré d'agneau aux herbes de Provence	Bœuf en croûte	Pâte pressée

MADIRAN, TORUS ★★★

Producteur : Alain Brumont
Appellation : Madiran
Pays : France

Millésime dégusté : 2008
Prix : 15,75 $
Code SAQ : 466656

Le producteur Alain Brumont, figure de proue des vins de cette appellation du Sud-Ouest, nous offre toujours, en entrée de gamme, un produit bien fait possédant assez de caractère et à prix doux. Affichant une robe pourpre assez profonde, ce vin dévoile, au nez, un bouquet expressif composé surtout de notes bien appuyées de baies des champs, de sous-bois et de réglisse ainsi que de nuances de chêne. La bouche est sapide, avec des tannins bien mûrs et une agréable acidité. Les saveurs de fruits des champs s'expriment avec aplomb. Elles demeurent suspendues un long moment et ouvrent la voie à des flaveurs de prune.

Tannins • Corps : Charnus • Corsé
Caractères : Fruits des champs • Réglisse
Température : Entre 16 et 18 °C

I.M.V. 90

Sauces	Cuissons	Plat 1	Plat 2	Fromages
Aux fruits Fond de gibier Au vin rouge	Au four Poêlé Mijoté	Filet de bœuf au poivre long	Longe d'agneau aux herbes de Provence	Pâte pressée

TERRE DEI VOLSCI, RISERVA ★★★

Producteur : Consorzio Produttori di Velletri
Appellation : Velletri
Pays : Italie

Millésime dégusté : 2007
Prix : 15,95 $
Code SAQ : 175141

Je n'avais pas eu l'occasion de goûter à ce produit depuis très longtemps et c'est avec bonheur que j'ai renoué avec lui. Il arbore une robe rouge cerise noire très foncée. Le nez est très aromatique, avec des notes de confiture de baies des champs, de bois torréfié, d'épices, de réglisse et de vanille. La bouche est ample, avec des tannins bien en chair et une bonne acidité. Les saveurs de bois dominent. Les nuances de fruits suivent. On perçoit des notes de réglisse qui laissent une agréable sensation de fraîcheur en milieu de bouche et des nuances de cuir en finale.

Tannins • Corps : Charnus • Corsé
Caractères : Baies confites • Boisé
Température : Entre 16 et 18 °C

I.M.V. 90

Sauces	Cuissons	Plat 1	Plat 2	Fromages
Fond de gibier Demi-glace Au porto	Grillé Au four Poêlé	Mignon de bœuf, sauce au porto	Gigot d'agneau aux herbes	Pâte pressée

VITIANO ★★★

Producteur : Falesco
Appellation : I.G.T. Umbria
Pays : Italie

Millésime dégusté : 2009
Prix : 16,20 $
Code SAQ : 466029

Ce rouge élaboré à base de sangiovese, de merlot et de cabernet sauvignon, dans des proportions respectives de 34, 33 et 33 %, est toujours bien ficelé. Arborant une robe rubis moyennement profonde, il dévoile au nez des notes bien définies de confiture de baies rouges, de café également, ainsi que des nuances de sous-bois. La bouche est ample, avec des tannins bien en chair et une bonne acidité. On retrouve avec joie les accents de baies confites. Celles-ci sont rejointes par des saveurs de cerise noire qui nous entraînent vers une finale révélant des flaveurs de cuir.

Tannins · Corps : Charnus · Corsé
Caractères : Baies rouges confites · Café
Température : Entre 16 et 18 °C

I.M.V. 90

Sauces	Cuissons	Plat 1	Plat 2	Fromages
Aux tomates Fond de veau Aux champignons	Au four Grillé Poêlé	Rôti de bœuf aux champignons	Osso buco	Pâte pressée cuite

TEROLDEGO ROTALIANO, MEZZACORONA, RISERVA ★★★

Producteur : Mezzacorona
Appellation : Teroldego Rotaliano
Pays : Italie

Millésime dégusté : 2009
Prix : 16,55 $
Code SAQ : 964593

Cette cuvée réserve n'est produite que les meilleures années. Elle est élaborée à 100 % à base de teroldego, un cépage autochtone du Trentin Haut-Adige, région viticole du nord de l'Italie. Sous une robe foncée, presque noire, ce vin dévoile un bouquet aromatique marqué par des odeurs de fruits noirs bien mûrs s'accompagnant de nuances d'épices. La bouche est ample, joufflue, très sapide, avec une trame tannique reposant sur des assises solides et bien implantées. Le cassis et la mûre côtoient la prune en harmonie, pour culminer sur des accents de cuir. De plus, la finale s'étire sur plusieurs caudalies.

Tannins · Corps : Charnus · Assez corsé
Caractères : Fruits noirs · Poivre
Température : Entre 16 et 18 °C

I.M.V. 90

Sauces	Cuissons	Plat 1	Plat 2	Fromages
Au poivre Fond de gibier Au vin rouge	Au four Grillé Poêlé	Bœuf Wellington	Poire de bison au vin rouge	Pâte pressée

SHIRAZ, E MINOR ★★★

Producteur: Barossa Valley Estate Winery
Appellation: Barossa
Pays: Australie

Millésime dégusté: 2010
Prix: 16,95 $
Code SAQ: 11073926

Ce rouge des terres australes me séduit à tout coup. Son nom est un hommage à la richesse culturelle et musicale de la vallée de Barossa. Arborant une robe pourpre, dense et profonde, il déploie, au nez, un intense bouquet d'arômes marqué par des notes de mûre, de cassis et de bois neuf ainsi que des intonations d'eucalyptus appuyées par des nuances de sous-bois. La bouche est ample, sapide et savoureuse. Les saveurs de framboise et de mûre sont aisément détectables. Elles s'accompagnent de nuances d'épices et de poivre. Ces dernières demeurent suspendues un long moment avant de fondre lentement.

Tannins • Corps: Charnus • Assez corsé
Caractères: Baies des champs • Épices
Température: Entre 16 et 18 °C

I.M.V. 90

Sauces	Cuissons	Plat 1	Plat 2	Fromages
Au vin rouge Au poivre Fond de veau	Poêlé Grillé Au four	Mignon de cerf aux baies des champs	Longe d'agneau au poivre	Pâte pressée

CHÂTEAU DE PENNAUTIER, TERROIRS D'ALTITUDE ★★★★

Producteur: Vignoble de Lorgelil SARL
Appellation: Cabardès
Pays: France

Millésime dégusté: 2008
Prix: 17,00 $
Code SAQ: 914416

Un des 25 incontournables du guide de 2012, il l'est également dans cette édition. Affichant une robe pourpre, dense et profonde, il dévoile, au nez, un bouquet riche et complexe marqué par des accents de cassis et de baies des champs confites. Des nuances de chêne, de vanille et d'épices, particulièrement de poivre, s'ajoutent à l'ensemble. La bouche est sapide et d'une bonne ampleur. La trame tannique repose sur des assises solides tout en affichant une agréable finesse dans le grain. Les saveurs bien définies de baies des champs et de prune demeurent suspendues un long moment avant de s'estomper.

Tannins • Corps: Charnus • Corsé
Caractères: Baies des champs • Chêne
Température: Entre 16 et 18 °C

I.M.V. 90

Sauces	Cuissons	Plat 1	Plat 2	Fromages
Fond de veau Aux champignons Fond de gibier	Grillé Poêlé Au four	Carré d'agneau au thym et au romarin	Confit de canard au poivre	Pâte pressée cuite

🍷 VIÑA BUJANDA, CRIANZA ★★★

Producteur: Finca Valpiedra SL
Appellation: Rioja
Pays: Espagne

Millésime dégusté: 2008
Prix: 17,00 $
Code SAQ: 11557509

Une belle découverte que ce rouge aux accents typiques de la Rioja. Affichant une robe pourpre, dense et profonde, il dévoile un bouquet très aromatique où priment des notes de baies rouges et noires, suivies de nuances d'épices et de bois qui s'intègrent très bien à l'ensemble. La bouche est costaude, mais sans aucune lourdeur. À noter la belle finesse des tannins et une bonne présence du fruit. Comme pour l'examen olfactif, la bouche révèle des intonations évoquant les épices et beaucoup de fruits. Des flaveurs de cuir et de café se manifestent en finale.

Tannins · Corps: Charnus · Assez corsé
Caractères: Baies rouges et noires · Épices
Température: Entre 15 et 18 °C   **I.M.V.** 90

Sauces	Cuissons	Plat 1	Plat 2	Fromages
Fond de gibier	Poêlé		Mignon de	
Demi-glace	Grillé	Côte de bœuf	cerf au	Pâte pressée
Au porto	Au four	grillée	porto	cuite

🍷 RAPSANI, TSANTALI, RÉSERVE ★★★⭢

Producteur: Evangelos Tsantali SA
Appellation: Rapsani
Pays: Grèce

Millésime dégusté: 2007
Prix: 17,30 $
Code SAQ: 741579

Ce rouge d'origine grecque m'a toujours séduit et, pour tout dire, il ne cesse de s'améliorer d'année en année. Affichant une robe rubis assez profonde, il dévoile, au nez, des notes bien appuyées de baies rouges et noires confites, d'épices et de chêne ainsi que des nuances d'eucalyptus et de cuir. La bouche, ample, est dotée d'une trame tannique reposant sur de solides assises tout en affichant un agréable côté soyeux. Les saveurs de baies noires sont aisément identifiables. Elles s'accompagnent de nuances évoquant la terre humide, pour culminer sur des accents de cuir en finale. Excellent rapport qualité-prix-plaisir.

Tannins · Corps: Charnus · Assez corsé
Caractères: Baies rouges et noires · Épices
Température: Entre 16 et 18 °C   **I.M.V.** 90

Sauces	Cuissons	Plat 1	Plat 2	Fromages
Fond de gibier	Grillé	Souris		
Aux épices	Au four	d'agneau	Rôti de bœuf	Pâte pressée
Au vin rouge	Poêlé	aux herbes	au vin rouge	

CHÂTEAU ROUQUETTE SUR MER, LA CLAPE, CUVÉE AMARANTE ★★★

Producteur: Jacques Boscary
Appellation: Coteaux du Languedoc
Pays: France

Millésime dégusté: 2010
Prix: 17,60 $
Code SAQ: 713263

Voici un beau vin gorgé de soleil, issu d'un assemblage de syrah, de grenache, de carignan et de mourvèdre. Affichant une robe très dense, il déploie un bouquet assez aromatique où priment des notes de baies rouges et noires, de mûre surtout, juxtaposées à des nuances de violette et de sous-bois. La bouche est ample, avec des tannins joufflus, mais sans lourdeur et beaucoup de fruits. Les accents de baies des champs dominent l'ensemble et la finale culmine sur des flaveurs de poivre et de garrigue. En rétro-olfaction, on perçoit des nuances de bois torréfié. Excellent rapport qualité-prix.

Tannins • Corps: Charnus • Assez corsé
Caractères: Baies des champs • Garrigue
Température: Entre 16 et 18 °C

I.M.V. 90

Sauces	Cuissons	Plat 1	Plat 2	Fromages
Fond de veau Aux herbes Au poivre	Au four Poêlé Grillé	Longe d'agneau au thym et au romarin	Entrecôte au poivre long	Pâte pressée

CABERNET/MERLOT, FIVE VINEYARDS ★★★

Producteur: Mission Hill Family Estate
Appellation: Okanagan Valley
Pays: Canada (C.-B.)

Millésime dégusté: 2009
Prix: 18,45 $
Code SAQ: 10544749

Déjà, la robe très foncée nous interpelle. Le nez ne manque pas d'expression. On perçoit aisément des notes bien appuyées de baies des champs bien mûres, de bois aussi, suivies de nuances de violette et de vanille qui se greffent à l'ensemble. En filigrane, on détecte aussi des accents de terre humide. La bouche est goûteuse, sapide, franche, avec des tannins bien en chair. Les saveurs de prune et de mûre s'expriment avec aplomb. Elles sont suivies de flaveurs de cuir et de sous-bois. Ce porte-étendard de la viticulture canadienne ferait la barbe à plusieurs canons bordelais sans problème.

Tannins • Corps: Charnus • Assez corsé
Caractères: Fruits noirs • Sous-bois
Température: Entre 16 et 18 °C

I.M.V. 90

Sauces	Cuissons	Plat 1	Plat 2	Fromages
Demi-glace Au vin rouge Aux champignons	Grillé Poêlé Au four	Magret de canard aux baies sauvages	Mignon de cerf au vin rouge	Pâte pressée

MONTECORNA, RIPASSO ★★★

Producteur : Remo Farina
Appellation : Valpolicella Classico Superiore
Pays : Italie

Millésime dégusté : 2008
Prix : 18,90 $
Code SAQ : 908269

Voici un ripasso comme on les aime, c'est-à-dire joufflu, avec du caractère et au fruité généreux. Élaboré à base de corvina, de rondinella, de molinara, ainsi que d'autres cépages dans des proportions respectives de 65, 20, 5 et 10 %. Sous une robe grenat moyennement profonde, il dévoile un bouquet expressif composé en majeure partie de notes de baies confites, d'épices, de poivre, de prune et de réglisse. La bouche est délectable, avec des tannins bien en chair. On perçoit une sensation d'amertume qui me fait penser à un Amarone, ce qui est loin de déplaire. La bouche est le miroir du nez quant au caractère gustatif.

Tannins · Corps : Charnus · Corsé
Caractères : Baies confites · Réglisse
Température : Entre 16 et 18 °C   **I. M. V.** **90**

Sauces	Cuissons	Plat 1	Plat 2	Fromages
Au vin rouge Aux épices Aux tomates	Grillé Poêlé Au four	Carré d'agneau aux tomates, ail et romarin	Osso buco	Pâte pressée

CHÂTEAU GODARD BELLEVUE ★★★✦

Producteur : EARL Arbo
Appellation : Bordeaux Côtes de Francs
Pays : France

Millésime dégusté : 2008
Prix : 19,15 $
Code SAQ : 914317

C'est toujours avec un plaisir renouvelé que je goûte à ce rouge bien ficelé et charmant. Élaboré à base de merlot pour 65 % de l'assemblage et de cabernets franc et sauvignon, il a bénéficié d'un séjour en fût de 12 mois, dont 85 % en barriques neuves. Doté d'une robe rubis moyennement profonde, il dévoile, au nez, un expressif bouquet dominé par des notes de fruits rouges et noirs confits, de violette et de vanille ainsi que des intonations légèrement épicées. La bouche est ample, goûteuse, avec une trame tannique bien en chair. Les saveurs sont fidèles aux accents perçus à l'olfaction.

Tannins · Corps : Charnus · Assez corsé
Caractères : Fruits rouges et noirs confits · Boisé
Température : Entre 16 et 18 °C   **I. M. V.** **90**

Sauces	Cuissons	Plat 1	Plat 2	Fromages
Fond de veau Fond de gibier Au vin rouge	Poêlé Grillé Au four	Magret de canard, sauce aux mûres	Bœuf Wellington	Pâte pressée

CABERNET SAUVIGNON, CHÂTEAU ST-JEAN ★★★✦

Producteur : Château St-Jean
Appellation : California
Pays : États-Unis

Millésime dégusté : 2010
Prix : 19,95 $
Code SAQ : 10967397

Difficile de ne pas succomber aux charmes de ce vin qui plaira aux amateurs de cabernet et qui allie puissance et finesse. Déjà, à l'œil, une robe dense et profonde nous invite à y plonger nos lèvres. Au nez, un bouquet aromatique, marqué par d'intenses notes de cassis et de mûre nous accueille. S'ajoutent des nuances de vanille et de bois. La bouche est ample, dotée d'une trame tannique bien en chair, mais avec un agréable côté soyeux. Les saveurs de cassis et de mûres s'expriment d'emblée et demeurent suspendues un bon moment avant de fondre et de laisser place à des flaveurs de confiserie.

Tannins • Corps : Charnus • Assez corsé
Caractères : Fruits noirs • Vanille
Température : Entre 16 et 18 °C

I. M. V. 90

Sauces	Cuissons	Plat 1	Plat 2	Fromages
Fond de veau Au vin rouge Fond de gibier	Grillé Poêlé Au four	Épaule de bœuf grillée, sauce au vin rouge	Longe d'agneau aux herbes	Pâte pressée

CABERNET SAUVIGNON, CLOS DU BOIS ★★★✦

Producteur : Clos du Bois Winery
Appellation : North Coast
Pays : États-Unis

Millésime dégusté : 2009
Prix : 19,95 $
Code SAQ : 397497

Voici un cabernet sauvignon résolument californien, charmeur, voire un brin racoleur. Le style de produit qui n'a pas de mal à se rallier une vaste clientèle. Doté d'une robe dense et foncée, il dévoile au nez un bouquet aromatique à dominance de notes bien appuyées de baies des champs confites, de bois, de vanille et de réglisse. La bouche est ample, sapide et texturée, avec des tannins bien constitués, ainsi qu'un côté satiné qui rend ce rouge très plaisant à boire. Les arômes déjà détectés au nez reviennent nous charmer pour notre plus grand plaisir. La finale est longue et soutenue.

Tannins • Corps : Charnus • Corsé
Caractères : Baies des champs confites • Boisé
Température : Entre 15 et 16 °C

I. M. V. 90

Sauces	Cuissons	Plat 1	Plat 2	Fromages
Demi-glace Au vin rouge Aux champignons	Poêlé Au four Grillé	Longe d'agneau aux champignons sauvages	Filet d'épaule de bœuf, sauce au poivre long	Pâte pressée

SYRAH, GENESIS

★★★

Producteur: Hogue Cellars Vineyards
Appellation: Columbia Valley
Pays: États-Unis

Millésime dégusté: 2009
Prix: 19,95 $
Code SAQ: 11372889

La syrah se présente sous diverses personnalités. Tantôt vaporeuse, d'autres fois solide et concentrée. Celle-ci, exploitée avec soin par un des meilleurs producteurs de cette région de l'État de Washington, appartient à la seconde catégorie. Sa robe est rubis, dense et profonde. L'examen olfactif révèle un bouquet où d'intenses notes de fruits noirs, de café, de bois torréfié et d'épices se côtoient. La bouche est ample, sapide, avec une trame tannique bien en chair et un agréable côté soyeux. Aux nuances perçues à l'olfaction se greffent des saveurs de vanille et de café. La finale s'étire sur plusieurs caudalies.

Tannins · Corps: Charnus · Corsé
Caractères: Fruits noirs · Épices
Température: Entre 16 et 18 °C

I.M.V. **90**

Sauces	Cuissons	Plat 1	Plat 2	Fromages
Fond de gibier Au poivre Demi-glace	Au four Poêlé Grillé	Côtelettes d'agneau à l'ail et au romarin	Mignon de bœuf, sauce au bleu	Pâte pressée

SANGIOVESE, SANTA CRISTINA

★★★

Producteur: Marchesi Antinori SRL
Appellation: I.G.T. Toscana
Pays: Italie

Millésime dégusté: 2010
Prix: 15,05 $
Code SAQ: 76521

Ce rouge est élaboré à base de sangiovese pour 60 % de l'assemblage, auquel on a ajouté du cabernet sauvignon, du merlot et de la syrah. Le résultat est tout à fait joyeux et festif. Sous une robe rubis, dense et profonde, on perçoit un riche bouquet marqué par des intonations de fruits rouges et noirs bien mûrs ainsi que des notes de café torréfié. La bouche est ample, pulpeuse, avec une trame tannique bien en chair. Les saveurs de fruits s'imposent d'emblée et demeurent suspendues pendant plusieurs caudalies avant de fondre et de laisser place à des nuances de cuir.

Tannins · Corps: Charnus · Corsé
Caractères: Baies rouges et noires · Café
Température: Entre 16 et 18 °C

I.M.V. **91**

Sauces	Cuissons	Plat 1	Plat 2	Fromages
Aux fruits Fond de gibier Au vin rouge	Grillé Au four Poêlé	Bœuf à la toscane	Rôti de canard aux baies sauvages	Pâte pressée cuite

CABERNET SAUVIGNON, LUIS FELIPE EDWARDS, GRAN RESERVA

★★★✦

Producteur: Viña Luis Felipe Edwards
Appellation: Colchagua
Pays: Chili

Millésime dégusté: 2010
Prix: 17,15 $
Code SAQ: 10272510

Voilà une valeur sûre. Un rouge à la personnalité assumée qui plaira surtout aux amateurs de vins costauds, voire virils, mais non dénués de finesse. À l'œil, la robe rubis, dense et profonde, attire notre regard. Le nez est expressif, dominé par des notes de cassis, de bois, de violette, de vanille et de cacao. En bouche, il révèle toute son ampleur en s'exprimant avec aplomb. La trame tannique est solide, sans être lourde. On y perçoit d'agréables saveurs de prune et de baies des champs ainsi que des nuances de tabac. De plus, la finale est assez soutenue.

Tannins • Corps: Charnus • Bien corsé
Caractères: Fruits noirs • Boisé
Température: Entre 15 et 16 °C

I.M.V. 91

Sauces	Cuissons	Plat 1	Plat 2	Fromages
Fond de gibier Au porto Demi-glace	Grillé Poêlé Au four	Gigot d'agneau à l'ail et au romarin	Entrecôte de bœuf au poivre long	Pâte pressée

LA MASCOTA

★★★✦

Producteur: Viñedos Santa Ana SA
Appellation: Mendoza
Pays: Argentine

Millésime dégusté: 2009
Prix: 17,80 $
Code SAQ: 10895565

Ce rouge aux larges épaules, argentin jusqu'au coude, issu de cabernet sauvignon, plaira aux amateurs de vins expressifs et bien corsés. Déjà, à l'œil, sa robe rubis, dense et foncée, nous met en éveil. Au nez, il dévoile un bouquet très aromatique, aux notes bien appuyées de cassis, de bois et de vanille. Des nuances florales sont également perceptibles, ainsi que des odeurs rappelant le cuir. La bouche est pulpeuse à souhait. La trame tannique est solidement implantée. Comme ce vin est un peu jeune, un passage en carafe corrigerait le tir. Les fruits noirs, tels que le cassis et la mûre, sont aisément détectables.

Tannins • Corps: Charnus • Bien corsé
Caractères: Fruits noirs • Boisé
Température: Entre 16 et 18 °C

I.M.V. 91

Sauces	Cuissons	Plat 1	Plat 2	Fromages
Fond de gibier Au porto Au poivre	Poêlé Au four Grillé	Carré d'agneau au poivre	Côte de cerf au porto	Pâte pressée

CHÂTEAU LAMARQUE, CUVÉE AEGIDIANE ★★★½

Producteur : Château Lamarque
Appellation : Costières de Nîmes
Pays : France

Millésime dégusté : 2009
Prix : 18,00 $
Code SAQ : 11421935

Ce rouge aux accents méditerranéens est issu de l'assemblage de syrah (80 %) et de grenache noir (20 %). Il en résulte un vin riche, baraqué et bien ficelé. Sous une robe rubis, dense et profonde, il déploie un intense bouquet dévoilant des odeurs de cassis, de mûre et de bois. On perçoit aussi des nuances de réglisse et de terre humide. La bouche est ample, charnue et costaude. Les saveurs de cassis bien mûr sont aisément détectables. Elles s'accompagnent de nuances de bois et de cuir, particulièrement en finale dans ce dernier cas. Bon rapport qualité-prix-plaisir.

Tannins • Corps : Charnus • Bien corsé
Caractères : Cassis • Boisé
Température : Entre 16 et 18 °C

I.M.V. 91

Sauces	Cuissons	Plat 1	Plat 2	Fromages
Fond de gibier Au porto Au poivre	Grillé Au four Poêlé	Magret de canard au porto	Carré d'agneau à l'ail et au romarin	Pâte pressée

TARAPACA PLUS ★★★½

Producteur : Viña Tarapaca
Appellation : Valle del Maipo
Pays : Chili

Millésime dégusté : 2008
Prix : 18,95 $
Code SAQ : 11133247

Voici un produit riche et concentré, issu de l'agriculture biologique, qui ne laissera certainement pas indifférent l'amateur de vins musclés et ayant de la personnalité. Sous une robe pourpre, dense et profonde, on perçoit un bouquet expressif à souhait, marqué par des notes bien appuyées de baies confites et de chocolat noir ainsi que des nuances de torréfaction. La bouche est sapide, dotée d'une trame tannique qui se tient sur des bases solides. Les arômes perçus à l'olfaction se reflètent en bouche, particulièrement les saveurs de cassis. Toutefois, un passage en carafe lui permettra d'atténuer ses angles.

Tannins • Corps : Charnus • Bien corsé
Caractères : Baies des champs • Chocolat noir
Température : Entre 15 et 16 °C

I.M.V. 91

Sauces	Cuissons	Plat 1	Plat 2	Fromages
Demi-glace Fond de gibier Au porto	Poêlé Grillé Au four	Gigot d'agneau aux baies des champs	Côte de cerf rouge au porto	Persillé

🍇 CHÂTEAU PESQUIÉ, PRESTIGE ★★★✦

Producteur : SCEA Château Pesquié
Appellation : Ventoux
Pays : France

Millésime dégusté : 2009
Prix : 19,15 $
Code SAQ : 743922

Cet assemblage de syrah (70 %) et de grenache (30 %) possède tous les atouts pour satisfaire les amateurs de vins ayant de la personnalité et du caractère. La robe est rubis, dense et profonde. Au nez, on perçoit un intense bouquet d'arômes marqué par des notes d'épices, de cassis, de cerise et de mûre ainsi que des nuances boisées, de cuir et de café torréfié. La bouche est costaude, avec des tannins bien en chair. Les saveurs qu'on y retrouve sont en tous points similaires aux accents perçus à l'olfaction. De plus, la finale est longue, soutenue et savoureuse.

Tannins • Corps : Charnus • Bien corsé
Caractères : Fruits noirs • Café
Température : Entre 16 et 18 °C

I.M.V. 91

Sauces	Cuissons	Plat 1	Plat 2	Fromages
Au poivre Au vin rouge Demi-glace	Grillé Poêlé Au four	Longe de caribou aux champignons sauvages	Côtelettes d'agneau à l'ail et au romarin	Pâte pressée

CABERNET SAUVIGNON, ARBOLEDA ★★★✦

Producteur : Viña Seña
Appellation : Valle de Aconcagua
Pays : Chili

Millésime dégusté : 2009
Prix : 19,70 $
Code SAQ : 10967434

Voici un rouge aux larges épaules qui plaira davantage aux amateurs de vins où le bois domine qu'à ceux qui préfèrent les vins fruités. Sous une robe pourpre et profonde, on découvre un bouquet aromatique dominé par des notes boisées. Des nuances de cassis et de violette suivent, de même que des notes d'épices et de café. La bouche est charnue, avec des tannins bien en chair. Comme à l'olfaction, les saveurs de bois sont à l'avant-plan. Elles s'accompagnent de nuances de cassis et de mûre. Un passage en carafe lui permettra d'arrondir ses angles et d'atténuer les notes boisées.

Tannins • Corps : Charnus • Corsé
Caractères : Boisé • Cassis
Température : Entre 16 et 18 °C

I.M.V. 91

Sauces	Cuissons	Plat 1	Plat 2	Fromages
Au vin rouge Au poivre Demi-glace	Grillé Poêlé Au four	Aiguillettes de canard fumé, sauce au porto	Côte de cerf, sauce grand veneur	Pâte pressée

DOMAINE DU CRAMPILH, VIEILLES VIGNES ★★★✦

Producteur: Domaine du Crampilh
Appellation: Madiran
Pays: France

Millésime dégusté: 2007
Prix: 19,75 $
Code SAQ: 10675028

Voici un rouge viril, gorgé de soleil, sans être dénué de finesse. Il est élaboré à 100 % à base de tannat, le cépage emblématique de l'appellation. L'examen visuel nous prépare déjà à la suite avec sa robe pourpre, très dense et profonde. Au nez, on discerne une gerbe d'arômes d'où émanent d'intenses notes de fruits noirs, de mûre surtout, accompagnées de nuances d'épices, de réglisse et de bois. La bouche est charnue, avec des tannins fermes. On y perçoit une bonne présence du fruit, avec une dominance de prune. Les saveurs de cuir et de bois suivent. Très long.

Tannins • Corps: Charnus • Corsé
Caractères: Mûre • Boisé
Température: Entre 16 et 18 °C

I.M.V. 91

Sauces	Cuissons	Plat 1	Plat 2	Fromages
Demi-glace Fond de gibier Au porto	Grillé Au four Poêlé	Côte de cerf au porto	Carré d'agneau à l'ail et au romarin	Pâte pressée cuite

Les vins du samedi
(entre 20 et 25 $)

*I*l est temps de recouvrir la table d'une jolie dentelle et de sortir la belle coutellerie. La fin de semaine est arrivée, le repas est plus substantiel, plus élaboré et les efforts fournis pour sa confection méritent bien un vin qui soit à la hauteur ou digne des invités qui le partageront.

Dans cette catégorie, vous trouverez des vins de qualité plus élevée que la moyenne. Évidemment, ici, on s'attend à plus. Plus de structure, plus de complexité, plus de finesse aussi. Les vins se doivent d'être plus que bons, ils doivent être succulents. Ma responsabilité en tant que sommelier est de choisir des vins qui non seulement vous plairont, mais qui reflètent la typicité du terroir dont ils sont issus ou encore du ou des cépages avec lesquels ils sont élaborés. Les arômes doivent être bien définis, le bois, s'il est présent, se doit d'être bien intégré, etc. Prenez le temps de humer les parfums de ces vins et d'apprécier leurs qualités gustatives, car ils ont été produits avec soin et souvent avec passion, si ce n'est avec amour.

GEWURZTRAMINER, JEAN-LOUIS SCHOEPFER ★★★

Producteur: Jean-Louis Schoepfer
Appellation: Alsace
Pays: France

Millésime dégusté: 2010
Prix: 21,50 $
Code SAQ: 912501

Cette maison élabore des vins depuis 13 générations. Force est d'admettre que le savoir-faire s'est transmis de belle façon entre les lignées de la famille. Nous avons affaire ici à un vin droit qui transcende le cépage dont il est issu. Arborant une robe jaune dorée, il dévoile au nez un bouquet aromatique d'où émanent des odeurs de litchi et de fruits tropicaux ainsi que des notes florales. La bouche est ample, texturée, tout en fruits et dotée d'une agréable acidité. On y retrouve des saveurs bien définies de pêche, de litchi et de mangue. De plus, il est très long en bouche.

Acidité • Corps: Frais • Moyennement corsé
Caractères: Litchi • Fruits tropicaux
Température: Entre 8 et 11 °C

I.M.V. 63

Sauces	Cuissons	Plat 1	Plat 2	Fromages
Aux fruits Fumet de poisson Nature	Cru Poêlé Mijoté	Crevettes poêlées au beurre et à la mangue	Pétoncles au litchi	Pâte molle à croûte lavée

CHÂTEAU MONTUS ★★★↓

Producteur: Alain Brumont
Appellation: Pacherenc du Vic Bilh
Pays: France

Millésime dégusté: 2008
Prix: 23,55 $
Code SAQ: 11017625

Ce blanc fait figure d'exception dans le monde du vin. Il est élaboré à base du cépage autochtone petit courbu pour 80 % de l'assemblage, et de petit manseng pour 20 %. Il en résulte un vin à la robe jaune dorée et au nez expressif, dévoilant des notes de citron frais juxtaposées à des nuances minérales et de bois, ainsi que des accents de gingembre. La bouche est vive, bien sèche et croustillante à souhait. Mais cette sensation est contrebalancée par une texture moelleuse. On retrouve les saveurs de citron perçues à l'olfaction. Celles-ci sont rejointes par des accents de mandarine et d'abricot.

Acidité • Corps: Vif • Moyennement corsé
Caractères: Citron • Gingembre
Température: Entre 8 et 10 °C

I.M.V. 63

Sauces	Cuissons	Plat 1	Plat 2	Fromages
Au vin blanc Aux agrumes Fumet de poisson	Cru Mijoté Poêlé	Morue charbonnière au vin blanc	Moules marinière	Chèvre

CHARDONNAY, TOHU, UNOAKED ★★★

Producteur : Tohu Wines Ltd
Appellation : Marlborough
Pays : Nouvelle-Zélande

Millésime dégusté : 2010
Prix : 20,15 $
Code SAQ : 11213520

Je ne peux passer sous silence le fait que ce vignoble appartient à des Maoris, un peuple autochtone d'Aotearoa (Nouvelle-Zélande en maori). Ce fort joli blanc 100 % chardonnay affiche une robe jaune paille. À l'olfaction, on perçoit un agréable bouquet dominé par des nuances de fruits blancs, juxtaposées à des intonations de fruits tropicaux, de melon et de mangue particulièrement. La bouche est fraîche, croquante et savoureuse. Les accents déjà identifiés au nez se reflètent en bouche, avec une agréable harmonie. Les saveurs de pomme et de melon côtoient des flaveurs de caramel écossais et de beurre en finale.

Acidité · Corps : Frais · Moyennement corsé
Caractères : Fruits blancs · Fruits tropicaux
Température : Entre 8 et 10 °C
I.M.V. 64

Sauces	Cuissons	Plat 1	Plat 2	Fromages
Aux fruits Fumet de poisson Au beurre	Mijoté Au four Poêlé	Sauté de fruits de mer au safran	Filet de morue noire au beurre de citron	Pâte molle à croûte fleurie

SAUVIGNON BLANC, FOUNDERS ESTATE ★★★

Producteur : Beringer Vineyards
Appellation : California
Pays : États-Unis

Millésime dégusté : 2008
Prix : 20,15 $
Code SAQ : 534248

Cet hommage aux frères Beringer, les fondateurs du vignoble en 1876, est toujours, année après année, d'une droiture exemplaire. À noter que jusqu'à tout récemment il était vendu sous le nom de fumé blanc. On reconnaît aisément les nuances typiques du cépage avec ses notes d'agrumes, d'ananas et de buis, en plus d'y découvrir de subtils effluves de melon. La bouche est croustillante à souhait et dotée d'une texture veloutée. On a l'impression de mordre dans le fruit. Les saveurs d'agrumes telles que la lime et le pamplemousse s'expriment en premier et sont suivies de très agréables flaveurs de melon de miel.

Acidité · Corps : Frais · Moyennement corsé
Caractères : Agrumes · Fruits tropicaux
Température : Entre 8 et 10 °C
I.M.V. 64

Sauces	Cuissons	Plat 1	Plat 2	Fromages
Aux agrumes Fumet de poisson Au vin blanc	Bouilli Poêlé Grillé	Langoustines grillées au beurre d'agrumes	Salade de volaille	Chèvre

145

CLOS DE LA CHAISE DIEU ★★★✦

Producteur : Château Philippe le Hardi
Appellation : Bourgogne Hautes Côtes de Beaune
Pays : France

Millésime dégusté : 2010
Prix : 20,95 $
Code SAQ : 869784

On a tendance à dénigrer les vins des hautes côtes en comparaison d'appellations communales plus prestigieuses, mais celui-ci pourrait faire pâlir plusieurs d'entre elles. Sous une robe jaune paille, il dévoile un agréable bouquet aromatique à souhait, marqué par des notes de pomme-poire, de beurre et de brioche à la vanille et complété par des nuances minérales et de chêne. La bouche est ample, sapide, sphérique, grasse et dotée d'une bonne acidité croquante. On retrouve avec bonheur les intonations perçues à l'olfaction. Les saveurs de brioche et de pomme dominent le palais. En rétro-olfaction, on distingue des flaveurs d'anis.

Acidité • Corps : Frais • Moyennement corsé
Caractères : Brioche • Pomme-poire
Température : Entre 8 et 10 °C

I.M.V. 64

Sauces	Cuissons	Plat 1	Plat 2	Fromages
Aux fruits Fumet de poisson Au vin blanc	Poêlé Mijoté Au four	Darne de saumon à la sauce vierge	Crevettes sautées au beurre d'agrumes	Pâte molle à croûte fleurie

MÂCON IGÉ, CHÂTEAU LONDON ★★★

Producteur : Domaine Fichet
Appellation : Mâcon Igé
Pays : France

Millésime dégusté : 2009
Prix : 21,15 $
Code SAQ : 917781

Ce produit fait partie de mon répertoire depuis plusieurs éditions et il devrait le rester tant et aussi longtemps qu'il sera aussi bon. À l'œil, il dévoile une robe jaune dorée assez profonde. À l'olfaction, il déploie un agréable bouquet assez aromatique, subtil et nuancé, marqué par des notes de pomme, de poire, de sous-bois, de vanille et d'amande ainsi que des notes minérales. La bouche est savoureuse, fraîche et dotée d'une texture enveloppante et grasse. Les saveurs détectées au nez se reflètent en bouche, surtout les nuances de pomme et de poire. La finale révèle des notes d'amande.

Acidité • Corps : Frais • Moyennement corsé
Caractères : Fruits blancs • Amande
Température : Entre 8 et 10 °C

I.M.V. 64

Sauces	Cuissons	Plat 1	Plat 2	Fromages
Au beurre Fond de volaille Fumet de poisson	Mijoté Poêlé Bouilli	Crevettes tempura	Saumon au beurre d'agrumes	Pâte molle à croûte fleurie

🍷 SAINT-VÉRAN, LES PLANTÉS

★★★⌐

Producteur : Les Vignerons de Grandes Vignes
Appellation : Saint-Véran
Pays : France

Millésime dégusté : 2009
Prix : 21,20 $
Code SAQ : 917740

Les Saint-Véran peuvent être à l'occasion d'un ennui mortel, mais celui-ci ravira les amateurs de chardonnay les plus exigeants. Déjà, à l'œil, sa robe dorée est annonciatrice de ce qui suit. À l'olfaction, on perçoit un bouquet élégant et aromatique qui se démarque par des nuances de poire, d'agrumes, de raisins secs et d'amande ainsi que des notes minérales évoquant le terroir d'origine. La bouche est fraîche et tendre. Il se révèle d'une bonne ampleur et sa texture est grasse. À noter la belle harmonie des arômes. Aux saveurs de fruits et de minéraux s'ajoutent des goûts briochés de vanille et de beurre.

Acidité • Corps : Frais • Moyennement corsé
Caractères : Poire • Brioche
Température : Entre 8 et 10 °C

I.M.V. 64

Sauces	Cuissons	Plat 1	Plat 2	Fromages
Fond de volaille Fumet de poisson Au beurre	Au four Poêlé Grillé	Pétoncles poêlés aux amandes et à la vanille	Baluchon de brie aux poires	Pâte molle à croûte fleurie

MONTAGNY, DOMAINE FAIVELEY

★★★⌐

Producteur : Domaine Faiveley
Appellation : Montagny
Pays : France

Millésime dégusté : 2006
Prix : 21,75 $
Code SAQ : 10897270

Le domaine Faiveley est reconnu pour ses bourgognes de qualité, et celui-ci ne fait pas exception. Nous sommes ici sur la côte châlonnaise, dans le sud de la Bourgogne. Sous une robe jaune paille, on retrouve au nez les caractères inhérents au chardonnay, à savoir des notes de pain grillé, de vanille et de beurre. Celles-ci sont rejointes par des nuances minérales et de fruits à chair blanche. La bouche est croquante, très fruitée et munie d'une texture enveloppante. Des saveurs de pomme et de poire sont en évidence et s'accompagnent de flaveurs de chêne. Les notes de vanille et de beurre suivent.

Acidité • Corps : Frais • Moyennement corsé
Caractères : Fruits à chair blanche • Brioche
Température : Entre 8 et 10 °C

I.M.V. 64

Sauces	Cuissons	Plat 1	Plat 2	Fromages
Au beurre Fond de volaille Fumet de poisson	Grillé Poêlé Au four	Truite poêlée au beurre d'agrumes	Baluchon de brie aux poires	Pâte molle à croûte fleurie

Vins blancs entre 20 et 25 $

CHABLIS, SIMONNET-FEBVRE

★★★⌉

Producteur: Simonnet-Febvre
Appellation: Chablis
Pays: France

Millésime dégusté: 2009
Prix: 22,80 $
Code SAQ: 10864970

On reconnaît aisément les caractères typiques d'un chardonnay provenant du terroir unique de Chablis dans ce vin élaboré en cuve d'inox, sans apport de bois, pour la pureté du fruit. La robe est jaune paille avec des reflets verts. Son bouquet est nuancé, complexe et fin. On y perçoit des accents de pomme, de papaye et de fleurs ainsi que des notes minérales bien présentes. La bouche est structurée, ample, fraîche et grasse. Aux saveurs déjà détectées au nez s'ajoutent des goûts de beurre, de brioche et de champignons. Rien d'extravagant dans ce vin bien ficelé qui transpire le savoir-faire.

Acidité • Corps: Frais • Moyennement corsé
Caractères: Pomme • Minéral
Température: Entre 8 et 10 °C

I.M.V. 64

Sauces	Cuissons	Plat 1	Plat 2	Fromages
Aux champignons Au beurre Fumet de poisson	Poêlé Nature Bouilli	Assiette de coquillages au safran	Truite poêlée au beurre	Pâte molle à croûte fleurie

CHABLIS, SAINT-MARTIN

★★★⌉

Producteur: Domaine Laroche
Appellation: Chablis
Pays: France

Millésime dégusté: 2010
Prix: 23,95 $
Code SAQ: 114223

Mes notes de l'an passé sont en tous points semblables à celle de cette année. Ce chardonnay typique de la région chablisienne affiche une robe dorée assez profonde. Au nez, on perçoit des notes briochées, de beurre frais, de caramel et de citron, avec en filigrane des nuances minérales qui font la gloire des vins de cette appellation. Cela est dû, entre autres, au sol composé de coquilles fossilisées d'exogyra virgula (une variété de petite huître). La bouche est assez puissante, sapide et tout en rondeurs, surtout s'il est servi pas trop froid. Les accents perçus au nez reviennent nous charmer en bouche.

Acidité • Corps: Frais • Moyennement corsé
Caractères: Brioche • Citron
Température: Entre 9 et 11 °C

I.M.V. 64

Sauces	Cuissons	Plat 1	Plat 2	Fromages
Au beurre Au citron Fond de volaille	Poêlé Au four Bouilli	Filet de sole sauté au beurre	Crevettes à la tempura	Pâte molle à croûte fleurie

TASCH ⏱ 2012

🍇 FUMÉ BLANC, ROBERT MONDAVI WINERY   ★★★↗

$24.95

Producteur : Robert Mondavi Winery
Appellation : Napa Valley
Pays : États-Unis

Millésime dégusté : 2010
Prix : 24,05 $
Code SAQ : 221887

Ce blanc est toujours aussi droit, nuancé et complexe que les millésimes précédents. Loin des sauvignons vifs et souvent (trop ?) expressifs, celui-ci s'exprime avec une retenue contrôlée. Le fait qu'on y ait ajouté un peu de sémillon y est peut-être pour quelque chose. À noter aussi son élevage en barrique de chêne. Affichant une robe jaune pâle, il dévoile, au nez, des arômes de zeste de citron accompagnés d'effluves d'ananas, de vanille, de fleurs blanches, de pomme, de caramel, de fenouil et de bois. La bouche est fraîche, croustillante et texturée, le miroir du nez du point de vue gustatif.

Acidité · Corps : Frais · Moyennement corsé
Caractères : Fruits tropicaux · Vanille
Température : Entre 8 et 11 °C

I.M.V. 64

Sauces	Cuissons	Plat 1	Plat 2	Fromages
Au citron Au beurre Fumet de poisson	Au four Bouilli Poêlé	Pattes de crabe au beurre d'agrumes	Pétoncles grillés au beurre de vanille	Pâte molle à croûte fleurie

FUMÉ BLANC, CHÂTEAU ST-JEAN ★★★↗

Producteur : Château St-Jean
Appellation : Sonoma County
Pays : États-Unis

Millésime dégusté : 2010
Prix : 20,05 $
Code SAQ : 897199

Difficile de ne pas succomber aux charmes de ce blanc racé. Un sauvignon élevé en barrique, ce qui lui apporte plus de caractère. Le tout est très réussi. Doté d'une robe jaune vert, il dévoile un bouquet très aromatique, aux nuances dominantes d'agrumes et de fruits à chair blanche. On perçoit également des notes de bois ainsi que des odeurs minérales. La bouche est vive, mais sans excès, et texturée. Les saveurs de pomme dominent et s'accompagnent d'intonations de pamplemousse pour culminer sur des accents d'herbes fraîchement coupées, particulièrement en rétro-olfaction. Belle démonstration de puissance, d'équilibre et d'harmonie.

Acidité · Corps : Vif · assez corsé
Caractères : Agrumes · Pomme
Température : Entre 8 et 10 °C

I.M.V. 65

Sauces	Cuissons	Plat 1	Plat 2	Fromages
Aux agrumes Fumet de poisson Fond de volaille	Grillé Fumé Au four	Saumon fumé	Homard grillé, sauce au beurre d'agrumes	Chèvre

SAUVIGNON BLANC, TOHU

★★★

Producteur : Tohu Wines Ltd
Appellation : Marlborough
Pays : Nouvelle-Zélande

Millésime dégusté : 2010
Prix : 20,15 $
Code SAQ : 10826156

Les sauvignons blancs de la Nouvelle-Zélande, et tout particulièrement ceux de Marlborough, ont su se tailler une place de choix dans le cœur des consommateurs québécois. Celui-ci en charmera plus d'un. Affichant une robe jaune paille, il dévoile un nez expressif et nuancé livrant des arômes de fruits tropicaux, de pamplemousse et de buis ainsi que des nuances évoquant le chou-fleur. La bouche est ample, sapide et croustillante à souhait. On retrouve avec joie les intonations déjà perçues à l'olfaction, avec une dominance de fruits tropicaux. La finale révèle des flaveurs de foin coupé.

Acidité • Corps : Vif • Assez corsé
Caractères : Fruits tropicaux • Buis
Température : Entre 8 et 11 °C

I.M.V. 65

Sauces	Cuissons	Plat 1	Plat 2	Fromages
Fumet de poisson Aux fruits Nature	Mijoté Au four Poêlé	Pavé de saumon fumé, à l'unilatérale, salsa à la mangue	Mahi mahi au fenouil	Chèvre

PINOT GRIS, KING ESTATE

 22,65 292

★★★★

Producteur : King Estate
Appellation : Oregon
Pays : États-Unis

N/A

Millésime dégusté : ~~2010~~
Prix : 20,50 $
Code SAQ : 10353740

Ce pinot gris provenant de l'Oregon affiche un style empreint d'élégance. Un trait de caractère qu'on voit rarement chez les vins issus de ce cépage. À l'œil, il expose une robe jaune paille avec des reflets légèrement dorés. Le nez est assez aromatique. On y perçoit des notes de fruits tropicaux, de citron frais, de pomme aussi, ainsi que des nuances florales. La bouche est croustillante, ample et très fruitée. Les accents perçus à l'olfaction reviennent nous charmer et côtoient des saveurs de poire et de miel. À noter la longue finale soutenue, marquée par des flaveurs de citron. Très joli.

Acidité • Corps : Frais • Moyennement corsé
Caractères : Fruits tropicaux • Poire
Température : Entre 8 et 11 °C

I.M.V. 65

Sauces	Cuissons	Plat 1	Plat 2	Fromages
Aux fruits Fumet de poisson Au beurre	Mijoté Poêlé Au four	Crevettes sautées au beurre d'agrumes	Filet de truite, salsa à la mangue	Pâte molle à croûte lavée

TASCH

$22.30

🍇 CHARDONNAY, RIVERSTONE, L. LOHR, ARROYO SECO ★★★✦

Producteur: J. Lohr Vineyards and Wine
Appellation: Monterey County
Pays: États-Unis

Millésime dégusté: 2010
Prix: ~~20,65~~ $
Code SAQ: 10270434

Il y avait longtemps que je n'avais pas goûté à ce blanc, qui est tout à fait savoureux. Bien qu'il possède les caractères qu'on associe généralement aux chardonnays du Nouveau Monde, il plaira aussi aux fidèles de la Bourgogne. À l'œil, il affiche une robe jaune paille. Il dégage un riche et intense bouquet dominé par des notes de fruits tropicaux, de mangue et de melon surtout, associées à des nuances de pain grillé, ainsi que des inflexions de bois neuf. La bouche est ample, fraîche, riche, sapide et texturée. Aux nuances détectées au nez s'ajoutent des saveurs de beurre et de bonbon anglais.

Acidité · Corps: Frais · Assez corsé
Caractères: Fruits tropicaux · Pain grillé
Température: Entre 8 et 10 °C

I.M.V. 65

Sauces	Cuissons	Plat 1	Plat 2	Fromages
Au beurre Fond de volaille Aux fruits	Grillé Poêlé Au four	Gambas grillées à la plancha	Saumon aux champignons en croûte	Pâte molle à croûte lavée

SAUVIGNON BLANC, KIM CRAWFORD ★★★✦

Producteur: Kim Crawford Wines
Appellation: Marlborough
Pays: Nouvelle-Zélande

Millésime dégusté: 2011
Prix: 20,05 $
Code SAQ: 10327701

Archétype de sauvignon blanc de la Nouvelle-Zélande, ce blanc expressif à souhait ne laisse personne indifférent. Pas étonnant qu'il soit l'un des vins à base de ce cépage les plus populaires auprès des Québécois. Sous une robe jaune-vert, il dévoile au nez un bouquet exubérant d'où émanent des notes de pamplemousse rose, de lime, d'ananas et de bourgeon de cassis. La bouche est vive et très goûteuse. Les nuances perçues à l'olfaction se reflètent en bouche. À noter l'harmonie des saveurs. De plus, l'équilibre entre la puissance des arômes et le moelleux le rend totalement irrésistible.

Acidité · Corps: Vif · Assez corsé
Caractères: Agrumes · Ananas
Température: Entre 8 et 11 °C

I.M.V. 66

Sauces	Cuissons	Plat 1	Plat 2	Fromages
Aux fruits Fumet de poisson Au vin blanc	Mijoté Poêlé Au four	Filet de morue poêlé, à la grenobloise	Saumon cuit à l'unilatérale, sauce au fenouil	Chèvre

BÉTHANIE

★★★↗

Producteur: Arbois
Appellation: Arbois
Pays: France

Millésime dégusté: 2007
Prix: 22,05 $
Code SAQ: 918383

Voici un vin unique, totalement différent de la majorité des produits qu'on trouve sur le marché. Élaboré à base de chardonnay pour 60 % de l'assemblage et de savagnin pour 40 %. Ce blanc a subi un élevage sous voile qui lui donne des airs de vin jaune. La robe est jaune dorée, assez profonde. Le nez est explosif et très complexe. Vin très typique du Jura avec ses notes de rancio et d'oxydation, de noisette, d'éther, de figue, de miel, etc. La bouche est ample, corsée et très goûteuse avec une bonne acidité. Fidèle à l'olfaction. Il faut toutefois aimer ce genre de produit.

Acidité • Corps: Vif • Corsé
Caractères: Noisette • Figue
Température: Entre 8 et 11 °C

I.M.V. 70

Sauces	Cuissons	Plat 1	Plat 2	Fromages
Fond de volaille Au vin blanc Fumet de poisson	Mijoté Poêlé Au four	Boudin blanc	Coq au vin jaune	Pâte molle à croûte lavée

BOURGOGNE, PINOT NOIR, LOUIS LATOUR ★★★↗

Producteur : Louis Latour
Appellation : Bourgogne
Pays : France

Millésime dégusté : 2009
Prix : 20,40 $
Code SAQ : 973214

Certainement un des meilleurs bourgognes génériques sur le marché que ce pinot élaboré par une maison qui a le souci du travail bien fait. Il comblera à coup sûr l'amateur de vin « à la bourguignonne ». Doté d'une robe rubis moyennement profonde, il dévoile au nez un agréable bouquet d'où émanent des parfums de petits fruits rouges confits et de pain d'épices ainsi que des nuances végétales en toile de fond. La bouche est fraîche, sapide à souhait et dotée de tannins fins. On retrouve avec joie les accents perçus au nez, particulièrement les notes de petites baies rouges.

Tannins · Corps : Fins · Léger
Caractères : Baies rouges · Épices
Température : Entre 14 et 16 °C

I. M. V. 84

Sauces	Cuissons	Plat 1	Plat 2	Fromages
Aux herbes Fond de veau Aux fruits	Mijoté Au four Nature	Tartare de bœuf	Filet de porc aux herbes fraîches	Pâte pressée non cuite

PINOT NOIR, SHERWOOD ★★★

Producteur : Sherwood Estate Winery Ltd
Appellation : Marlborough
Pays : Nouvelle-Zélande

Millésime dégusté : 2010
Prix : 20,40 $
Code SAQ : 10384061

Un copié-collé de mes notes de l'an dernier pour ce pinot qui fait le pont entre les styles Nouveau Monde et bourguignon. Il est doté d'une robe rubis peu profonde. À l'olfaction, il dévoile un bouquet fin et nuancé dominé par des odeurs de cerise confite, de cassis et d'épices douces, appuyées par des arômes de sous-bois et de chêne neuf. La bouche est ronde, fraîche et sapide, avec une trame tannique tout en dentelle sans être dénuée de structure. Les saveurs de cerise dominent le milieu de bouche et s'accompagnent d'agréables flaveurs de pain d'épices et de sous-bois en finale.

Tannins · Corps : Souples · Léger
Caractères : Baies des champs · Épices
Température : Entre 14 et 17 °C

I. M. V. 84

Sauces	Cuissons	Plat 1	Plat 2	Fromages
Aux fruits Aux épices douces Fond de veau	Mijoté Au four Poêlé	Filet de porc à la forestière	Lapin aux griottes	Pâte molle à croûte brossée

BROUILLY, HENRY FESSY ★★★⸝

Producteur : Henry Fessy
Appellation : Brouilly
Pays : France

Millésime dégusté : 2009
Prix : 20,60 $
Code SAQ : 11589842

Je ne connaissais pas ce producteur avant de goûter à ses deux cuvées disponibles à la SAQ. Élaborant ses vins à la bourguignonne, avec un élevage en barrique, il fait chanter le terroir et le gamay comme peu de gens savent le faire. À l'œil, ce vin affiche une robe rubis assez claire. Le nez dévoile un bouquet subtil et nuancé, marqué par des intonations de confiserie, de baies rouges et d'épices douces. La bouche est sapide, fraîche, dotée de tannins souples mais présents. Fidèle aux accents perçus à l'olfaction, ce rouge fera taire tous les dénigreurs des vins du Beaujolais.

Tannins · Corps : Souples · Léger +
Caractères : Baies rouges · Épices douces
Température : Entre 14 et 16 °C

I.M.V. 84

Sauces	Cuissons	Plat 1	Plat 2	Fromages
Au vin rouge Au jus Aux fruits	Mijoté Au four Poêlé	Assiette de charcuteries	Longe de porc aux champignons	Pâte molle à croûte fleurie

PINOT NOIR, SANTA BARBARA ★★★

Producteur : Santa Barbara Wine Company
Appellation : California
Pays : États-Unis

Millésime dégusté : 2009
Prix : 20,95 $
Code SAQ : 11372838

À mi-chemin entre les styles bourguignon et Nouveau Monde, ce rouge racé et élégant ravira les amateurs de ce cépage légendaire. Affichant une robe rubis aux reflets violacés, il dévoile un bouquet assez expressif où priment des notes de confiserie, de cerise, d'épices et de sucre d'orge. La bouche est ample, gourmande, dotée de tannins souples mais présents. À noter aussi son agréable fraîcheur. La cerise domine l'ensemble, en compagnie de notes d'épices en milieu de bouche. Viennent ensuite des nuances boisées s'intégrant bien à l'ensemble. De plus, la finale est longue et savoureuse. Excellent rapport qualité-prix.

Tannins · Corps : Souples · Léger
Caractères : Cerise · Épices
Température : Entre 14 et 16 °C

I.M.V. 84

Sauces	Cuissons	Plat 1	Plat 2	Fromages
Aux fruits Au jus Fond de veau	Mijoté Poêlé Au four	Lapin aux griottes	Blanquette de volaille à l'ancienne	Pâte molle à croûte lavée

PINOT NOIR, KIM CRAWFORD

★★★✔

Producteur : Kim Crawford Wines Ltd
Appellation : Marlborough
Pays : Nouvelle-Zélande

Millésime dégusté : 2010
Prix : 21,95 $
Code SAQ : 10754244

Il y a quelque chose dans ce vin qui ne laisse personne indifférent. Opulent, séduisant, fin, savoureux, toutes ces qualités sont omniprésentes dans ce rouge à la personnalité assumée. À l'œil, il dévoile une robe rubis moyennement profonde. Au nez, il présente un profil aromatique dominé par le fruit. Des nuances de framboise, de prune et de cerise sont aisément détectées au premier nez. On perçoit aussi des notes d'épices douces. La bouche est très sapide, dotée de tannins souples mais présents. Aux accents déjà identifiés à l'olfaction s'ajoutent des nuances de prune. La finale s'achève sur des flaveurs d'épices.

Tannins · Corps : Souples · Léger +
Caractères : Fruits rouges · Épices douces
Température : Entre 14 et 17 °C

I. M. V. **85**

Sauces	Cuissons	Plat 1	Plat 2	Fromages
Aux fruits Fond de veau Fond de volaille	Mijoté Au four Grillé	Lapin braisé à l'ancienne	Longe de porc aux épices douces	Pâte molle à croûte fleurie

MOULIN-À-VENT, HENRY FESSY

★★★✔

Producteur : Henry Fessy
Appellation : Moulin-à-Vent
Pays : France

Millésime dégusté : 2009
Prix : 22,45 $
Code SAQ : 11589818

À mille lieues du beaujolais nouveau, ce rouge bien ficelé est issu de vieilles vignes de gamay ayant plus de 50 ans. Il pinote, c'est-à-dire qu'il possède les caractéristiques normalement attribuées au pinot noir. Sous une robe pourpre moyennement profonde, un bouquet délicat et nuancé s'offre à nous. On perçoit des notes de fruits noirs et rouges, des accents de confiserie ainsi que des odeurs évoquant le terroir. La bouche est suave et ronde, avec de beaux tannins souples, mais avec suffisamment de caractère. Les intonations perçues au nez reviennent occuper le palais. Le tout baignant dans l'harmonie la plus totale.

Tannins · Corps : Souples · Moyennement corsé
Caractères : Fruits rouges et noirs · Confiserie
Température : Entre 15 et 17 °C

I. M. V. **86**

Sauces	Cuissons	Plat 1	Plat 2	Fromages
Aux fruits Fond de veau Aux champignons	Mijoté Au four Poêlé	Filet de veau aux truffes	Lapin aux griottes	Pâte pressée non cuite

Vins rouges entre 20 et 25 $

PINOT NOIR, OYSTER BAY

★★★⭑

Producteur: Oyster Bay Wines
Appellation: Marlborough
Pays: Nouvelle-Zélande

Millésime dégusté: 2010
Prix: 21,90 $
Code SAQ: 10826105

Difficile de ne pas succomber aux charmes de ce pinot typiquement néo-zélandais, expressif à souhait et totalement Nouveau Monde, ce qui, pour plusieurs, est une qualité. La robe est de couleur rubis, claire et moyennement profonde. À l'olfaction, on discerne aisément des notes de cerise, de baies des champs et de figue qui se jouxtent à des effluves d'épices et à des notes de bois torréfié. La bouche est particulièrement gourmande et fraîche, avec une trame tannique délicate, mais non dénuée de substance. On y perçoit une belle présence du fruit, et il est muni d'une texture ample et enveloppante.

Tannins · Corps: Souples · Léger +
Caractères: Cerise · Épices
Température: Entre 14 et 17 °C

I.M.V. 87

Sauces	Cuissons	Plat 1	Plat 2	Fromages
Aux fruits Fond de veau Au vin rouge	Mijoté Au four Grillé	Coq au vin	Cuisseau de lapin aux griottes	Pâte molle à croûte lavée

SASYR, SANGIOVESE & SYRAH

★★★

Producteur: Rocca delle Macie SPA
Appellation: Toscana
Pays: Italie

Millésime dégusté: 2008
Prix: 20,00 $
Code SAQ: 11203410

Sasyr est la contraction de sangiovese et syrah. La provenance des raisins est de Maremma, région côtière située en Toscane. À l'œil, ce rouge affiche une robe pourpre assez dense. Au nez, il est très aromatique. On y perçoit des notes bien définies de framboise fraîche, de mûre aussi, ainsi que des accents de terroir. La bouche se révèle très sapide, ronde, avec des tannins bien en chair. À noter son agréable fraîcheur. Les saveurs de baies des champs occupent la majorité du palais et demeurent suspendues un bon moment avant de fondre. La framboise revient en rétro-olfaction.

Tannins · Corps: Charnus · Moyennement corsé
Caractères: Baies des champs · Sous-bois
Température: Entre 15 et 17 °C

I.M.V. 88

Sauces	Cuissons	Plat 1	Plat 2	Fromages
Aux fruits Fond de veau Aux tomates	Au four Mijoté Poêlé	Cannellonis farcis au veau, sauce aux tomates	Longe de cerf aux baies sauvages	Pâte pressée

CABERNET SAUVIGNON, GENESIS

★★★✦

Producteur : Hogue Cellars Wine
Appellation : Columbia Valley
Pays : États-Unis

Millésime dégusté : 2007
Prix : 20,05 $
Code SAQ : 11036519

Ce rouge originaire de l'État de Washington m'est apparu fort bien ficelé. Goûté lors d'une dégustation comparative de cabernets d'origines diverses, il s'est démarqué par sa structure et son côté expressif. Affichant une robe cerise noire, il déploie un intense bouquet à ascendance de notes de bois, juxtaposées à des nuances de fruits à noyau, ainsi que des intonations rappelant le moka. La bouche se révèle d'une bonne ampleur, avec des tannins soyeux mais présents. La prune et les saveurs de moka occupent le palais sans faire de quartier. De plus, la finale est longue et savoureuse.

Tannins · Corps : Charnus · Moyennement corsé
Caractères : Boisé · Fruits à noyau
Température : Entre 15 et 17 °C

I.M.V. 88

Sauces	Cuissons	Plat 1	Plat 2	Fromages
Au vin rouge Fond de veau Aux fruits	Mijoté Au four Poêlé	Filet de veau aux champignons	Brochette de porc au poivre vert	Pâte pressée

LA TOTA

★★★✦

Producteur : Azienda Agricola Marchesi Alfieri
Appellation : Barbera d'Asti
Pays : Italie

Millésime dégusté : 2009
Prix : 23,80 $
Code SAQ : 978692

On perçoit aisément le goût de l'Italie dans ce barbera d'Asti typique. Sous une belle robe rubis, dense et assez profonde, on découvre un bouquet aromatique marqué par des notes de prune, de cassis, de café, d'épices et de confiserie. En filigrane, on perçoit aussi des nuances de bois et de fleurs. La bouche est ample, gourmande, avec une trame tannique reposant sur des assises solides mais sans aucune lourdeur. Très axée sur le fruit, la bouche nous offre des notes de baies rouges et de cerise à l'eau-de-vie ainsi que des saveurs d'épices douces. Les goûts demeurent longtemps présents dans le palais.

Tannins · Corps : Charnus · Moyennement corsé
Caractères : Baies rouges · Épices
Température : Entre 14 et 16 °C

I.M.V. 88

Sauces	Cuissons	Plat 1	Plat 2	Fromages
Aux tomates Fond de veau Aux champignons	Au four Mijoté Poêlé	Lasagne à la viande	Filet d'épaule de bœuf au jus	Pâte pressée

TASCH,

🍷 CHÂTEAU PICORON

_$20.45_ ★★★↗

Producteur : SCEA Vignobles Bardet
Appellation : Côtes de Castillon
Pays : France

Millésime dégusté : 2010
Prix : ~~20,20 $~~
Code SAQ : 11133263

Les vins de côtes, comme on les appelle, ont souvent la réputation d'être un peu mièvres, surtout quand on les compare aux vins produits de l'autre côté de la Gironde. Celui-ci, fait de 96 % de merlot et de 4 % de cabernet franc, est l'exception qui confirme la règle. Exhibant une robe foncée, il dévoile un nez aromatique dominé par des nuances de prune, de myrtille, de violette, de poivron et de réglisse ainsi que des notes mentholées. La bouche est charnue, sapide, avec des tannins en chair. Les saveurs déjà perçues à l'olfaction reviennent nous charmer. Assez long.

Tannins • Corps : Charnus • Assez corsé
Caractères : Myrtille • Sous-bois
Température : Entre 16 et 18 °C

I.M.V. 89

Sauces	Cuissons	Plat 1	Plat 2	Fromages
Au vin rouge Fond de veau Aux champignons	Poêlé Grillé Au four	Magret de canard aux mûres	Longe d'agneau aux champignons	Pâte pressée

ST-LAM (LAURIER BOUC)

🍷 GRENACHE, YALUMBA, BUSH VINE

_19.95_   _2013_ ★★★↗

Producteur : Yalumba Wines
Appellation : Barossa
Pays : Australie

Millésime dégusté : ~~2010~~
Prix : ~~20,20 $~~
Code SAQ : 902353

Le charme de l'Australie, du terroir de Barossa tout particulièrement, est mis en évidence dans ce vin qui ne laisse personne indifférent. Dans le style rhodanien, mais avec une identité propre de ce coin de pays situé aux antipodes de chez nous. À l'œil, il affiche une robe rubis assez profonde. Le nez dévoile des notes bien appuyées de fruits à noyau, juxtaposées à des nuances de baies des champs, d'épices et de confiserie. La bouche est riche, costaude et soyeuse à la fois. Les saveurs détectées sont en tous points fidèles aux arômes perçus à l'olfaction. Longue finale soutenue.

Tannins • Corps : Charnus • Assez corsé
Caractères : Fruits rouges et noirs • Épices
Température : Entre 15 et 17 °C

I.M.V. 89

Sauces	Cuissons	Plat 1	Plat 2	Fromages
Aux fruits Fond de veau Au vin rouge	Au four Poêlé Mijoté	Carré de porc, sauce au porto	Mignon de bœuf, sauce au vin rouge	Pâte pressée

CAIRANNE, ANTIQUE ★★★⌁

Producteur : Camille Cayran
Appellation : Côtes du Rhône Villages
Pays : France

Millésime dégusté : 2007
Prix : 20,35 $
Code SAQ : 726984

Voici un rouge fort intéressant que celui-là. Un bon vin, pour autant qu'on aime les vins où le bois est bien présent. À l'œil, il affiche une robe rubis avec des reflets orangés. Le nez, expressif, est marqué par des notes bien appuyées de cèdre et de garrigue. En arrière-plan, on discerne des nuances de baies des champs et de cerise. La bouche est sapide, avec des tannins présents mais sans lourdeur. À noter également son agréable acidité. Les saveurs boisées accompagnent les notes de fruits. Suivent ensuite des flaveurs de garrigue. De plus, la finale est longue et soutenue.

Tannins · Corps : Charnus · Assez corsé
Caractères : Bois neuf · Garrigue
Température : Entre 16 et 18 °C

I.M.V. 89

Sauces	Cuissons	Plat 1	Plat 2	Fromages
Fond de gibier Au vin rouge Aux herbes	Poêlé Au four Grillé	Côtelettes d'agneau à l'ail et au romarin	Magret de canard au cassis	Pâte pressée

ST-LAM (BOUL LABRIRÉ) 2011

MAS DES CHIMÈRES, TERRASSES DU LARZAC $2,15 ★★★⌁

Producteur : Mas des Chimères
Appellation : Coteaux du Languedoc
Pays : France

Millésime dégusté : 2009
Prix : 20,35 $
Code SAQ : 863159

Difficile de ne pas aimer ce vin de soleil aux intonations assumées du sud de la France. Doté d'une robe foncée dense et profonde, il offre un bouquet riche et complexe, aux accents vivifiants de baies des champs bien mûres, de réglisse noire et de garrigue. La bouche est savoureuse à souhait, munie de tannins bien présents, ample et généreuse. Les saveurs de fruits bien mûrs, comme le cassis et la myrtille, s'expriment avec aplomb et demeurent suspendues un long moment avant de s'étioler. Un passage en carafe révélera des arômes insoupçonnés, en plus d'arrondir ses tannins.

Tannins · Corps : Charnus · Corsé
Caractères : Baies des champs · Garrigue
Température : Entre 14 et 16 °C

I.M.V. 89

Sauces	Cuissons	Plat 1	Plat 2	Fromages
Aux fruits Fond de veau Au vin rouge	Au four Grillé Poêlé	Magret de canard au cassis	Côte de cerf aux herbes de Provence	Pâte pressée

PETITE SIRAH, BOGLE

★★★

Producteur: Bogle Vineyards
Appellation: California
Pays: États-Unis

Millésime dégusté: 2009
Prix: 21,20 $
Code SAQ: 11462462

On connaît peu ce cépage originaire du sud de la France, qui porte le nom de durif dans la vieille Europe. Doté d'une robe dense et foncée, ce vin offre une palette aromatique variée et intense. On perçoit des nuances de cerise et de prune ainsi que des notes de chocolat noir et d'épices. La bouche est gourmande, presque grasse, avec des tannins présents et une légère amertume en milieu de bouche, mais sans que ce soit désagréable. Fidèle aux accents perçus à l'olfaction, mais c'est surtout les notes de cerise confite qui dominent le palais, demeurant en suspens un long moment avant de se fondre.

Tannins • Corps: Charnus • Assez corsé
Caractères: Fruits rouges et noirs • Chocolat
Température: Entre 14 et 16 °C

I.M.V. 89

Sauces	Cuissons	Plat 1	Plat 2	Fromages
Fond de gibier Au vin rouge Aux épices	Grillé Au four Poêlé	Carré d'agneau aux herbes	Contre-filet de bœuf aux épices barbecue	Pâte pressée

SHIRAZ, BLOODSTONE

★★★⌐

Producteur: Bemtree Vineyards
Appellation: McLaren Vale
Pays: Australie

Millésime dégusté: 2009
Prix: 21,35 $
Code SAQ: 11368901

Un peu moins cher que son grand frère, le Shiraz Uncut, mais presque aussi plaisant à boire. Affichant une robe dense et profonde, le nez est aromatique, dominé par d'intenses notes de figue, de fruits noirs confits, d'épices et de chocolat noir. La bouche est juteuse, bien équilibrée et munie d'une bonne allonge, avec des tannins bien présents, dotés d'un agréable côté soyeux. Des flaveurs de prune se greffent à l'ensemble constitué de notes de baies confites, d'épices et de chocolat noir. On sent, dans ce vin doté d'une belle finesse, une certaine opulence, mais aussi une certaine retenue.

Tannins • Corps: Souples • Assez corsé
Caractères: Fruits noirs confits • Épices
Température: Entre 14 et 16 °C

I.M.V. 89

Sauces	Cuissons	Plat 1	Plat 2	Fromages
Aux fruits Fond de veau Fond de gibier	Au four Poêlé Grillé	Côtelettes d'agneau aux herbes	Confit de canard aux baies des champs	Pâte pressée

TASCH
π S1-Lam

❤ **SHIRAZ-VIOGNIER, YALUMBA**

$21.95 ★★★✦ 2010

Producteur : Yalumba Wines
Appellation : Barossa
Pays : Australie

Millésime dégusté : ~~2008~~
Prix : ~~21,35~~ $
Code SAQ : 524926

J'ai toujours eu un faible pour ce pastiche, bien réussi, de Côte-Rôtie. Issu de vieilles vignes de shiraz âgées de 30 à 50 ans et vieilli en fûts pendant 12 mois. Il en résulte un vin à la robe rubis avec des reflets violacés, assez profonde. Au nez, il est expressif, dominé par des notes bien appuyées de baies rouges et noires, de vanille, de bois et d'épices. La bouche se révèle d'une bonne ampleur, avec une trame tannique bien constituée tout en affichant une agréable souplesse. Aux accents déjà détectés à l'olfaction s'ajoutent d'agréables saveurs de moka. Bien fait.

Tannins • Corps : Souples • Moyennement corsé
Caractères : Fruits rouges et noirs • Boisé
Température : Entre 15 et 18 °C

I. M. V. 89

Sauces	Cuissons	Plat 1	Plat 2	Fromages
Fond de veau Fond de gibier Au poivre	Poêlé Au four Grillé	Filet de bœuf au poivre long	Magret de canard aux baies des champs	Pâte pressée

CABERNET/MERLOT, GREG NORMAN

★★★✦

Producteur : Greg Norman Estate
Appellation : Limestone Coast
Pays : États-Unis

Millésime dégusté : 2009
Prix : 22,95 $
Code SAQ : 552075

Le requin blanc est une figure de proue dans le monde du vin. Il étend ses tentacules des terres australes jusqu'en Californie. Ce vin est un bel exemple de la richesse de son portfolio. Doté d'une robe assez dense et profonde, ce rouge dévoile un riche bouquet dominé par des nuances de baies des champs ainsi que des notes d'épices, de bois, de tabac et de réglisse. La bouche est sapide, avec des tanins présents, mais souples. Le tout avec une certaine retenue bien contrôlée, mais d'une efficacité redoutable. Les saveurs détectées au nez sont aisément détectables. La finale s'étire sur plusieurs caudalies.

Tannins • Corps : Charnus • Assez corsé
Caractères : Baies des champs • Épices
Température : Entre 14 et 16 °C

I. M. V. 89

Sauces	Cuissons	Plat 1	Plat 2	Fromages
Demi-glace Fond de veau Au vin rouge	Poêlé Au four Grillé	Duo de canard aux baies des champs	Carré d'agneau au thym et au romarin	Pâte pressée

ROCCA DELLE MACIE, RISERVA ★★★↓

Producteur : Rocca delle Macie SPA
Appellation : Chianti Classico
Pays : Italie

Millésime dégusté : 2006
Prix : 23,55 $
Code SAQ : 10324543

Ce vin s'est distingué lors d'une dégustation à l'aveugle où il est nettement sorti du lot par rapport à d'autres produits aux prix comparables. À l'œil, il est doté d'une robe rubis aux reflets légèrement orangés. Au nez, on sent la finesse du vin. Des odeurs bien définies de cassis, de prune et de confiserie sont aisément détectables. On discerne également des notes de bois bien intégrées à l'ensemble. La bouche est ample, structurée, avec de beaux tannins et une agréable acidité. Les saveurs de prune, de mûre et de cerise nous donnent l'impression de croquer dans un fruit frais.

Tannins · Corps : Charnus · Assez corsé
Caractères : Fruits rouges et noirs · Boisé
Température : Entre 16 et 18 °C

I.M.V. 89

Sauces	Cuissons	Plat 1	Plat 2	Fromages
Fond de veau Aux tomates Demi-glace	Au four Poêlé Grillé	Boeuf à la toscane	Magret de canard aux champignons sauvages	Pâte pressée

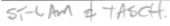

ST-LAM & TASCH.

🍷 VILLA ANTINORI 24↓ ★★★↓

Producteur : Marchesi Antinori SRL
Appellation : I.G.T. Toscana
Pays : Italie

Millésime dégusté : 2008
Prix : 23,95 $
Code SAQ : 10251348

Les années se succèdent et ce rouge est toujours aussi délectable. Il n'a pas son pareil quant au rapport qualité-prix-plaisir. Il est élaboré à base de sangiovese (55 %), de cabernet sauvignon (25 %), de merlot (15 %) et de syrah (5 %). À l'œil, il affiche une robe rubis assez profonde. Le bouquet qui s'en dégage est aromatique, fin et complexe. Des accents de cassis, de café torréfié, de violette et de bois se côtoient en harmonie. La bouche est ample, avec de beaux tannins en chair, mais sans lourdeur et avec un agréable côté soyeux. Fidèle à l'olfaction, la finale est longue et soutenue.

Tannins · Corps : Charnus · Assez corsé
Caractères : Cassis · Boisé
Température : Entre 16 et 18 °C

I.M.V. 89

Sauces	Cuissons	Plat 1	Plat 2	Fromages
Fond de veau Aux champignons Demi-glace	Au four Poêlé Grillé	Magret de canard aux champignons sauvages	Filet mignon, sauce au vin rouge et au chèvre fondu	Pâte pressée

CABERNET SAUVIGNON, GRAN CORONAS ★★★⟩

Producteur : Miguel Torres
Appellation : Penedès
Pays : Espagne

Millésime dégusté : 2007
Prix : 20,05 $
Code SAQ : 36483

C'est le genre de produit dont on ne se lasse jamais. Il est toujours bien ficelé, savoureux, viril et élégant à la fois. Quinze pour cent de tempranillo donnent à ce cabernet une touche résolument espagnole. Arborant une robe rubis, assez profonde, il dévoile un bouquet éloquent dominé par des nuances boisées, juxtaposées à des intonations de baies des champs, de cerise et de vanille. La bouche est ample, avec une trame tannique bien en chair et un grain soyeux. Les saveurs de prune et de cerise s'expriment d'emblée, rejointes ensuite par des nuances d'épices. La finale s'étire sur plusieurs caudalies.

Tannins · Corps : Charnus · Assez corsé
Caractères : Boisé · Baies des champs
Température : Entre 16 et 18 °C   **I. M. V.** **90**

Sauces	Cuissons	Plat 1	Plat 2	Fromages
Fond de gibier Fond de veau Au vin rouge	Poêlé Grillé Au four	Poire de bison au vin rouge	Entrecôte de bœuf, sauce au poivre	Pâte pressée

SHIRAZ, WAKEFIELD ★★★⟩

Producteur : Wakefield Wines
Appellation : Clare Valley
Pays : Australie

Millésime dégusté : 2008
Prix : 20,15 $
Code SAQ : 11459386

Difficile de ne pas aimer ce vin riche et concentré, à la fois charmeur et complexe. Arborant une robe dense et profonde, il déploie un bouquet expressif où l'emportent les notes bien appuyées de baies des champs confites, de cassis surtout, associées à des nuances de violette, de sous-bois et de chêne. La bouche est ample, charnue, gourmande et séduisante. Les tannins sont bien en chair. Fidèle aux accents perçus à l'olfaction, avec une dominance de baies des champs. Des saveurs de moka se greffent à l'ensemble. On perçoit aussi des flaveurs de prune et de cerise en rétro.

Tannins · Corps : Charnus · Corsé
Caractères : Baies des champs · Boisé
Température : Entre 16 et 18 °C   **I. M. V.** **90**

Sauces	Cuissons	Plat 1	Plat 2	Fromages
Fond de gibier Au vin rouge Demi-glace	Grillé Poêlé Barbecue	Bœuf d'aloyau sur le gril	Côtelettes d'agneau aux herbes	Pâte pressée cuite

CABERNET SAUVIGNON, KATNOOK, FOUNDER'S BLOCK ★★★✦

Producteur: Katnook Estate
Appellation: Coonawarra
Pays: Australie

Millésime dégusté: 2009
Prix: 20,35 $
Code SAQ: 10831351

Voici un vin qui ne manque pas de personnalité. Il est direct, franc et s'exprime avec aplomb. Un peu carré à l'ouverture, quelques minutes d'aération lui ont permis de déployer un peu de finesse. Sous une robe pourpre assez dense, on perçoit un bouquet aromatique d'où émanent des odeurs de violette, de poivron et de cassis. Des accents d'eucalyptus se greffent à l'ensemble, ainsi que des nuances d'épices et de bois torréfié. La bouche est ample, structurée, avec une trame tannique bien bâtie. Les intonations perçues à l'olfaction se reflètent en bouche. La finale est marquée par des flaveurs de chêne.

Tannins • Corps: Charnus • Corsé
Caractères: Cassis • Boisé
Température: Entre 16 et 18 °C

I.M.V. 90

Sauces	Cuissons	Plat 1	Plat 2	Fromages
Au vin rouge Fond de gibier Aux poivrons	Grillé Au four Poêlé	Côtelettes d'agneau grillées au thym	Longe de caribou au vin rouge	Pâte pressée cuite

SHIRAZ, PETER LEHMANN ★★★✦

Producteur: Peter Lehmann Wines
Appellation: Barossa
Pays: Australie

Millésime dégusté: 2009
Prix: 20,35 $
Code SAQ: 10829031

Voici un shiraz typiquement australien, avec passablement de chair et très fruité. La robe est rouge très foncé et profonde. Au nez, on perçoit un riche bouquet d'où émanent des notes bien appuyées de baies noires confites, de prune et de chocolat ainsi que des nuances de bois s'intégrant bien à l'ensemble. La bouche est charnue, ample, chaleureuse et texturée, avec une trame tannique reposant sur des assises solides. Les saveurs de fruits occupent la majeure partie du palais. Des flaveurs d'épices et de bois suivent. À noter aussi le bel équilibre et l'agréable harmonie des saveurs.

Tannins • Corps: Charnus • Assez corsé
Caractères: Baies rouges • Épices
Température: Entre 15 et 16 °C

I.M.V. 90

Sauces	Cuissons	Plat 1	Plat 2	Fromages
Fond de gibier Au poivre Au porto	Au four Poêlé Grillé	Magret de canard au porto	Carré d'agneau au thym et au romarin	Pâte pressée

CHÂTEAU GRAND LAUNAY, RÉSERVE LION NOIR ★★★

Producteur : Pierre Henri Cosyns
Appellation : Côtes de Bourg
Pays : France

Millésime dégusté : 2009
Prix : 20,60 $
Code SAQ : 851386

Un vin issu de l'agriculture biologique, certifié ECOCERT. Il est élaboré à base de merlot, de cabernets sauvignon et franc ainsi que de malbec. Il en résulte un vin à la robe rubis assez profonde. À l'olfaction, il dévoile un intense bouquet où priment des notes de cassis, de prune, de violette et de terre, avec, en filigrane, des nuances de vanille et de bois. La bouche est charnue, avec une trame tannique qui se tient bien droite et beaucoup de fruits. Le cassis et la prune reviennent nous charmer. La finale nous laisse sur des accents évoquant le terroir.

Tannins • Corps : Charnus • Assez corsé
Caractères : Cassis • Terre
Température : Entre 16 et 18 °C   **I.M.V.** 90

Sauces	Cuissons	Plat 1	Plat 2	Fromages
Au vin rouge Fond de veau Aux champignons	Au four Poêlé Grillé	Magret de canard aux champignons sauvages	Filet de bœuf au bleu	Pâte pressée

CELESTE ★★★⁄

Producteur : Miguel Torres
Appellation : Ribera del Duero
Pays : Espagne

Millésime dégusté : 2008
Prix : 21,00 $
Code SAQ : 10461679

Cette incursion dans la vallée du Duero du catalan Miguel Torres est toujours très réussie. Son nom tire son origine du fait que la cueillette se fait la nuit, sous un ciel étoilé. Il en résulte un vin riche, dense et concentré au fruité assumé et résolument savoureux. À l'œil, il affiche une robe rubis, dense et profonde. Son intense bouquet dévoile des notes de baies rouges et noires bien mûres, de réglisse aussi, ainsi que des odeurs de cuir, de bois et d'épices. L'opulence est au rendez-vous en bouche, avec une trame tannique bien constituée et beaucoup de fruits. On en redemande.

Tannins • Corps : Tannique • Assez corsé
Caractères : Baies des champs • Boisé
Température : Entre 16 et 18 °C   **I.M.V.** 90

Sauces	Cuissons	Plat 1	Plat 2	Fromages
Fond de gibier Demi-glace Fond de veau	Grillé Poêlé Au four	Gigot d'agneau à l'ail et au romarin	Côte de cerf aux champignons sauvages	Pâte pressée

🍇 SHIRAZ, REDSTONE   ★★★♪

Producteur: Coriole Vineyards
Appellation: McLaren Vale
Pays: Australie

Millésime dégusté: 2009
Prix: 21,60 $
Code SAQ: 10831300

Ce vin élaboré à base de 90 % de shiraz et de 10 % de cabernet sauvignon n'a rien en commun avec certains vins un peu bonbon issus de ce cépage qui nous proviennent de l'Australie. Sous une robe rubis, dense et foncée, on perçoit un riche bouquet d'où émanent des accents de mûre et de prune ainsi que des nuances de chêne et de sous-bois. On discerne également des accents de réglisse en toile de fond. La bouche est charnue, dotée d'une trame tannique reposant sur des assises solidement implantées. Fidèle aux intonations perçues à l'olfaction, il est doté d'une longue et savoureuse finale.

Tannins • Corps: Charnus • Bien corsé
Caractères: Baies noires • Sous-bois
Température: Entre 16 et 18 °C   **I.M.V.** 90

Sauces	Cuissons	Plat 1	Plat 2	Fromages
Fond de gibier	Grillé	Côte de cerf	Magret de	Pâte pressée
Au vin rouge	Poêlé	aux baies	canard au	
Aux fruits	Au four	des champs	vin rouge	

🍇 CHÂTEAU PEY LA TOUR, RÉSERVE DU CHÂTEAU   ★★★

Producteur: Vins et Vignobles Dourthe
Appellation: Bordeaux Supérieur
Pays: France

Millésime dégusté: 2009
Prix: 22,40 $
Code SAQ: 442392

Ce rouge, élaboré avec soin, est sans contredit un des meilleurs achats de sa catégorie. Composé presque exclusivement de merlot, il est complété par un faible pourcentage de petit verdot. Sous une robe rubis, dense et profonde, on découvre un bouquet très expressif dominé par des accents de prune, de cassis, de violette et d'épices juxtaposées à des effluves de bois neuf et de fumée. La bouche est ample, structurée et très goûteuse. On retrouve avec plaisir les saveurs de fruits noirs. L'ensemble est harmonieux et équilibré. Des flaveurs de réglisse et de cuir se révèlent en finale.

Tannins • Corps: Charnus • Corsé
Caractères: Fruits noirs • Boisé
Température: Entre 16 et 18 °C   **I.M.V.** 90

Sauces	Cuissons	Plat 1	Plat 2	Fromages
Demi-glace	Grillé	Magret d'oie	Mignon de	Pâte pressée
Fond de gibier	Poêlé	aux	bœuf, sauce	cuite
Au vin rouge	Au four	champignons	au bleu	

CHÂTEAU GRAND VILLAGE À BORDEAUX ★★★✦

Producteur: Sylvie et Jacques Guinaudeau
Appellation: Bordeaux Supérieur
Pays: France

Millésime dégusté: 2008
Prix: 22,45 $
Code SAQ: 11546172

C'est près de Fronsac que ce rouge élaboré à base de merlot a pris naissance. La propriété bénéficie des conseils de Jean-Pierre Moueix, à qui l'on doit l'un des plus grands vins de France, à savoir le Pétrus. Nous sommes loin ici du célèbre Pomerol toutefois. Affichant une robe dense et foncée, celui-ci dévoile un bouquet délicat aux notes de baies noires et de prune. C'est en bouche qu'il étale toute sa splendeur. Charnu, avec de beaux tannins bien en chair et beaucoup de fruit. Des saveurs bien distinctes de cassis et de prune s'expriment avec aplomb, suivies de nuances de cuir.

Tannins • Corps: Charnus • Assez corsé
Caractères: Fruits noirs • Cuir
Température: Entre 16 et 18 °C

I. M. V. 90

Sauces	Cuissons	Plat 1	Plat 2	Fromages
Au vin rouge Fond de veau Fond de gibier	Au four Poêlé Mijoté	Carré d'agneau à l'ail et au romarin	Filet de bœuf au bleu	Pâte pressée

🍇 CASTELLO DI GABBIANO, RISERVA ★★★✦

Producteur: Beringer Blass Italie SRL
Appellation: Chianti Classico
Pays: Italie

Millésime dégusté: 2008
Prix: 23,05 $
Code SAQ: 10843298

Belle découverte que ce vin riche et expressif qui sent et goûte bon l'Italie. Élaboré par un géant de l'industrie vinicole internationale, le groupe Beringer Blass. La robe est rubis, assez profonde. À l'olfaction, on découvre un bouquet très aromatique où trônent des notes de baies confites, de bois, de caramel et de confiserie ainsi que des nuances de sous-bois en arrière-plan. La bouche est charnue, avec des tannins bien présents, dotés d'un agréable côté soyeux, de beaucoup de fruits, de saveurs d'épices rappelant certains portos, de torréfaction aussi, ainsi que des accents de terre humide en finale. Très bien fait.

Tannins • Corps: Charnus • Assez corsé
Caractères: Baies des champs • Épices
Température: Entre 16 et 18 °C

I. M. V. 90

Sauces	Cuissons	Plat 1	Plat 2	Fromages
Aux champignons Fond de veau Au porto	Au four Poêlé Grillé	Côte de cerf aux champignons sauvages	Lasagne à la viande gratinée	Pâte pressée cuite

THE NAVIGATOR ★★★✦

Producteur: Alpha Domus Ltd
Appellation: Hawkes Bay
Pays: Nouvelle-Zélande

Millésime dégusté: 2007
Prix: 23,10 $
Code SAQ: 11305643

L'histoire de ce vignoble est relativement récente puisque la vigne n'y pousse que depuis 1991. Cet assemblage de type bordelais est tout à fait ravissant. Il a bénéficié de soins rigoureux et cela se reflète dans le verre. Arborant une robe rubis, dense et profonde, il étale ses arômes avec puissance et volupté. Des notes de baies rouges et noires, juxtaposées à des nuances boisées, titillent nos narines. Suivent des accents de vanille et de réglisse. La bouche est ample, avec une trame tannique bien en chair et dotée d'une agréable acidité. Aux intonations perçues à l'olfaction s'ajoutent des saveurs de cuir. Très bon.

Tannins • Corps: Charnus • Corsé
Caractères: Fruits rouges et noirs • Boisé
Température: Entre 16 et 18 °C

I. M. V. 90

Sauces	Cuissons	Plat 1	Plat 2	Fromages
Fond de veau Au porto Au vin rouge	Grillé Poêlé Au four	Filet d'épaule de bœuf, sauce au porto	Magret de canard, sauce au cassis	Pâte pressée

CABERNET SAUVIGNON, GRAN LURTON, RESERVA ★★★✦

Producteur: Jacques & François Lurton
Appellation: Mendoza
Pays: Argentine

Millésime dégusté: 2007
Prix: 23,25 $
Code SAQ: 11375596

Quinze pour cent de malbec ont été ajoutés à ce cabernet sauvignon riche et complexe. Les frères Lurton réussissent, comme c'est leur habitude, à produire un vin doté d'une forte personnalité, à un prix tout à fait abordable. La robe rubis est assez dense et profonde. Au nez, il dévoile un bouquet aromatique, marqué par des notes bien appuyées de fruits confits, d'épices et de bois. La bouche est ample, structurée, avec une trame tannique bien bâtie tout en affichant un agréable côté soyeux. Les intonations de fruits confits reviennent nous charmer. La finale culmine sur des flaveurs de bois et de cuir.

Tannins • Corps: Charnus • Corsé
Caractères: Baies confites • Boisé
Température: Entre 16 et 18 °C

I. M. V. 90

Sauces	Cuissons	Plat 1	Plat 2	Fromages
Fond de gibier Fond de veau Au vin rouge	Poêlé Grillé Au four	Filet d'épaule de bœuf, sauce marchand de vin	Rôti de bœuf aux champignons	Pâte pressée

CHÂTEAU DU TAILLAN ★★★

Producteur: Henri-François Cruse
Appellation: Haut-Médoc
Pays: France

Millésime dégusté: 2008
Prix: 24,15 $
Code SAQ: 143404

Ce cru bourgeois est toujours d'une droiture exemplaire. La maison, soucieuse du travail bien fait, a réussi à produire un vin aussi agréable que le 2005, en limitant la quantité. Sous une robe rubis assez profonde, on découvre un bouquet expressif d'où émanent des odeurs de cassis, de prune et de bois torréfié. En filigrane, on perçoit des nuances de sous-bois et de terre humide. La bouche est ample, avec des tannins bien constitués affichant un agréable côté soyeux. Les saveurs perçues sont identiques aux intonations identifiées au nez, avec une dominance de nuances fruitées. Bel équilibre et long en bouche.

Tannins • Corps: Charnus • Assez corsé
Caractères: Fruits noirs • Boisé
Température: Entre 16 et 18 °C

I.M.V. 90

Sauces	Cuissons	Plat 1	Plat 2	Fromages
Au vin rouge Demi-glace Fond de gibier	Grillé Au four Poêlé	Magret de canard aux champignons	Bœuf Wellington	Pâte pressée

PÈPPOLI ★★★↗

Producteur: Marchesi Antinori SRL
Appellation: Chianti Classico
Pays: Italie

Millésime dégusté: 2009
Prix: 24,25 $
Code SAQ: 10270928

C'est toujours avec bonheur que je retrouve ce rouge bien ficelé, complexe, nuancé et riche. Arborant une robe rubis assez profonde, il offre, au nez, un bouquet aromatique présentant des intonations de baies noires confites, de café, d'épices et de bois ainsi que des nuances de réglisse et de fleur en toile de fond. La bouche est gourmande, juteuse, dotée d'une belle trame tannique bien en chair. À noter aussi son agréable côté fruité. Des saveurs de cassis, de mûre, de prune, pour ne nommer que celles-là, occupent la majorité du palais. De plus, la finale s'étire sur plusieurs caudalies.

Tannins • Corps: Charnus • Assez corsé
Caractères: Baies rouges et noires confites • Boisé
Température: Entre 16 et 18 °C

I.M.V. 90

Sauces	Cuissons	Plat 1	Plat 2	Fromages
Fond de veau Au vin rouge Aux champignons	Grillé Au four Poêlé	Carré d'agneau à l'ail et au romarin	Filet de bœuf, sauce au vin rouge	Pâte pressée

ORNATI

Producteur : Tenuta Rocca Azienda Agricola SRL **Millésime dégusté :** 2006
Appellation : Langhe **Prix :** 24,45 $
Pays : Italie **Code SAQ :** 11599320

Voici un assemblage très réussi de barbera, de nebbiolo et de cabernet sauvignon. Un rouge qui a du caractère et qui gagnera en complexité avec le temps. À l'œil, il affiche une robe rubis moyennement profonde. Au nez, on perçoit un bouquet intense. Des notes d'épices, de cassis, de mûre et de bois torréfié s'expriment avec aplomb. Des accents de violette apparaissent ensuite, ainsi que des nuances de terre humide. La bouche est charnue, avec une trame tannique reposant sur de bonnes assises. Les saveurs de fruits occupent beaucoup d'espace. En finale, on perçoit une légère impression de sucre.

Tannins • Corps : Charnus • Assez corsé
Caractères : Cassis • Épices
Température : Entre 16 et 18 °C **I.M.V.** **90**

Sauces	Cuissons	Plat 1	Plat 2	Fromages
Fond de veau Fond de gibier Au vin rouge	Au four Poêlé Grillé	Filet d'épaule de bœuf au vin rouge	Carré d'agneau au pesto, à l'ail et aux tomates	Pâte pressée cuite

BROLIO

Producteur : Barone Ricasoli SPA Agricola **Millésime dégusté :** 2009
Appellation : Chianti Classico **Prix :** 24,75 $
Pays : Italie **Code SAQ :** 3962

Pour les personnes intéressées, sachez qu'en 2009, le Castello du même nom n'a pas été produit. On trouve par le fait même un fort pourcentage du grand vin dans celui-ci. Sous une robe rubis assez dense se manifeste un riche et intense bouquet marqué par des notes de cassis, de mûre et de violette et des nuances de café. En toile de fond, on perçoit aussi des accents de tabac blond. La bouche est ample, dotée de tannins puissants, mais tout en courbes. Les saveurs de mûre et de cassis sont aisément identifiables et sont suivies de nuances minérales évoquant le terroir dont il est issu.

Tannins • Corps : Charnus • Assez corsé
Caractères : Cassis • Café
Température : Entre 15 et 16 °C **I.M.V.** **90**

Sauces	Cuissons	Plat 1	Plat 2	Fromages
Fond de volaille Fond de gibier Au cassis	Grillé Au four Poêlé	Carré d'agneau à l'ail et aux herbes italiennes	Mignon de cerf au cassis	Pâte pressée cuite

DOMAINE GRAND ROMANE, CUVÉE PRESTIGE ★★★★

Producteur : Pierre Amadieu
Appellation : Gigondas
Pays : France

Millésime dégusté : 2008
Prix : 24,90 $
Code SAQ : 10936427

Il arrive parfois qu'on tombe sur un vin qui nous scie les jambes. Celui-ci, élaboré à base de grenache, de syrah et de mourvèdre, en est un. Déjà, à l'œil, on se sent interpellé par sa robe sombre et profonde. Au nez, il dévoile un bouquet très aromatique d'où émanent d'intenses notes de poivre, de fruits noirs et rouges, de café et d'épices. La bouche est charnue, capiteuse, avec des tannins fermes, mais sans lourdeur. Des saveurs de prune et de poivre s'expriment d'emblée. Des nuances de cuir suivent. De plus, il est doté d'une bonne allonge. Que demander de plus ?

Tannins • Corps : Charnus • Corsé
Caractères : Fruits rouges et noirs • Épices
Température : Entre 15 et 16 °C

I. M. V. 90

Sauces	Cuissons	Plat 1	Plat 2	Fromages
Au poivre Demi-glace Fond de gibier	Grillé Poêlé Au four	Filet de bœuf, sauce au poivre	Carré d'agneau aux herbes de Provence	Pâte pressée

CHIANTI CLASSICO, DUCALE RISERVA ★★★⭒

Producteur : Ruffino SPA
Appellation : Chianti Classico
Pays : Italie

Millésime dégusté : 2008
Prix : 24,95 $
Code SAQ : 45195

La maison Ruffino nous présente ici un vin riche, complexe et d'une redoutable efficacité. À l'œil, celui-ci affiche une robe rubis aux reflets légèrement orangés et moyennement profonde. Le bouquet qu'il dégage est aromatique, complexe et nuancé. On y découvre des arômes de baies rouges et noires confites, de vanille et de bois. Celles-ci sont rejointes par des nuances d'épices. La bouche est sapide, avec une trame tannique empreinte de finesse et bien constituée. À noter aussi, son agréable acidité. Les saveurs de fruits s'expriment avec verve, accompagnées de nuances boisées et épicées. De plus, il est doté d'une bonne allonge.

Tannins • Corps : Tannique • Assez corsé
Caractères : Baies des champs • Épices
Température : Entre 16 et 18 °C

I. M. V. 90

Sauces	Cuissons	Plat 1	Plat 2	Fromages
Au vin rouge Fond de veau Demi-glace	Poêlé Au four Grillé	Carré d'agneau à la toscane	Côte de bœuf, sauce au poivre	Pâte pressée

ORTAS, PRESTIGE ★★★

Producteur : Cave de Rasteau
Appellation : Côtes du Rhône-Villages, Rasteau
Pays : France

Millésime dégusté : 2007
Prix : 20,95 $
Code SAQ : 952705

Ce rouge à la personnalité forte est un digne représentant de cette appellation. Il est élaboré à base des cépages rois de la vallée du Rhône, à savoir le grenache noir, le mourvèdre et la syrah. Affichant une robe pourpre très dense, il déploie un riche et intense bouquet où priment des accents de garrigue et de poivre ainsi que des nuances de fruits noirs. Des notes de chêne sont également omniprésentes. La bouche est pulpeuse avec une trame tannique reposant sur des assises solides. Les saveurs de fruits dominent, les épices et le poivre suivent. Un passage en carafe arrondira ses angles.

Tannins • Corps : Tannique • Bien corsé
Caractères : Fruits noirs • Garrigue
Température : Entre 16 et 18 °C

I.M.V. 91

Sauces	Cuissons	Plat 1	Plat 2	Fromages
Fond de gibier	Poêlé	Côtelettes d'agneau au thym et au romarin	Couscous aux merguez	Pâte pressée cuite
Au poivre	Grillé			
Demi-glace	Au four			

CONDE DE VALDEMAR, RESERVA ★★★↗

Producteur : Bodegas Valdemar SA
Appellation : Rioja
Pays : Espagne

Millésime dégusté : 2005
Prix : 21,25 $
Code SAQ : 882761

Comme son petit frère, le Crianza, il est élaboré à base de tempranillo (90 %) et de mazuelo (10 %), qu'on traduit par carignan en France. Déjà, à la vue de sa robe rubis, dense et profonde, on a l'eau à la bouche. Au nez, il s'exprime avec intensité et diversité. Des notes d'épices, de fruits noirs confits et de réglisse ainsi que des nuances de chêne se côtoient en harmonie, formant un bouquet riche et complexe. La bouche est ample, avec des tannins bien en chair et beaucoup de fruits. Les saveurs déjà identifiées au nez reviennent nous charmer, pour notre plus grand plaisir. À boire ou à laisser en cave.

Tannins • Corps : Charnus • Bien corsé
Caractères : Fruits noirs confits • Boisé
Température : Entre 16 et 18 °C

I.M.V. 91

Sauces	Cuissons	Plat 1	Plat 2	Fromages
Au porto	Poêlé	Côte de cerf au porto	Duo de canard au vin rouge	Pâte pressée cuite
Au vin rouge	Grillé			
Demi-glace	Au four			

CÔTES DU RHÔNE VILLAGES, RASTEAU, DOMAINE DE BEAURENARD

★★★

Producteur : Paul Coulin & Fils
Appellation : Côtes du Rhône Villages, Rasteau
Pays : France

Millésime dégusté : 2009
Prix : 22,70 $
Code SAQ : 109011

Ce rouge aux larges épaules et à la forte personnalité fera le bonheur des amateurs de vins issus de ce coin de pays. Riche et expressif, il se compose à 80 % de grenache et à 20 % de syrah. Déjà, à l'œil, sa robe pourpre assez dense met nos papilles en éveil. Des notes de framboise et de mûre s'accompagnent de nuances d'épices et de garrigue. C'est en bouche qu'il dévoile tout son caractère avec de beaux tannins bien en chair et un agréable côté fruité. Les tannins sont toutefois un peu jeunes et méritent un passage en carafe.

Tannins • Corps : Charnus • Bien corsé
Caractères : Fruits rouges et noirs • Épices
Température : Entre 16 et 18 °C

I. M. V. 91

Sauces	Cuissons	Plat 1	Plat 2	Fromages
Fond de gibier Demi-glace Au vin rouge	Grillé Au four Poêlé	Cassoulet	Mignon de cerf au vin rouge	Pâte molle à croûte lavée

CHÂTEAU DE HAUTE-SERRE

★★★

Producteur : Georges Vigouroux
Appellation : Cahors
Pays : France

Millésime dégusté : 2006
Prix : 23,80 $
Code SAQ : 947184

Les millésimes se succèdent et je ne peux m'empêcher d'inclure celui-ci dans mes choix. Même si le millésime précédent était un rang au-dessus de celui-ci, il demeure peut-être le meilleur cahors, question rapport qualité-prix-plaisir. À l'œil, il affiche une robe dense presque opaque. Au nez, on perçoit de puissantes notes de cassis, de réglisse et de cuir et une bonne présence de bois, bien intégrée à l'ensemble. La bouche est joufflue. La trame tannique repose sur des assises solides, sans pour autant entraver l'expression du fruit. On retrouve avec joie les arômes perçus à l'olfaction. À cela s'ajoutent des nuances chocolatées intéressantes.

Tannins • Corps : Charnus • Bien corsé
Caractères : Cassis • Boisé
Température : Entre 16 et 18 °C

I. M. V. 91

Sauces	Cuissons	Plat 1	Plat 2	Fromages
Demi-glace Au porto Fond de gibier	Grillé Poêlé Au four	Côte de cerf, sauce au porto	Côtelettes d'agneau à l'ail et au romarin	Persillé

Les vins pour occasions spéciales (entre 25 et 30 $)

Cette nappe que vous ne sortez qu'une fois ou deux par année et que votre mère vous a léguée et qu'elle-même avait reçue de votre grand-mère, il est temps de la sortir. Les verres en cristal et l'argenterie paraîtront bien mieux sur celle-ci de toute façon. Que ce soit pour un anniversaire, lors d'une réception particulière ou pour un souper en tête-à-tête avec votre douce moitié ou la personne qui pourrait le devenir, ces vins conviendront.

Ici, on ne s'attend à rien de moins qu'à des vins qui allient finesse, structure et complexité, sinon on a l'impression d'être floué. Je dirais que c'est dans cette catégorie de prix qu'il est le plus difficile de bien choisir et c'est ici que les conseils d'un sommelier sont le plus importants. Pour plusieurs, débourser 25 ou 30 dollars pour une bouteille de vin, c'est un geste qu'on ne pose pas tous les jours, et la déception est plus difficile à encaisser si le produit n'est pas à la hauteur de nos attentes. Mais j'ai la conviction que les produits qui suivent sauront plaire aux plus fins palais.

🍷 RIESLING, ROSACKER ★★★✦

Producteur : Les Viticulteurs Réunis de Hunawihr
Appellation : Alsace Grand cru Rosacker
Pays : France

Millésime dégusté : 2008
Prix : 25,90 $
Code SAQ : 642553

L'amateur de riesling bien sec sera comblé par celui-ci. Nous avons affaire à un Grand cru alsacien, et on s'en rend compte rapidement. Déjà, à l'œil, sa robe jaune aux reflets verts nous interpelle. Le nez confirme nos attentes avec ses notes bien appuyées de citron, de romarin et de caramel ainsi que des nuances de champignons frais. En bouche, il continue son opération charme avec son acidité croquante, son ampleur et ses saveurs bien définies de fruits tropicaux, de miel et de champignons. De plus, sa longueur en bouche est tout à fait remarquable. À boire jeune, pour son fruit, ou à laisser vieillir.

Acidité · Corps : Vif · Moyennement corsé
Caractères : Fruits tropicaux · Champignons
Température : Entre 8 et 11 °C

I.M.V. 63

Sauces	Cuissons	Plat I	Plat 2	Fromages
Aux fruits Fumet de poisson Au miel	Mijoté Poêlé Bouilli	Nage de crevettes aux agrumes	Huîtres nature	Pâte molle à croûte fleurie

CHABLIS, JOSEPH DROUHIN ★★★

Producteur : Joseph Drouhin
Appellation : Chablis
Pays : France

Millésime dégusté : 2010
Prix : 25,25 $
Code SAQ : 199141

Un grand classique qui ne se démode pas que ce chablis de la maison Drouhin. Ce vin, élaboré à base de chardonnay à 100 %, est élevé en cuve d'inox pour préserver l'expression naturelle du fruit. Il arbore une robe de couleur jaune paille avec des reflets verts. Au nez, on perçoit des notes bien définies de pain grillé, d'agrumes, de pomme verte et de fougère. En bouche, le vin affiche une bonne vivacité, mais sans nervosité. Aux accents déjà identifiés à l'olfaction s'ajoutent des nuances minérales très typiques du terroir chablisien ainsi que des notes de badiane. La finale est assez soutenue.

Acidité · Corps : Frais · Léger +
Caractères : Agrumes · Minéral
Température : Entre 8 et 11 °C

I.M.V. 64

Sauces	Cuissons	Plat I	Plat 2	Fromages
Aux agrumes Fumet de poisson Au vin blanc	Bouilli Cru Poêlé	Filet de morue au beurre blanc	Huîtres nature	Pâte molle à croûte fleurie

CHÂTEAU DE CHAMIREY, BLANC

★★★✓

Producteur: Marquis de Jouenne d'Herville
Appellation: Mercurey
Pays: France

Millésime dégusté: 2006
Prix: 26,20 $
Code SAQ: 179556

La nature n'a peut-être pas été aussi généreuse en 2006 si l'on compare avec le millésime précédent, mais la maison est sérieuse et cela se reflète dans le verre. À l'œil, ce blanc affiche une robe jaune pâle avec des reflets verts. Au nez, il dévoile un bouquet fin et nuancé où l'emportent les nuances de brioche, d'agrumes et de pomme. En filigrane, on perçoit des effluves de silex. La bouche est fraîche et enveloppante. Les accents déjà identifiés à l'olfaction reviennent occuper le palais, surtout les saveurs de brioche et de pomme. À noter le bel équilibre et l'harmonie des saveurs.

Acidité • Corps: Frais • Moyennement corsé
Caractères: Pomme • Brioche
Température: Entre 8 et 11 °C

I.M.V. 64

Sauces	Cuissons	Plat 1	Plat 2	Fromages
Au beurre Fumet de poisson Fond de volaille	Poêlé Grillé Au four	Langoustines au beurre citronné	Truite grillée au beurre blanc	Pâte molle à croûte fleurie

CHARDONNAY, COLDSTREAM HILLS

★★★✓

Producteur: Coldstream Hills
Appellation: Yarra Valley
Pays: Australie

Millésime dégusté: 2010
Prix: 28,95 $
Code SAQ: 472605

Difficile de ne pas succomber à ce chardonnay typiquement australien, c'est-à-dire à la fois charmeur et exubérant, voire bavard, sans être racoleur pour autant. Il arbore une robe jaune paille avec des reflets dorés. Dès les premiers effluves, on sait à quoi on a affaire. Il se dégage de puissantes notes d'abricot, de noisette et de brioche à la vanille. La bouche est ample, croustillante, texturée, ronde et savoureuse. Les accents d'abricot se révèlent en premier. Ils sont succédés par des saveurs de mandarine, de vanille et de beurre frais. Les saveurs demeurent suspendues un long moment avant de fondre lentement.

Acidité • Corps: Frais • Corsé
Caractères: Abricot • Beurre
Température: Entre 8 et 10 °C

I.M.V. 65

Sauces	Cuissons	Plat 1	Plat 2	Fromages
Au beurre Fumet de poisson À la crème	Grillé Poêlé Mijoté	Fricassée de fruits de mer	Espadon grillé à la gremolata	Pâte molle à croûte fleurie

CHARDONNAY, LE CLOS JORDANNE, VILLAGE RESERVE

★★★↗

Producteur : Le clos Jordanne
Appellation : Niagara Peninsula
Pays : Canada (Ontario)

Millésime dégusté : 2009
Prix : 30,00 $
Code SAQ : 11254031

Le Clos Jordanne est un joyau de la viticulture canadienne, issu de l'agriculture biologique. L'objectif de cette maison est de produire des vins comme on le fait en Bourgogne. Cette cuvée équivaut à une appellation village dans cette région mythique. À l'œil, elle affiche une robe jaune doré. Au nez, un bouquet expressif nous accueille. Il est dominé par des nuances de papaye et d'agrumes, de notes minérales aussi, ainsi que des inflexions de vanille et d'amande. La bouche est fraîche, ronde et soyeuse. On retrouve avec bonheur les saveurs détectées au nez, ainsi que des notes de pain grillé.

Acidité • Corps : Frais • Moyennement corsé
Caractères : Fruits tropicaux • Minéral
Température : Entre 9 et 11 °C

I.M.V. 65

Sauces	Cuissons	Plat 1	Plat 2	Fromages
Au beurre Fumet de poisson Fond de volaille	Poêlé Au four Mijoté	Truite poêlée au beurre et aux amandes grillées	Blanc de volaille à la crème et au vin blanc	Pâte molle à croûte fleurie

PINOT NOIR, CHÂTEAU ST-JEAN ★★★↗

Producteur : Château St-Jean
Appellation : Sonoma
Pays : États-Unis

Millésime dégusté : 2008
Prix : 25,25 $
Code SAQ : 567420

Les amateurs de pinot noir de style Nouveau Monde seront ravis par ce rouge qui allie opulence et finesse. Doté d'une robe rubis moyennement profonde, il dévoile un bouquet riche et complexe, dominé par des nuances de cerise et de fraise avec des notes boisées en toile de fond. La bouche est sapide, fraîche, généreuse et ronde, avec des tannins bien présents. On y perçoit beaucoup de fruits, surtout la fraise et la cerise, qui dominent le palais. Ces saveurs sont rejointes par des notes de framboise et d'épices douces. La finale s'étire sur plusieurs caudalies, pour notre plus grand bonheur.

Acidité · Corps : Souples · Léger +
Caractères : Baies des champs · Épices
Température : Entre 14 et 16 °C

I. M. V. 84

Sauces	Cuissons	Plat 1	Plat 2	Fromages
Aux fruits	Mijoté	Sauté de veau aux champignons	Effiloché de canard aux baies des champs	Pâte molle à croûte brossée
Au jus	Au four			
Au vin rouge	Poêlé			

MERCUREY, LA FRAMBOISIÈRE, DOMAINE FAIVELEY ★★★↗

Producteur : Domaine Faiveley
Appellation : Mercurey
Pays : France

Millésime dégusté : 2006
Prix : 27,25 $
Code SAQ : 10521029

J'ai un immense respect pour ce producteur qui nous offre toujours des produits dignes du terroir riche de la Bourgogne. Affichant une robe rubis assez dense pour un pinot, celui-ci dévoile un intense bouquet d'où émanent des nuances de fraise et de cerise confite. Celles-ci s'accompagnent de notes d'épices douces et d'arômes d'herbes. La bouche est agréablement fruitée, gourmande, fraîche, avec des tannins souples, mais non dénués de structure. La cerise domine le palais, les saveurs d'épices suivent et collent au palais, pour notre plus grand bonheur. La finale révèle des flaveurs de terre humide. Très bon.

Acidité · Corps : Souples · Léger
Caractères : Baies rouges · Épices
Température : Entre 14 et 16 °C

I. M. V. 84

Sauces	Cuissons	Plat 1	Plat 2	Fromages
Aux fruits	Mijoté	Mijoté de lapin à la moutarde	Poulet à la forestière	Pâte molle à croûte brossée
Fond de veau	Au four			
Aux herbes	Poêlé			

MERCUREY, ALBERT BICHOT ★★★⸌

Producteur: Albert Bichot
Appellation: Mercurey
Pays: France

Millésime dégusté: 2010
Prix: 25,25 $
Code SAQ: 11133327

Un Mercurey élaboré par un producteur sérieux, bien ficelé et représentatif du cépage et de l'appellation. La robe est rubis avec des reflets violacés. Le bouquet qu'il déploie est fin, complexe et délicat. De subtiles nuances de cerise, de fraise, d'épices douces et de terre humide. Également perçues en toile de fond, des nuances florales. La bouche est ample, très sapide, avec une trame tannique souple, mais qui se tient bien droite. À noter aussi son agréable fraîcheur. Les fruits, comme la fraise et la framboise, s'expriment avec aplomb. La finale est marquée par des flaveurs de framboise.

Tannins • Corps: Souples • Moyennement corsé
Caractères: Baies des champs • Terre humide
Température: Entre 15 et 17 °C

I.M.V. 86

Sauces	Cuissons	Plat 1	Plat 2	Fromages
Aux fruits Fond de veau Aux champignons	Mijoté Au four Cru	Sauté de veau aux champignons	Pâté de campagne	Pâte molle à croûte lavée

🍖 CHÂTEAU DE CHAMIREY, ROUGE ★★★⸌

Producteur: Marquis de Jouenne d'Herville
Appellation: Mercurey
Pays: France

Millésime dégusté: 2009
Prix: 26,95 $
Code SAQ: 962589

Un beau millésime que celui de 2009 en Bourgogne. Celui-ci est encore un peu jeune toutefois, mais si vous préférez les pinots lorsqu'ils présentent leur côté fruité, il est parfait pour vous. Sous une robe rubis aux inflexions grenat, moyennement profonde, il dévoile un bouquet fin et nuancé, marqué par des notes de petite cerise et de mûre ainsi que des nuances d'épices douces. Des effluves boisés se pointent en toile de fond. La bouche est sapide, ronde, avec une trame tannique élancée et tout en dentelle. Les saveurs de cerise et d'épices sont bien en évidence dans une bouche où règne une douce harmonie.

Tannins • Corps: Souples • Moyennement corsé
Caractères: Cerise • Épices douces
Température: Entre 14 et 17 °C

I.M.V. 86

Sauces	Cuissons	Plat 1	Plat 2	Fromages
Au vin rouge Fond de volaille Fond de veau	Mijoté Au four Poêlé	Lapin à la moutarde	Coq au vin	Pâte molle à croûte brossée

 PINOT NOIR, ACROBAT ★★★✦

Producteur: King Estate Winery
Appellation: Oregon
Pays: États-Unis

Millésime dégusté: 2009
Prix: 25,10 $
Code SAQ: 11333812

La réputation des pinots de cet État situé au nord de la Californie n'est plus à faire. Voici un bel exemple de la qualité des vins issus de ce cépage en ces terres. Davantage du style bourguignon que Nouveau Monde, ce rouge saura plaire à une clientèle exigeante. La robe est rubis, assez claire. À l'olfaction, on discerne un bouquet fin, tout en dentelle, dominé par des notes de griotte, de fraise des bois, d'épices douces et de sous-bois. La bouche est ample, avec une trame tannique élastique, mais bien bâtie. La framboise, la griotte et la fraise se côtoient en harmonie.

Tannins • Corps: Souples • Moyennement corsé
Caractères: Griotte • Sous-bois
Température: Entre 14 et 16 °C   **I.M.V.** **87**

Sauces	Cuissons	Plat 1	Plat 2	Fromages

Au vin rouge
Aux épices
   douces
Aux
   champignons
	Mijoté
	Au four
	Cru
		Lapin aux griottes	Effiloché de canard aux bleuets	Pâte pressée non cuite

POST SCRIPTUM DE CHRYSEIA ★★★✦

Producteur: Prats & Symington
Appellation: Douro
Pays: Portugal

Millésime dégusté: 2009
Prix: 28,75 $
Code SAQ: 10838780

Le nom du vin est inspiré des initiales de Prats & Symington. Il s'agit du second vin de Chrysea, élaboré à base des cépages rois du Douro. Le produit est léché, fruité à souhait et plaisant à boire dès maintenant. La robe est assez foncée. Son bouquet, assez aromatique, dévoile des parfums de baies des champs, de café, de violette et de bois. La bouche est ample, texturée, assez puissante, mais avec des tannins soyeux. Les saveurs de fruits dominent. Les flaveurs de bois suivent et s'intègrent bien à l'ensemble. La finale révèle des notes de prune et d'épices.

Tannins • Corps: Charnus • Moyennement corsé
Caractères: Baies des champs • Floral
Température: Entre 14 et 16 °C   **I.M.V.** **88**

Sauces	Cuissons	Plat 1	Plat 2	Fromages
Aux fruits Aux herbes Fond de veau	Au four Poêlé Mijoté	Bajoue de bœuf braisée	Souvlakis	Pâte pressée

PINOT NOIR, BABICH, WINEMAKERS RESERVE ★★★↙

Producteur : Babich Wines Limited
Appellation : Marlborough
Pays : Nouvelle-Zélande

Millésime dégusté : 2010
Prix : 30,00 $
Code SAQ : 10826092

Ce pinot noir opulent et très typé Nouveau Monde saura vous charmer autant par son caractère assumé que par la finesse de ses arômes. Sa robe est de couleur pourpre, assez profonde. L'examen olfactif nous met en appétit avec ses notes bien appuyées de cerise noire confite, de prune, d'épices et de moka. En filigrane, on détecte aussi des nuances animales, de cuir entre autres. La bouche est très goûteuse, opulente, gourmande, avec des tannins suaves et bien présents. La cerise et les épices reviennent nous charmer. Celles-ci s'accompagnent de flaveurs de prune et de moka en finale.

Tannins • Corps : Suave • Moyennement corsé
Caractères : Cerise • Épices
Température : Entre 15 et 18 °C

I.M.V. 88

Sauces	Cuissons	Plat 1	Plat 2	Fromages
Fond de veau Au vin rouge Aux champignons	Poêlé Mijoté Au four	Bœuf bourguignon	Confit de canard aux griottes	Pâte pressée non cuite

PINOT NOIR, LE CLOS JORDANNE, VILLAGE RESERVE ★★★↙

Producteur : Le clos Jordanne
Appellation : Niagara Peninsula
Pays : Canada

Millésime dégusté : 2009
Prix : 30,00 $
Code SAQ : 10745487

Je vous mets au défi de ne pas aimer ce vin issu de l'agriculture biologique. Son côté suave et riche à la fois séduira le cœur du plus exigeant des amateurs de pinot. Élaboré à la manière d'une appellation communale bourguignonne, il ferait la barbe à plusieurs vins s'en réclamant. À l'œil, il affiche une belle robe rubis, assez profonde. Son bouquet dévoile des nuances de fruits rouges et noirs bien mûrs, de moka, d'épices et de violette. La bouche est suave, avec une trame tannique qui se tient bien droite. Aux arômes détectés à l'olfaction s'ajoutent des saveurs de noyau de cerise et d'épices. Un *must*.

Tannins • Corps : Charnus • Moyennement corsé
Caractères : Fruits rouges et noirs • Épices
Température : Entre 15 et 17 °C

I.M.V. 88

Sauces	Cuissons	Plat 1	Plat 2	Fromages
Aux fruits Fond de veau Au vin rouge	Au four Mijoté Poêlé	Foie de veau à l'échalote	Filet de porc, sauce au brie	Pâte molle à croûte fleurie

TOMMASSI, RIPASSO

★★★⸱

Producteur: Agricola Tommasi Viticoltori
Appellation: Valpolicella Classico Superiore
Pays: Italie
Millésime dégusté: 2009
Prix: 25,15 $
Code SAQ: 862110

Année après année, la popularité de ce vin ne se dément pas, et la raison est simple… il est bon. À l'œil, il affiche une robe rubis aux reflets orangés. Le nez est aromatique, marqué par de jolies nuances de baies des champs confites, d'épices, de réglisse aussi, ainsi que des notes de rancio. Agréable bouche sapide, avec des tannins souples, mais bien présents. Les saveurs de framboise sont à l'avant-plan, des arômes de fruits des champs suivent, ainsi que des nuances épicées. Légère amertume en milieu de bouche. Les flaveurs de framboise reviennent en finale.

Tannins • Corps: Charnus • Moyennement corsé
Caractères: Baies des champs confites • Épices
Température: Entre 14 et 16 °C

I.M.V. 89

Sauces	Cuissons	Plat 1	Plat 2	Fromages
Aux fruits Au vin rouge Fond de veau	Au four Mijoté Poêlé	Magret de canard aux baies des champs	Souris d'agneau confite	Pâte pressée

🍇 SHIRAZ GEMTREE, UNCUT

★★★⸱

Producteur: Gemtree Vineyards
Appellation: McLaren Vale
Pays: Australie
Millésime dégusté: 2009
Prix: 26,90 $
Code SAQ: 11332684

Difficile de ne pas aimer ce vin, et c'est sans hésiter que je lui appose une mention coup de cœur. Issu de l'agriculture biologique, il possède tous les atouts pour réchauffer nos soirées d'automne et d'hiver. D'entrée de jeu, sa robe dense et profonde nous interpelle. Le nez est aromatique et complexe, avec d'intenses notes de fruits noirs confits, d'épices, de café, de réglisse et de bois. À noter la belle définition des arômes. La bouche est ronde, pulpeuse, avec des tannins soyeux, et dotée d'une agréable fraîcheur. Fidèle aux accents perçus à l'olfaction. Les flaveurs de bois s'imposent, sans prendre le haut du pavé.

Tannins • Corps: Charnus • Corsé
Caractères: Fruits noirs confits • Boisé
Température: Entre 14 et 16 °C

I.M.V. 89

Sauces	Cuissons	Plat 1	Plat 2	Fromages
Aux fruits Fond de gibier Demi-glace	Poêlé Au four Grillé	Magret de canard, sauce aux baies des champs	Faux-filet de bœuf aux champignons sauvages	Pâte pressée

DOMAINE LE CLOS DES CAZAUX ★★★

Producteur : EARL Archambaud-Vache
Appellation : Gigondas
Pays : France

Millésime dégusté : 2007
Prix : 27,60 $
Code SAQ : 10273011

Tout est là, dans ce vin, pour plaire aux amateurs les plus difficiles. À commencer par la bouteille, reproduction d'un flacon champenois du XVIIIᵉ siècle, hommage aux origines d'Albert Gosset, qui remit le vignoble sur pied. Ce rouge, à 100 % de cabernet franc, dévoile une robe grenat dense et profonde. Son bouquet complexe et nuancé est marqué par des parfums de fruits rouges, de poivre, de réglisse, de terre humide et de cuir. La bouche est charnue, bien tassée, avec une trame tannique qui se tient bien droite. Les saveurs de fruits dominent. On y détecte des saveurs de baies des champs et de cerise.

Tannins • Corps : Charnus • Assez corsé
Caractères : Baies des champs • Poivre
Température : Entre 15 et 17 °C

I.M.V. 89

Sauces	Cuissons	Plat 1	Plat 2	Fromages
Aux fruits Fond de veau Fond de gibier	Au four Mijoté Grillé	Civet de lièvre	Rognons à la moutarde	Pâte pressée

SYRAH, PIAZZANO ★★★★↗

Producteur : Fattoria di Piazzano
Appellation : I.G.T. Colli della Toscana Centrale
Pays : Italie

Millésime dégusté : 2008
Prix : 28,45 $
Code SAQ : 10845171

Cette syrah toscane ne manque pas d'expression. Malgré qu'il s'agisse d'un cépage français, originaire du Rhône, il est imprégné de la touche typiquement italienne. Sous une robe rubis, dense et profonde, il exprime avec aplomb des notes de framboise et de baies rouges et noires. Celles-ci côtoient des nuances de sous-bois, de réglisse et de chêne. La bouche est ample, sapide, avec une trame tannique solide, tout en affichant un agréable côté soyeux. Les accents déjà identifiés à l'olfaction reviennent nous charmer. Ils occupent le palais pendant plusieurs caudalies avant de s'étioler lentement. La finale, mi-amère, révèle des flaveurs de rafle.

Tannins • Corps : Charnus • Assez corsé
Caractères : Baies rouges et noires • Réglisse
Température : Entre 16 et 18 °C

I.M.V. 89

Sauces	Cuissons	Plat 1	Plat 2	Fromages
Fond de gibier Aux fruits Au vin rouge	Grillé Poêlé Au four	Rôti de bœuf au vin rouge	Côte de cerf aux baies des champs	Pâte pressée

MERLOT, MISSION HILL, RESERVE

★★★⸵

Producteur: Mission Hill Family Estate
Appellation: Okanagan Valley
Pays: Canada (C.B.)

Millésime dégusté: 2008
Prix: 25,55 $
Code SAQ: 11593551

Voici un merlot qui en laissera plusieurs pantois. Il est toutefois encore dans la fleur de l'âge, et un séjour en cave lui permettra de gagner en maturité. Sinon, un passage en carafe arrondira ses angles. Sous une robe rubis assez foncée, ce rouge dévoile un bouquet encore un peu fermé. On y perçoit des notes de prune, de bois, de cassis et de vanille. La bouche est ample, dotée de tannins bien en chair et d'une agréable acidité. Les saveurs de fruits sont bien en évidence, avec une dominance de prune et de mûre. Ces nuances se collent au palais pendant plusieurs caudalies.

Tannins • Corps: Charnus • Assez corsé
Caractères: Baies rouges et noires • Boisé
Température: Entre 16 et 18 °C

I.M.V. (90)

Sauces	Cuissons	Plat 1	Plat 2	Fromages
Fond de gibier	Grillé	Mignon de	Côte de cerf	Pâte pressée
Aux fruits	Poêlé	bœuf au	aux baies	
Au vin rouge	Au four	poivre long	des champs	

🍇 PÉTALES D'OSOYOOS ★★★⌐

Producteur: Osoyoos Larose
Appellation: Okanagan Valley
Pays: Canada (C.B.)

Millésime dégusté: 2009
Prix: 26,50 $
Code SAQ: 11166495

Toujours aussi bon le petit frère de l'Osoyoos Larose, le grand vin de la vallée de l'Okanagan en Colombie-Britannique. Même s'il ne possède pas la complexité de l'autre, on reconnaît le savoir-faire des gens qui l'ont élaboré. Affichant une robe rubis assez profonde, il dévoile, au nez, un bouquet expressif et complexe. On perçoit des nuances de prune, de violette, de baies des champs, de café et d'épices, soutenues par un boisé présent, mais bien dosé. La bouche est ample et structurée, avec de beaux tannins bien mûrs. Bonne présence du fruit, la cerise surtout. Équilibré. Bon potentiel de garde.

Tannins · Corps: Charnus · Assez corsé
Caractères: Prune · Café
Température: Entre 16 et 18 °C

I.M.V. 90

Sauces	Cuissons	Plat 1	Plat 2	Fromages
Fond de veau Au vin rouge Fond de gibier	Au four Poêlé Grillé	Carré d'agneau aux herbes	Côte de cerf, sauce au vin rouge	Pâte pressée

LIANO ★★★⌐

Producteur: Umberto Cesari
Appellation: I.G.T. Rubicone
Pays: Italie

Millésime dégusté: 2009
Prix: 26,70 $
Code SAQ: 927707

Ce rouge, élaboré à base de sangiovese et de cabernet sauvignon dans des proportions de 70 et 30 %, est sans contredit un des vins italiens les plus prisés des Québécois, et pour cause. Très charmeur et même à la limite un peu racoleur, mais on se laisse prendre sans opposer de résistance. Il est doté d'un nez expressif marqué par des notes de baies des champs confites, d'épices douces et de vanille sur un boisé bien intégré à l'ensemble. La bouche est charnue et fruitée à la fois. Aux nuances déjà perçues à l'olfaction s'ajoutent des notes animales, ce qui contribue à lui donner du caractère.

Tannins · Corps: Charnus · Assez corsé
Caractères: Baies des champs · Boisé
Température: Entre 16 et 18 °C

I.M.V. 90

Sauces	Cuissons	Plat 1	Plat 2	Fromages
Au vin rouge Fond de gibier Aux tomates	Au four Grillé Poêlé	Gigot d'agneau, sauce aux tomates	Côte de cerf au vin rouge	Parmesan

SIDERAL

★★★⌐

Producteur: Altaïr Vineyards & Winery
Appellation: Valle del Rapel
Pays: Chili

Millésime dégusté: 2006
Prix: 26,70 $
Code SAQ: 10692830

Ce rouge bien baraqué est très représentatif des vins de cette région. Il est élaboré à base de cabernet sauvignon, de carmenère, de syrah et de cabernet franc, dans des proportions respectives de 70, 20, 5 et 5 %. Il en résulte un vin à la robe très foncée, presque opaque. À l'olfaction, il dévoile un bouquet expressif, dominé par des nuances de poivron grillé, d'épices, de chocolat et de réglisse ainsi que des notes de baies rouges et noires. La bouche est charnue, avec une trame tannique reposant sur de bonnes assises tout en affichant un agréable côté soyeux. Les accents perçus au nez se reflètent en bouche.

Tannins • Corps: Charnus • Assez corsé
Caractères: Poivron • Baies des champs
Température: Entre 16 et 18 °C

I. M. V. 90

Sauces	Cuissons	Plat 1	Plat 2	Fromages
Fond de veau Au vin rouge Aux poivrons	Grillé Au four Poêlé	Carré d'agneau à l'ail et aux tomates	Sauté de bœuf aux poivrons grillés	Pâte pressée

CHÂTEAU CAP LÉON VEYRIN

★★★⌐

Producteur: Vignoble Alain Meyre
Appellation: Listrac-Médoc
Pays: France

Millésime dégusté: 2009
Prix: 27,05 $
Code SAQ: 10753541

Ce Cru Bourgeois, élaboré à base de merlot (60 %), de cabernet sauvignon (35 %) et de petit verdot (5 %), possède tous les atouts pour plaire à une clientèle des plus exigeantes. Bordeaux jusqu'à la lie, ce rouge gagnera à être oublié en cave pendant quelques années, sinon un passage en carafe lui fera du bien. Sous une robe pourpre très dense, il dévoile un bouquet assez aromatique, fin, aux accents de cassis, de prune, d'épices et de café ainsi que des notes éthérées. La bouche est ample, avec des tannins fermes et un peu jeunes. Nuances de fruits noirs et de bois torréfié.

Tannins • Corps: Charnus • Assez corsé
Caractères: Cassis • Café
Température: Entre 16 et 18 °C

I. M. V. 90

Sauces	Cuissons	Plat 1	Plat 2	Fromages
Au poivre Au vin rouge Fond de veau	Au four Poêlé Grillé	Aloyau de bœuf, sauce au poivre	Carré d'agneau au vin rouge	Pâte pressée

DOMAINE DU GRAPILLON D'OR, 1806 ★★★✦

Producteur: Bernard Chauvet
Appellation: Gigondas
Pays: France

Millésime dégusté: 2009
Prix: 27,80 $
Code SAQ: 11195544

Ce rouge costaud, mais sans lourdeur, mérite chaque dollar qu'on verse pour l'acquérir. Déjà, à l'œil, sa robe pourpre assez profonde est annonciatrice de ce qui nous attend. Le nez est assez aromatique, mais sans surcharge. On perçoit aisément les notes de prune, de baies des champs, de garrigue et de poivre. La bouche, charnue et pulpeuse, et les saveurs détectées sont en tous points fidèles aux arômes perçus à l'olfaction. On y discerne également une légère amertume en milieu de palais, ce qui n'a rien de désagréable. La finale, assez longue, est dominée par le fruit.

Tannins • Corps: Charnus • Corsé
Caractères: Baies des champs • Poivre
Température: Entre 15 et 16 °C
I.M.V. 90

Sauces	Cuissons	Plat 1	Plat 2	Fromages
Au poivre Aux herbes Fond de gibier	Grillé Au four Poêlé	Gigot d'agneau au thym et au romarin	Rôti de bœuf au jus	Pâte pressée

🍷 CHÂTEAU MONTUS, ROUGE ★★★✦

Producteur: Alain Brumont
Appellation: Madiran
Pays: France

Millésime dégusté: 2006
Prix: 27,90 $
Code SAQ: 705483

Alain Brumont n'est pas étranger au fait que ce coin de pays peut aujourd'hui se vanter de produire des vins comparables en qualité à ceux de Bordeaux. Élaboré à partir de 80 % de tannat et de 20 % de cabernet sauvignon, ce rouge à la robe foncée, presque noire, dévoile un nez très aromatique et complexe. On y perçoit des odeurs de torréfaction, de café, de cassis, de prune et de mûre ainsi que des nuances animales. La bouche est ample, avec des tannins bien en chair. Les saveurs de cassis et de mûre s'expriment avec force et sont suivies de flaveurs de cuir.

Tannins • Corps: Charnus • Corsé
Caractères: Cassis • Cuir
Température: Entre 16 et 18 °C
I.M.V. 90

Sauces	Cuissons	Plat 1	Plat 2	Fromages
Fond de gibier Demi-glace Au porto	Grillé Poêlé Au four	Côtelettes d'agneau à l'ail et au romarin	Mignon de cerf rouge, sauce au poivre long	Pâte pressée

AMARONE DELLA VALPOLICELLA, MONTRESOR ★★★

Producteur : Cantine Giacomo Montresor SPA
Appellation : Amarone della Valpolicella
Pays : Italie

Millésime dégusté : 2008
Prix : 28,90 $
Code SAQ : 240416

Les vins issus de cette appellation sont, pour la plupart, vendus au-dessus de la barre des 30 $. Celui-ci est une des deux exceptions dans le répertoire de la SAQ. À l'œil, il affiche une robe grenat assez profonde. Le nez est expressif à souhait. Il est marqué par des notes d'épices, de baies confites, de cacao, de café et de bois. La bouche est pulpeuse, ronde et sapide, avec une trame tannique qui repose sur de solides assises. Les saveurs de fruits confits occupent la majeure partie du palais. Elles sont suivies de nuances d'épices. La finale est assez soutenue.

Tannins · Corps : Charnus · Assez corsé
Caractères : Fruits confits · Épices
Température : Entre 16 et 18 °C　　　　　　　　　　　**I.M.V.** 90

Sauces	Cuissons	Plat 1	Plat 2	Fromages
Au bleu Au porto Fond de gibier	Mijoté Au four Poêlé	Entrecôte de bœuf, sauce au bleu	Carré d'agneau à l'ail et au romarin	Pâte pressée

MARCHESE ANTINORI, RISERVA ★★★✦

Producteur : Marchesi Antinori
Appellation : Chianti Classico
Pays : Italie

Millésime dégusté : 2007
Prix : 29,25 $
Code SAQ : 11421281

Goûter à ce vin, c'est se rapprocher des plus grands crus de ce monde. Déjà, aux premières émanations, lui résister semble futile. À l'œil, Il affiche une robe rubis assez profonde. À l'examen olfactif, il étale ses arômes avec aplomb. Des notes bien appuyées de café, de cassis, de mûre et d'épices se côtoient sans que rien ne prenne le dessus. Les nuances de bois sont omniprésentes et s'accompagnent de nuances de sous-bois. La bouche est ample, avec une trame tannique bien bâtie et un agréable côté soyeux. Fidèle aux accents perçus à l'olfaction, elle s'achève sur des notes de cuir. Long et savoureux.

Tannins · Corps : Charnus · Assez corsé
Caractères : Baies noires · Café
Température : Entre 16 et 18 °C　　　　　　　　　　　**I.M.V.** 90

Sauces	Cuissons	Plat 1	Plat 2	Fromages
Fond de veau Au vin rouge Aux épices	Grillé Poêlé Au four	Carré d'agneau à la toscane	Rôti de veau aux champignons sauvages	Pâte pressée

CHÂTEAU GAILLARD ★★★★

Producteur: SCEA Vignobles J.J. Nouvel
Appellation: Saint-Émilion Grand Cru
Pays: France

Millésime dégusté: 2008
Prix: 29,85 $
Code SAQ: 919316

Ce rouge à la robe rubis, moyennement profonde, sera à son aise lors des soirées fastes, en accompagnement d'un repas gastronomique ou en toute autre occasion spéciale. Son nez, aromatique à souhait, nuancé et racé, est garni de notes de prune, de cerise, de bois brûlé, d'épices et d'accents du terroir. La bouche est pulpeuse avec une trame tannique élancée, mais reposant sur de solides assises. On y décèle beaucoup de fruits, surtout la prune, un très bel équilibre. De plus, la finale s'étire sur plusieurs caudalies. L'élégance à la bordelaise est au rendez-vous pour notre plus grand plaisir.

Tannins • Corps: Charnus • Assez corsé
Caractères: Prune • Boisé
Température: Entre 14 et 16 °C

I.M.V. 90

Sauces	Cuissons	Plat 1	Plat 2	Fromages
Fond de gibier Au vin rouge Aux fruits	Au four Grillé Poêlé	Carré d'agneau, sauce à l'ail et au romarin	Mignon de cerf aux baies des champs	Pâte pressée

TERRA DI CONFINE, VITALONGA ★★★↘

Producteur: Azienda Agricola Maravalle
Appellation: I.G.T. Umbria
Pays: Italie

Millésime dégusté: 2007
Prix: 25,80 $
Code SAQ: 11452061

Ce très beau produit majoritairement élaboré à base de montepulciano, complété par un faible pourcentage de merlot, respire l'Italie. Il me fait penser à un Brunello di Montalccino. Affichant une robe très foncée ressemblant à de l'encre, il étale un bouquet expressif, dominé par des accents de fruits rouges et noirs bien mûrs. Ces nuances s'accompagnent d'effluves de bois et d'épices. La bouche est charnue, avec des tannins costauds, mais sans lourdeur. On dénote aussi une bonne acidité. Des saveurs de baies, de cerise et de prune s'expriment avec aplomb. De plus, la finale s'étire sur plusieurs caudalies. Idéal pour les repas fastes.

Tannins • Corps: Charnus • Corsé
Caractères: Fruits noirs • Boisé
Température: Entre 16 et 18 °C

I.M.V. 91

Sauces	Cuissons	Plat 1	Plat 2	Fromages
Fond de gibier Au vin rouge Demi-glace	Grillé Poêlé Au four	Côtelettes d'agneau grillées	Mignon de bœuf, sauce au bleu	Pâte pressée cuite

ROCCA GUICCIARDA, RISERVA ★★★★

Producteur: Barone Ricasoli SPA Agricola
Appellation: Chianti Classico
Pays: Italie

Millésime dégusté: 2008
Prix: 27,25 $
Code SAQ: 10253440

Comment faire pour ne pas succomber aux charmes de ce rouge baraqué et au caractère bien assumé? Rapport qualité-prix, il est difficile de faire mieux. Sous une robe dense, presque opaque, on perçoit un intense bouquet d'où émanent des odeurs de cerise noire et de cassis, de chocolat et de café, ainsi que des nuances de bois torréfié et de vanille. La bouche est pulpeuse, avec une trame tannique solidement constituée et une touche satinée. Les saveurs de baies des champs occupent beaucoup de place dans le palais. La finale nous laisse sur des notes toastées et de cuir. Très beau.

Tannins • Corps: Charnus • Corsé
Caractères: Baies des champs • Boisé
Température: Entre 16 et 18 °C

I.M.V. 91

Sauces	Cuissons	Plat 1	Plat 2	Fromages
Fond de gibier	Grillé	Mignon de	Carré d'agneau	Parmesan
Au porto	Au four	bœuf, sauce	en croûte	
Au bleu	Poêlé	au porto	d'olives noires	

Vins rouges entre 25 et 30 $

Autres vins
(rosés, effervescents, de dessert...)

*U*n bon repas ne serait pas complet s'il n'était agrémenté de temps à autre de vins différents. C'est le cas des vins rosés, ces vins délicats et fruités qui ont autant leur place sur les terrasses les jours de canicule qu'en accompagnement de certains mets élaborés ou simples. Souvent confinés à l'heure du cocktail, les effervescents – ou mousseux si vous préférez – ont également leur place à table. Il suffit de les essayer pour les adopter. Pour terminer, ce guide ne serait pas complet s'il n'y avait une place pour les vins liquoreux ou de dessert, ces perles de douceur, très prisés autant lorsqu'ils sont bus seuls qu'en accompagnement d'un foie gras ou d'un dessert.

LISTEL-GRIS, GRAIN DE GRIS ★★↘

Producteur: Listel
Appellation: Vin de Pays des Sables du Lion
Pays: France

Produit non millésimé
Prix: 12,15 $
Code SAQ: 270272

Voici un sympathique vin gris de presse élaboré avec du grenache gris à 100 % et offert à prix abordable. Déjà, sa robe de couleur pelure d'oignon très pâle nous invite à y tremper nos lèvres. Le nez est moyennement expressif et dévoile des effluves de groseille et de pêche juxtaposés à des nuances florales et de garrigue. La bouche est tendre, fraîche et délicate, sans pour autant être dénuée de substance. Les saveurs de groseille dominent le milieu de bouche alors qu'en rétro-olfaction, on perçoit des flaveurs de fines herbes. Joli, sans artifice ni flafla.

Acidité • Corps: Frais • Léger
Caractères: Groseille • Fines herbes
Température: Entre 10 et 11 °C

I.M.V. (68)

Sauces	Cuissons	Plat 1	Plat 2	Fromages
Rosée Aux fines herbes Aux fruits	Mijoté Cru Bouilli	Bouillabaisse	Tartare de saumon	Pâte molle à croûte lavée

JACKSON-TRIGGS, PROPRIETOR'S SELECTION, ROSÉ ★★↘

Producteur: Jackson-Triggs Estate Wines
Appellation: Vin de table
Pays: Canada

Produit non millésimé
Prix: 10,55 $
Code SAQ: 10387114

Ne serait-ce que pour le fait qu'une partie des profits de la vente de ce vin sont versés à la Société du cancer du Québec, ce rosé léger et fruité mérite une place dans ce guide. Il est le fruit de l'assemblage de vins locaux et importés. À l'œil, il affiche une robe rose saumon. Au nez, un bouquet moyennement aromatique dévoile des accents de cerise au marasquin, de fraise, ainsi que des intonations rappelant les épices douces. La bouche est fraîche et croustillante. On a l'impression de croquer dans un fruit frais. Les accents de fraise dominent le palais et y demeurent pendant plusieurs caudalies.

Acidité • Corps: Frais • Léger
Caractères: Fraise • Cerise
Température: Entre 9 et 11 °C

I.M.V. (70)

Sauces	Cuissons	Plat 1	Plat 2	Fromages
Aux fruits Nature Aux épices	Mijoté Cru Au four	Brie en croûte aux canneberges	Assiette de viandes froides	Pâte molle à croûte fleurie

MOUTON CADET, ROSÉ ★★♪

Producteur : Baron Philippe de Rothschild
Appellation : Bordeaux
Pays : France

Millésime dégusté : 2010
Prix : 13,95 $
Code SAQ : 10263592

Ce clairet est élaboré à base de merlot, de cabernet franc et de cabernet sauvignon, dans des proportions respectives de 65, 20 et 15 %. Le résultat est tout à fait réussi. À l'œil, il affiche une robe rose saumon. À l'olfaction, on perçoit un bouquet assez expressif, dominé par des notes de cerise confite, de fraise et de sucre d'orge. On perçoit aussi des nuances de violette. La bouche est fraîche et dotée d'une bonne structure. Les saveurs de fruits sont aisément détectables. Aux accents déjà identifiés à l'olfaction s'ajoutent des nuances rappelant la rafle. On retrouve les notes de fraise en finale.

Acidité • Corps : Frais • Moyennement corsé
Caractères : Fraise • Sucre d'orge
Température : Entre 9 et 12 °C

I.M.V. 70

Sauces	Cuissons	Plat 1	Plat 2	Fromages
Aux fruits Fumet de poisson Aux herbes	Mijoté Poêlé Cru	Tartare de thon	Saumon en croûte	Pâte molle à croûte lavée

PÉTALE DE ROSE ★★★

Producteur : Régine Sumeire
Appellation : Côtes de Provence
Pays : France

Millésime dégusté : 2009
Prix : 18,90 $
Code SAQ : 425496

Un copié-collé de mes notes de l'an dernier pour ce rosé typiquement provençal, tout en dentelle, délicat et fin, dévoilant une robe couleur pelure d'oignon et un bouquet nuancé à l'intérieur duquel on perçoit des odeurs de petits fruits rouges côtoyant des effluves de pêche fraîche et d'herbes de Provence. La bouche est fraîche et pleine de fruits. Assez léger et délicat. Les notes de petite cerise au marasquin dominent le milieu de bouche. Elles s'accompagnent de nuances de pêche, alors que la finale révèle des nuances de garrigue. Un grand classique, toujours stable et qui ne se démode pas.

Acidité • Corps : Frais • Léger +
Caractères : Cerise • Garrigue
Température : Entre 10 et 12 °C

I.M.V. 70

Sauces	Cuissons	Plat 1	Plat 2	Fromages
Rosée Aux herbes Aux fruits	Bouilli Mijoté Cru	Tartare de saumon	Bouillabaisse	Pâte molle à croûte lavée

BOUQUET DE PROVENCE, BILLETTE ★★★

Producteur : Château la Gordonne
Appellation : Côtes de Provence
Pays : France

Produit non millésimé
Prix : 12,15 $
Code SAQ : 23465

Son prix est alléchant, mais c'est surtout par ses qualités organoleptiques qu'il réussit à nous séduire et qui font qu'on y revient. J'avoue avoir un faible pour ce style de rosé, c'est-à-dire le genre délicat et sans exubérance. Un style qu'on pourrait qualifier d'à la provençale. Ce rosé arbore une couleur pelure d'oignon assez pâle. On perçoit dans son bouquet des nuances de fraise des champs, de pastèque et de griotte. Celles-ci s'associent aux effluves de garrigue et de fleur. La bouche est tendre et fraîche. Les saveurs détectées au nez s'affirment, particulièrement les notes de pastèque.

Acidité • Corps : Frais • Léger
Caractères : Fruits rouges • Garrigue
Température : Entre 10 et 12 °C

I.M.V. 73

Sauces	Cuissons	Plat 1	Plat 2	Fromages
Rosée Aux herbes Fumet de poisson	Cru Bouilli Mijoté	Terrine de lapin	Pâté de saumon à la sauce aux œufs	Pâte molle à croûte lavée

CABERNET SAUVIGNON, 120, ROSÉ ★★⌐

Producteur : Viña Santa Rita SA
Appellation : Valle del Maipo
Pays : Chili

Millésime dégusté : 2011
Prix : 11,95 $
Code SAQ : 266502

Un rosé à base de cabernet sauvignon, déjà cela pique la curiosité. À noter que le nom du vin est un hommage aux 120 patriotes qui luttèrent pour l'indépendance du Chili. À l'œil, il dévoile une robe rose cerise. Le nez est expressif. Des notes de baies rouges s'accompagnent de nuances florales ainsi que d'accents de sucre d'orge. La bouche est ample, sapide et fraîche. Les saveurs de baies, telles que la fraise et la framboise, s'expriment d'emblée et se collent littéralement au palais. Celles-ci ouvrent la voie à une finale révélant des flaveurs de cerise. Simple, efficace et rafraîchissant.

Acidité • Corps : Frais • Moyennement corsé
Caractères : Baies des champs • Floral
Température : Entre 8 et 12 °C

I.M.V. 75

Sauces	Cuissons	Plat 1	Plat 2	Fromages
Aux fruits Fumet de poisson Aux herbes	Au four Mijoté Cru	Jambon braisé	Assiette de viandes froides	Pâte pressée non cuite

🍷 MUGA, ROSÉ ★★★⭑

Producteur: Bodegas Muga SA
Appellation: Rioja
Pays: Espagne

Millésime dégusté: 2009
Prix: 15,70 $
Code SAQ: 11104690

Mis à part certains produits qui se démarquent, en règle générale, les vins rosés ont tendance à tous se ressembler. On mise d'abord sur le côté charmeur et convivial du produit et on esquive la profondeur. Encore une fois, cette année, voici l'exception qui confirme la règle. Sous une robe rose saumon, on trouve un riche et puissant bouquet d'arômes marqué par des notes de fraise des champs, de pêche, d'ananas et d'agrumes escortées par des nuances de fines herbes. La bouche est fraîche, structurée et tout en fruits. La finale est longue et persistante. Un must à prix doux.

Acidité • Corps: Frais • Moyennement corsé
Caractères: Fruits tropicaux • Fraise
Température: Entre 9 et 12 °C

I. M. V. 77

Sauces	Cuissons	Plat 1	Plat 2	Fromages
Fond de volaille Fumet de poisson Aux herbes	Grillé Au four Mijoté	Saumon grillé, fumet de poisson à l'oseille	Cailles braisées, sauce aux groseilles	Pâte molle à croûte lavée

DOMAINE DU VIEIL AVEN ★★★⭑

Producteur: Les Vignerons de Tavel
Appellation: Tavel
Pays: France

Millésime dégusté: 2010
Prix: 19,95 $
Code SAQ: 640193

Tavel est une appellation de la vallée du Rhône qui ne s'applique qu'à des rosés. Celui-ci est élaboré par la cave des vignerons de Tavel, une coopérative qui n'a plus besoin de présentation. La couleur de la robe oscille entre le rose cerise et le rose saumon. Le nez est élégant et dévoile des nuances de fruits rouges, de framboise surtout, ainsi que des notes d'épices. En bouche, l'attaque est franche, ronde et d'une agréable fraîcheur. Les saveurs de baies des champs et de garrigue sont mises à l'avant-plan. Il s'agit d'un excellent rosé de repas beaucoup plus que d'un vin d'apéro.

Acidité • Corps: Frais • Assez corsé
Caractères: Baies des champs • Garrigue
Température: Entre 9 et 11 °C

I. M. V. 77

Sauces	Cuissons	Plat 1	Plat 2	Fromages
Aux herbes Fumet de poisson Aux tomates	Grillé Poêlé Mijoté	Lapin aux herbes de Provence	Thon poêlé, sauce à la crème	Pâte molle à croûte lavée

WOLFBERGER, BRUT ★★★

Producteur : Cave Vinicole Eguisheim
Appellation : Crémant d'Alsace
Pays : France

Produit non millésimé
Prix : 18,50 $
Code SAQ : 732099

Les mousseux alsaciens sont certainement parmi les meilleurs de toute la France, et Wolfberger est un des chefs de file de cette appellation. Élaboré à base de pinot blanc, ce crémant montre une robe jaune pâle aux reflets verts. Les bulles sont délicates et forment de fins cordons. Un brin brioché, le nez dévoile aussi des parfums nuancés de citron, de pêche, de pomme et de fleurs blanches. La bouche est vive et ample et la mousse est abondante. Bien qu'il puisse satisfaire les gourmets autour d'un repas, il sera plus à sa place au moment du cocktail, à l'apéritif ou avec des canapés.

Acidité • Corps : Vif • Pâte fraîche
Caractères : Fruits blancs • Agrumes
Température : Entre 8 et 10 °C

I.M.V. 62

Sauces	Cuissons	Plat 1	Plat 2	Fromages
Au citron Au beurre À la crème	Cru Bouilli Poêlé	Gougère	Canapés de jambon bergère	Pâte fraîche

PIERRE SPARR, BRUT, RÉSERVE ★★★

Producteur : Pierre Sparr et ses Fils
Appellation : Crémant d'Alsace
Pays : France

Produit non millésimé
Prix : 21,35 $
Code SAQ : 10464651

Le Domaine Sparr en est à sa neuvième génération de vignerons. Le savoir-faire acquis au fil des ans se reflète dans ce produit tout à fait ravissant, élaboré à partir de 40 % de pinot blanc, autant de pinot auxerrois et de pinot noir. Paré d'une robe paille aux reflets verts, il produit des bulles fines. Il dégage un bouquet olfactif fin et délicat alliant des parfums de pêche, de pomme et de citron à une touche de minéralité. En bouche, l'attaque est franche, délicate et d'une belle fraîcheur. La finale offre de beaux arômes de pomme et de pamplemousse.

Acidité • Corps : Frais • Léger
Caractères : Pêche • Agrumes
Température : Entre 8 et 9 °C

I.M.V. 62

Sauces	Cuissons	Plat 1	Plat 2	Fromages
Au citron Fond de volaille Fumet de poisson	Cru Bouilli Vapeur	Tartare de saumon	Terrine de légumes	Chèvre

J.P. CHENET, BRUT, BLANC DE BLANCS

★★✦

Producteur: J.P. Chenet
Appellation: Vin de table
Pays: France

Produit non millésimé
Prix: 12,45 $
Code SAQ: 10540748

Je l'avoue, j'avais quelques réticences avant de goûter à ce vin. De la champagnette, que je me disais. Ha! Ces idées préconçues! Mais quelle ne fut pas ma surprise de constater qu'il s'agissait d'un produit tout à fait délicieux. La robe est de couleur jaune paille avec de fines bulles et une mousse relativement abondante. Le nez est toutefois assez délicat. On y perçoit des nuances florales côtoyant des effluves de compote de pommes et des notes légèrement briochées. La bouche est fraîche, avec une mousse texturée. Les saveurs de pomme se révèlent en premier, suivies d'agréables flaveurs minérales.

Acidité · Corps: Frais · Léger +
Caractères: Pomme · Minéral
Température: Entre 6 et 8 °C

I.M.V. 63

Sauces	Cuissons	Plat 1	Plat 2	Fromages
Aux fruits Fumet de poisson Nature	Bouilli Cru Mijoté	Huîtres nature	Gougère	Pâte molle à croûte fleurie

CODORNÍU, CLASSICO, BRUT

★★★

Producteur: Codorniù SA
Appellation: Cava
Pays: Espagne

Produit non millésimé
Prix: 13,70 $
Code SAQ: 503490

Lorsque j'interroge des gens à propos du Cava espagnol, je me rends compte que plusieurs ont une perception fausse de cette appellation. Selon moi, il s'agit d'un des meilleurs exemples du fait qu'un prix modique n'est pas signe de médiocrité. Ce mousseux est élaboré dans les règles de l'art et issu d'une seconde fermentation en bouteille. Il est difficile de croire qu'il ne coûte que 13 $. Brioché et toasté à souhait, avec des notes de pêche et de pomme et des nuances de silex dans une bouche fraîche. Que demander de plus? Il sera excellent au cocktail ou avec des huîtres.

Acidité · Corps: Frais · Léger
Caractères: Brioche · Pêche
Température: Entre 8 et 11 °C

I.M.V. 63

Sauces	Cuissons	Plat 1	Plat 2	Fromages
Fumet de poisson Au beurre Fond de volaille	Cru Au four Bouilli	Nage de fruits de mer	Huîtres nature	Pâte molle à croûte fleurie

SEGURA VIUDAS, BRUT, RESERVA ★★★

Producteur : Segura Viudas
Appellation : Cava
Pays : Espagne

Produit non millésimé
Prix : 14,30 $
Code SAQ : 158493

L'entrée de gamme de la maison Segura Viudas, propriété du géant Freixenet, est certainement l'un des meilleurs achats de sa catégorie. Ce vin est issu de l'assemblage de trois cépages traditionnels espagnols, le macabeo, le parellada et le xarel-lo. À l'oeil, la robe est jaune paille avec des bulles fines et délicates. Autant au nez qu'en bouche, il dévoile des parfums de pomme verte et de citron sur des nuances minérales rappelant la craie. Vive, mais sans excès, la bouche est fruitée et avec passablement de corps. Il sera à son meilleur bien frais autant à l'apéro qu'avec des fruits de mer.

Acidité • Corps : Vif • Moyennement corsé
Caractères : Pomme verte • Craie
Température : Entre 7 et 9 °C

I.M.V. 63

Sauces	Cuissons	Plat 1	Plat 2	Fromages
Au citron Fumet de poisson Nature	Cru Bouilli Vapeur	Huîtres	Moules aux agrumes	Chèvre

HENKELL TROCKEN ★★★

Producteur : Henkell & Co.
Appellation : Seck
Pays : Allemagne

Produit non millésimé
Prix : 14,95 $
Code SAQ : 122689

Ce mousseux allemand n'a pas besoin de présentation. Toutefois, il fait partie du décor depuis tellement longtemps qu'on a tendance à le traiter avec condescendance. Rectifions le tir. Ce fort joli sekt est élaboré selon la méthode Charmat, aussi appelée de la cuve close parce que la prise de mousse se fait à l'intérieur d'une cuve sous pression au lieu de se faire en bouteille. Il affiche une robe jaune paille, avec des bulles fines et abondantes. Au nez autant qu'en bouche, on perçoit des nuances d'agrumes, de pomme verte et de fleurs blanches et un côté minéral très plaisant. Vif, mais pas trop. Parfait pour le cocktail.

Acidité • Corps : Vif • Léger +
Caractères : Agrumes • Floral
Température : Entre 6 et 9 °C

I.M.V. 63

Sauces	Cuissons	Plat 1	Plat 2	Fromages
Aux fruits Au vin blanc Fumet de poisson	Cru Bouilli Vapeur	Mousse de poisson	Saumon fumé	Pâte molle à croûte fleurie

LEA DE VALLFORMOSA, BRUT ★★★

Producteur : Masia Vallformosa
Appellation : Cava
Pays : Espagne

Produit non millésimé
Prix : 15,15 $
Code SAQ : 11574501

Les gens qui ne jurent que par le champagne et qui lèvent systématiquement le nez sur les vins effervescents, dont le Cava, feraient mieux de faire le test avec celui-ci. Élaboré à base de xarel-lo, de parellada et de macabeo, il dévoile une robe jaune paille avec des bulles fines et abondantes. Au nez, on perçoit des notes de citron et de poire, ainsi que des nuances briochées et minérales. La bouche est fraîche, d'une agréable acidité, et la mousse assez volumineuse. Ce mousseux facile à boire ravira vos convives autant à l'apéritif qu'en accompagnement d'huîtres nature.

Acidité · Corps : Frais · Léger
Caractères : Poire · Citron
Température : Entre 6 et 8 °C

I.M.V. 63

Sauces	Cuissons	Plat 1	Plat 2	Fromages
Fumet de poisson Au citron Au beurre	Nature Poêlé Tartare	Ceviche de pétoncles	Huîtres nature	Pâte molle à croûte fleurie

PROSECCO, SANTI NELLO ★★★

Producteur : Casa Vinicola Botter Carlo & C. SPA
Appellation : Prosecco di Conegliano Valdobiadene
Pays : Italie

Produit non millésimé
Prix : 16,00 $
Code SAQ : 10540730

Ce mousseux est issu de la méthode de la cuve close, également appelée méthode Charmat. Celle-ci diffère de la méthode traditionnelle (utilisée en Champagne) en ce que la prise de mousse se fait dans une cuve sous pression au lieu de se faire en bouteille. Celui-ci est fort sympathique. Il affiche une robe jaune paille avec des reflets verts et des bulles fines assez persistantes. Au nez autant qu'en bouche, on discerne des accents d'agrumes et de fleurs ainsi que des nuances minérales. La bouche est vive, mais sans excès. De plus, le taux d'alcool n'est pas très élevé. La mousse est légère et croustillante.

Acidité · Corps : Vif · Léger +
Caractères : Agrumes · Minéral
Température : Entre 8 et 10 °C

I.M.V. 63

Sauces	Cuissons	Plat 1	Plat 2	Fromages
Aux agrumes Fumet de poisson Au beurre	Cru Au four Bouilli	Sushis	Filet de sole au citron vert	Chèvre

CHÂTEAU MONCONTOUR ★★★

Producteur: Château Moncontour
Appellation: Vouvray
Pays: France

Millésime dégusté: 2009
Prix: 19,95 $
Code SAQ: 430751

Ce mousseux, toujours bien fait, élaboré à base de chenin blanc à 100 %, est certainement un des meilleurs achats toutes catégories. Dévoilant une robe jaune paille avec de fines bulles, il dégage des odeurs de pomme Golden, de miel et de fleurs blanches avec, en arrière-plan, une agréable touche minérale. En bouche, la mousse est assez abondante et crémeuse avec passablement de volume. L'acidité est vive, mais sans excès. On a l'impression de croquer dans un fruit bien mûr. Il sera, à mon humble avis, plus à son aise à l'apéritif, en accompagnement de hors-d'œuvre et de canapés, qu'à table, mais ce n'est pas un défaut.

Acidité · Corps: Vif · Léger
Caractères: Pomme Golden · Miel
Température: Entre 8 et 10 °C

I.M.V. 63

Sauces	Cuissons	Plat 1	Plat 2	Fromages
Aux fruits	Cru	Canapés	Salade de	Chèvre
Au citron	Bouilli	de jambon	chèvre	
Au fromage	Au four	bergère	chaud	

PRESTIGE DE MOINGEON, BRUT ★★★

Producteur: Moingeon
Appellation: Crémant de Bourgogne
Pays: France

Produit non millésimé
Prix: 20,75 $
Code SAQ: 871277

Ce joli crémant est un excellent substitut au champagne, à moindre coût évidemment. Doté d'une robe de couleur paille avec des reflets verts. On y perçoit de fines bulles. Le nez délicat dévoile des notes de pain grillé, de pomme, de noix et de minéraux ainsi que des nuances de pomme et d'agrumes. La bouche est vive. Les notes de pomme s'expriment avec passablement de puissance et occupent le palais pendant plusieurs secondes avant de laisser la place aux arômes d'agrume et de brioche. Il sera à son aise en moult occasions, que ce soit à l'apéritif ou en accompagnement de poissons à chair blanche.

Acidité · Corps: Vif · Léger
Caractères: Pomme · Brioche
Température: Entre 7 et 10 °C

I.M.V. 63

Sauces	Cuissons	Plat 1	Plat 2	Fromages
Aux agrumes	Bouilli	Canapés au	Filet de sole	Pâte molle
Fumet	Cru	saumon	au beurre	à croûte
de poisson	Poêlé	fumé	citronné	fleurie
Au beurre				

CUVÉE J.M. MONMOUSSEAU ★★★

Producteur: J.M. Monmousseau
Appellation: Touraine Mousseux
Pays: France

Millésime dégusté: 2007
Prix: 17,20 $
Code SAQ: 223255

Année après année, ce producteur de la Loire nous offre toujours ici un produit réussi et bien ficelé. Élaboré à base de chenin blanc, ce mousseux arbore une robe jaune paille scintillante aux reflets verts. La mousse est volumineuse avec des bulles délicates. Le nez dévoile des notes de pomme verte, de miel et de noix rancies. La bouche est suave, fraîche et presque grasse. La mousse est crémeuse. Les arômes de pomme verte dominent la bouche, et la finale nous laisse sur des notes de pain grillé et de miel. Ce vin très agréable sera à sa place lors d'un cocktail ou d'une réception.

Acidité · Corps: Frais · Léger
Caractères: Pomme verte · Noix
Température: Entre 8 et 10 °C

I.M.V. 64

Sauces	Cuissons	Plat 1	Plat 2	Fromages
Au beurre Au citron Fumet de poisson	Cru Poêlé Au four	Salade de chèvre chaud	Filet de sole amandine	Chèvre

CUVÉE DE L'ÉCUSSON, BRUT ★★★✦

Producteur: Caves Bernard Massard SA
Appellation: Moselle
Pays: Luxembourg

Produit non millésimé
Prix: 17,50 $
Code SAQ: 95158

Voici un blanc de blanc, issu de chardonnay à 100 %, élaboré selon la méthode traditionnelle, c'est-à-dire comme en Champagne. Le résultat est tout à fait ravissant et pourrait faire la barbe à des produits beaucoup plus chers. À l'œil, il dévoile une robe jaune paille, avec des bulles fines et abondantes. Le nez s'est avéré assez discret à l'ouverture, mais s'est exprimé avec plus d'aplomb au fur et à mesure qu'il se réchauffait. Des notes d'amande, de pomme, de poire et de fleur parviennent à nos narines. La bouche est fraîche, ronde, avec une mousse crémeuse. Fidèle aux accents perçus à l'olfaction.

Acidité · Corps: Frais · Léger
Caractères: Pomme · Floral
Température: Entre 7 et 11 °C

I.M.V. 64

Sauces	Cuissons	Plat 1	Plat 2	Fromages
Fumet de poisson Aux fruits Nature	Cru Poêlé Au four	Saumon fumé	Pattes de crabe des neiges au beurre d'agrumes	Pâte molle à croûte fleurie

🍷 CUVÉE FLAMME, BRUT ★★★⟩

Producteur: Gratien & Meyer
Appellation: Crémant de Loire
Pays: France

Produit non millésimé
Prix: 20,20 $
Code SAQ: 11177856

Cet assemblage de 60 % de chardonnay complété par 25 % de cabernet franc et 15 % de chenin blanc est certainement un des meilleurs vins mousseux quant au rapport qualité-prix. Il affiche une robe jaune paille avec des bulles fines et abondantes. Au nez, on détecte aisément les notes typiques du chardonnay, à savoir des nuances de pomme, de brioche et d'amande. La bouche est vive tout en affichant une certaine fraîcheur et la mousse est crémeuse et suave. Les saveurs d'amande grillée s'expriment en premier, suivies de flaveurs de pomme, et nous entraînent vers des nuances rappelant la craie.

Acidité · Corps: Vif · Léger
Caractères: Amande grillée · Pomme
Température: Entre 8 et 10 °C

I.M.V. 64

Sauces	Cuissons	Plat 1	Plat 2	Fromages
Au beurre Aux amandes Fumet de poisson	Cru Poêlé Au four	Nage de fruits de mer au safran	Moules marinière	Pâte molle à croûte fleurie

LAURENS, CLOS DES DEMOISELLES, TÊTE DE CUVÉE ★★★

Producteur: Domaine J. Laurens
Appellation: Crémant de Limoux
Pays: France

Millésime dégusté: 2008
Prix: 21,10 $
Code SAQ: 10498973

Encore une fois cette année, ce crémant élaboré à base de chardonnay, de chenin et de pinot noir est une très belle réussite. Tout y est pour plaire à l'amateur de bulles le plus exigeant. À l'œil, la robe affiche une teinte de couleur jaune paille avec des reflets dorés. Les bulles délicates forment de longs cordons. Le nez est expressif et dévoile des nuances de pain grillé, de fruits tropicaux, de citron et de cire d'abeille. En bouche, il étale ses saveurs fraîches de citron dans une trame festive où une mousse crémeuse à souhait titille nos papilles. Bon autant à l'apéro qu'à table.

Acidité · Corps: Frais · Léger +
Caractères: Pain grillé · Citron
Température: Entre 8 et 10 °C

I.M.V. 64

Sauces	Cuissons	Plat 1	Plat 2	Fromages
Au citron Au beurre Au vin blanc	Cru Bouilli Poêlé	Tartare de saumon et de pétoncles	Crevettes tempura	Pâte molle à croûte fleurie

ROEDERER ESTATE

★★★★

Producteur : Roederer Estate Inc.
Appellation : Anderson Valley
Pays : États-Unis

Produit non millésimé
Prix : 28,40 $
Code SAQ : 294181

Évidemment, on est loin du Cristal de la même maison champenoise, mais avec ce mousseux californien, on se rapproche du Roederer, Brut, Premier, pour le tiers du prix. Élaboré à base de chardonnay et de pinot noir dans des proportions de 60 et 40 %, il n'a pas son pareil à ce prix. Il affiche une robe jaune paille, avec de belles bulles fines. Le nez est empreint de finesse. On y trouve des arômes de pomme et de brioche à la vanille, suivis d'un soupçon de cannelle et d'amande douce. En bouche, l'attaque est franche, fraîche, avec une bonne acidité. La pomme côtoie d'agréables nuances minérales. Un *must*.

Acidité · Corps : Frais · Moyennement corsé
Caractères : Pomme · Brioche
Température : Entre 8 et 11 °C

I. M. V. 65

Sauces	Cuissons	Plat 1	Plat 2	Fromages
Fumet de poisson Au vin blanc Au beurre	Poêlé Grillé Au four	Filet de truite meunière	Blanc de volaille aux agrumes	Pâte molle à croûte fleurie

PERLE D'AURORE, ROSÉ

★★★

Producteur : Louis Bouillot
Appellation : Crémant de Bourgogne
Pays : France

Produit non millésimé
Prix : 22,05 $
Code SAQ : 11232149

Ce crémant rosé est élaboré à base de pinot noir pour 80 % de l'assemblage, complété par du gamay. Le résultat est fort joli et sympathique. À l'œil, la robe est de couleur pelure d'oignon, avec de fines bulles formant de longs cordons. Au nez, on discerne un bouquet assez aromatique, dominé par des accents de cassis et de framboise sauvage. La bouche est fraîche, avec une belle mousse crémeuse ainsi qu'une agréable acidité. Les saveurs de baies rouges et noires dominent le palais et l'occupent jusqu'à la finale. Assez unidimensionnel, diront certains, mais résolument bon.

Acidité · Corps : Frais · Moyennement corsé
Caractères : Cassis · Framboise
Température : Entre 7 et 10 °C

I. M. V. 72

Sauces	Cuissons	Plat 1	Plat 2	Fromages
Aux fruits Fumet de poisson Fond de volaille	Bouilli Cru Au four	Darne de saumon à la plancha	Gambas, sauce à l'ail et aux tomates	Pâte molle à croûte lavée

ACKERMAN, X NOIR, BRUT   ★★★

Producteur: Ackerman
Appellation: Vin de table
Pays: France

Produit non millésimé
Prix: 18,65 $
Code SAQ: 11315251

Ne serait-ce que pour faire différent, voici un vin mousseux tout à fait charmant, élaboré à base de chenin noir, qu'on appelle aussi pineau d'aunis. C'est de Saumur, dans la vallée de la Loire qu'il provient. Déjà, sa bouteille noire et son étiquette rose captent l'attention. Mais c'est surtout son contenu qui vous charmera. Il dévoile une robe couleur rose saumon et, au nez, il offre un bouquet expressif d'où émanent des notes de fraise et de baies des champs qui s'accompagnent de nuances florales et épicées. La bouche est tout en fruit, fraîche et ample. Parfait à l'heure de l'apéro.

Acidité • Corps: Frais • Léger
Caractères: Baies des champs • Épices
Température: Entre 9 et 11 °C

I.M.V. 75

Sauces	Cuissons	Plat 1	Plat 2	Fromages
Aux fruits Fond de volaille Aux herbes	Cru Bouilli Au four	Canapés de saumon fumé	Rillettes de porc aux griottes	Pâte molle à croûte lavée

BRUTUS, CHARLES MEUNIER   ★★↗

Producteur: Charles Meunier
Appellation: Québec
Pays: Canada (Québec)

Produit non millésimé
Prix: 12,75 $
Code SAQ: 83329

Bon, j'avoue avoir hésité avant d'inclure ce produit parmi mes choix de cette année. Lorsqu'il m'a été proposé, mon côté intellectuel disait non, alors que mes papilles disaient oui. J'ai écouté ces dernières. Très proche d'un Moscato d'Asti quant au style, c'est-à-dire très fruité, peu alcoolisé (9 %) et demi-doux. À l'œil, il affiche une robe jaune paille, avec de fines bulles. Au nez autant qu'en bouche, il dévoile des notes de pomme compotée, de pêche, d'agrumes et de miel. La bouche est douce et fraîche à la fois. La mousse est agréable et crémeuse. Bon autant à l'apéritif qu'au dessert.

Acidité • Corps: Demi-doux • Léger
Caractères: Pomme • Miel
Température: Entre 6 et 9 °C

I.M.V. 100

Sauces	Cuissons	Plat 1	Plat 2	Fromages
Aux fruits Au miel Nature	Cru Au four Poêlé	À l'apéritif	Tarte aux fruits blancs	Pâte fraîche

NIVOLE ★★★✈

Producteur: Michele Chiarlo SRL
Appellation: Moscato d'Asti
Pays: Italie

Millésime dégusté: 2011
Prix: 11,20 $
Code SAQ: 979062

Toujours aussi plaisant, ce vin délicat, très fruité et léger. À l'œil, il affiche une robe jaune paille avec des bulles fines et délicates. Au nez, il exhale des parfums dominants de pêche, de fleurs blanches, d'agrumes et de gingembre. La mousse est crémeuse et légère, mais suffisamment présente en bouche pour satisfaire les amateurs de vins effervescents. Les nuances perçues au nez se reflètent dans le palais, surtout les notes de pêche. La finale culmine sur des flaveurs de gingembre. On le recommande au dessert, mais il sera également très bon à l'apéritif.

Acidité · Corps: Doux · Léger
Caractères: Pêche · Floral
Température: Entre 6 et 8 °C

I.M.V. 100

Sauces	Cuissons	Plat 1	Plat 2	Fromages
Aux fruits Nature Au fromage	Cru Au four Poêlé	Tarte aux pêches	Pâté de foie gras	Pâte fraîche

VIDAL, SELECT LATE HARVEST ★★★★

Producteur: Inniskillin Wines Inc.
Appellation: Ontario
Pays: Canada

Millésime dégusté: 2007
Prix: 20,20 $
Code SAQ: 398040

Cette vendange tardive, élaborée à base de vidal, est probablement ce qui se rapproche le plus d'un vin de glace, mais à un prix aussi doux que son nectar. Doté d'une robe dorée, dense et profonde, il offre au nez un bouquet puissant d'où émanent des parfums de fruits tropicaux tels que la mangue, la mandarine, l'abricot et le melon de miel. En bouche, il est texturé, onctueux et moelleux à souhait. Les saveurs fruitées explosent littéralement sous le palais, surtout les notes de mangue et d'abricot. La sensation de sucre est bien présente, mais l'acidité fait contrepoids, créant ainsi une douce harmonie.

Acidité · Corps: Doux · Moyennement corsé
Caractères: Fruits tropicaux · Melon de miel
Température: Entre 6 et 8 °C

I.M.V. 102

Sauces	Cuissons	Plat 1	Plat 2	Fromages
Aux fruits Sans sauce Au miel	Cru Au four Poêlé	Crème brûlée au foie gras	Tarte à l'abricot	Tous

BULLES D'AUTOMNE ★★★

Producteur : Domaine de Lavoie
Appellation : Brome-Missisquoi
Pays : Canada (Québec)

Produit non millésimé
Prix : 15,60 $
Code SAQ : 11440319

C'est bien connu, les produits issus de la pomme sont, avec le vin de glace, ce qui se fait de mieux au Québec. Ce produit est un cidre de glace auquel on a ajouté du gaz carbonique. Le résultat est fort intéressant, car les bulles ont pour effet de contrebalancer le sucre et de lui donner une touche de légèreté. La robe est dorée, avec une fine mousse. Le nez est aromatique, avec des notes de compote de pommes, de cannelle et de cire d'abeille. La bouche est ample et généreuse. Bonne sensation de sucre, équilibrée par une acidité croquante. La pomme domine, suivie de nuances de miel.

Acidité • Corps : Doux • Assez corsé
Caractères : Pomme • Miel
Température : Entre 6 et 8 °C

I.M.V. 103

Sauces	Cuissons	Plat 1	Plat 2	Fromages
Aux pommes Aux fruits Au miel	Au four Poêlé Nature	Tarte aux pommes	Foie gras poêlé, aux pommes	Persillé

MUSCAT DES PAPES ★★★

Producteur : Vignerons de Beaumes de Venise
Appellation : Muscat de Beaumes-de-Venise
Pays : France

Produit non millésimé
Prix : 19,00 $
Code SAQ : 93237

Un vin doux naturel est un vin muté à l'alcool au moment de la fermentation. Celle-ci étant interrompue, on conserve le sucre. Il en résulte un vin très fruité, moins complexe qu'une vendange tardive ou un vin de glace, mais résolument bon. Celui-ci a ses racines au pied du massif des Dentelles de Montmirail, à environ 50 km du Palais des Papes, siège de la chrétienté au XIVe siècle. Au nez autant qu'en bouche, on perçoit une explosion de fruits tropicaux. Aux nuances de pêche, de litchi et de mangue s'ajoutent des notes de miel et de fleurs blanches. La bouche est douce, mais avec un charmant côté croquant.

Acidité • Corps : Doux • Moyennement corsé
Caractères : Fruits tropicaux • Floral
Température : Entre 6 et 9 °C

I.M.V. 103

Sauces	Cuissons	Plat 1	Plat 2	Fromages
Aux fruits Nature Au miel	Cru Poêlé Au four	Foie gras poêlé, à la confiture d'abricot	Tarte aux fruits	Tous

DOMAINE DE LAVOIE, CIDRE DE GLACE ★★★┤

Producteur: Domaine de Lavoie
Appellation: Montérégie
Pays: Canada (Québec)

Produit non millésimé
Prix: 24,20 $
Code SAQ: 10348781

Il y a longtemps que je le pense, là où le Québec peut jouer dans la cour des grands, c'est avec les produits de la pomme. Depuis quelques années, ce secteur d'activité a incroyablement progressé, grâce à des passionnés comme le Domaine de Lavoie. Ce cidre de glace affiche une robe dorée, assez profonde. Il est doté d'un nez assez puissant et nuancé d'où émanent des arômes de pommes caramélisées, de sucre d'orge et de fruits exotiques confits. La bouche est ample, sucrée, mais cette douceur est équilibrée par une vive acidité. De plus, la texture est onctueuse. Les saveurs sont fidèles aux intonations perçues à l'olfaction.

Acidité · Corps: Doux · Assez corsé
Caractères: Pommes caramélisées · Sucre d'orge
Température: Entre 6 et 8 °C

I.M.V. 103

Sauces	Cuissons	Plat 1	Plat 2	Fromages
Aux pommes Au caramel Au citron	Au four Poêlé Cru	Tarte au citron	Foie gras poêlé, aux pommes caramélisées	Pâte molle à croûte lavée

MOSCATEL DE SETÙBAL, THASOS ★★★

Producteur: Joao T. Barbosa Vinhos
Appellation: Moscatel de Setùbal
Pays: Portugal

Millésime dégusté: 2008
Prix: 12,05 $
Code SAQ: 10809920

Certainement l'un des meilleurs rapports qualité-prix-plaisir sur le marché. Ce vin doux naturel, comme son nom l'indique, est élaboré à base de muscat. La fermentation est interrompue par l'adjonction d'alcool, ce qui permet de conserver un taux de sucre résiduel tout en augmentant le degré d'alcool (17 %). Affichant une robe ambrée assez profonde, il dévoile un riche et intense bouquet marqué par des notes d'épices, d'écorce d'orange et de fruits tropicaux confits, appuyées par des nuances d'oxydation qui sont loin de déplaire. La bouche est ample, intense, croquante et très sapide. Les saveurs perçues sont en tous points fidèles aux arômes détectés à l'olfaction.

Acidité · Corps: Doux · Corsé
Caractères: Fruits tropicaux confits · Épices
Température: Entre 6 et 9 °C

I.M.V. 104

Sauces	Cuissons	Plat 1	Plat 2	Fromages
Aux fruits Aux épices douces Nature	Au four Poêlé Nature	Foie gras poêlé au poires	Gâteau aux fruits	Persillé

CHÂTEAU DE BEAULON, 5 ANS ★★★✦

Producteur: Château de Beaulon
Appellation: Pineau des Charentes
Pays: France

Produit non millésimé
Prix: 19,65 $
Code SAQ: 66043

Le Pineau des Charentes est une mistelle. Il est obtenu grâce à l'adjonction de cognac à un moût frais de raisins non fermenté. Celui-ci est élaboré avec les cépages sauvignon et sémillon. Doté d'une robe ambrée, il dévoile un bouquet expressif, dominé par des nuances de pommes compotées, d'épices douces, de miel et de vanille. La bouche est suave, douce, mais pas trop, avec de légères nuances oxydées. Les saveurs d'épices et de pomme dominent, suivies de notes d'agrumes et d'abricot, ainsi que de flaveurs de raisins secs en finale. Bien plus qu'un simple apéritif. Il est préférable de le servir frais, sans glaçons.

Acidité • Corps: Doux • Assez corsé
Caractères: Pommes • Agrumes
Température: Entre 7 et 10 °C

I.M.V. 104

Sauces	Cuissons	Plat 1	Plat 2	Fromages
Aux fruits Au miel Aux épices douces	Poêlé Au four Cru	Crème brûlée	Tarte tatin	Persillé

CABRAL, BRANCO FINO, PORTO BLANC ★★★

Producteur: Vallegre Vinhos do Porto
Appellation: Porto
Pays: Portugal

Produit non millésimé
Prix: 14,20 $
Code SAQ: 10270733

Le porto blanc est toujours resté dans l'ombre de son illustre frère, le porto rouge, dont la popularité ne se dément pas. Il est pourtant beaucoup plus qu'une pâle copie de l'autre. Doté d'une robe ambrée, il dévoile un bouquet aromatique, dominé par des parfums de pommes compotées, de raisins séchés et de noix rancies. La bouche est ample, goûteuse et pas trop sucrée. Les nuances détectées à l'olfaction reviennent nous charmer pour notre plus grand plaisir. De plus, il est assez long en bouche. À boire nature ou sur des glaçons, arrosé de tonic.

Acidité • Corps: Frais • Corsé
Caractères: Pomme compotée • Raisins séchés
Température: Entre 8 et 11 °C

I.M.V. 105

Sauces	Cuissons	Plat 1	Plat 2	Fromages
Aux fruits Au bleu Aux noix	Au four Poêlé Nature	Tarte aux pommes et au cheddar	Charlotte aux fruits	Pâte pressée cuite

CIDRE DE GLACE, DOMAINE PINNACLE ★★★

Producteur : Domaine Pinnacle
Appellation : Brome-Missisquoi
Pays : Canada (Québec)

Millésime dégusté : 2009
Prix : 25,00 $
Code SAQ : 734269

De tous les produits alcoolisés à base de fruits élaborés au Québec, le cidre de glace est certainement le plus intéressant. Les producteurs d'ici maîtrisent bien cette technique qui consiste à presser la pomme aux premières gelées d'hiver pour en tirer un jus riche en sucre. Le Domaine Pinnacle est une figure de proue de cette industrie grandissante. Sous une robe jaune or, dense et profonde, on discerne dans ce produit un bouquet expressif aux dominantes de pommes compotées, de cire d'abeille, de miel et d'épices douces. La bouche est douce, mais bien équilibrée grâce à une bonne acidité. Long et savoureux.

Acidité · Corps : Doux · Assez corsé
Caractères : Pomme · Miel
Température : Entre 5 et 8 °C

I.M.V. 105

Sauces	Cuissons	Plat 1	Plat 2	Fromages
Aux fruits Au citron Au miel	Cru Poêlé Au four	Foie gras poêlé, compote de pommes et oignons	Tarte au citron	Tous

---

NEIGE, PREMIÈRE ★★★★♪

Producteur : La Face Cachée de la Pomme Inc.
Appellation : Brome-Missisquoi
Pays : Canada (Québec)

Millésime dégusté : 2009
Prix : 25,00 $
Code SAQ : 744367

Ce produit à de quoi faire plier l'échine à plusieurs grands vins liquoreux de la planète. Pas étonnant qu'il connaisse un grand succès, même en Europe où il est vendu deux, voire trois fois plus cher qu'ici. Affichant une robe dorée, assez profonde, il étale un riche bouquet dominé par des odeurs de compote de pommes et de fruits tropicaux ainsi que des nuances de cire d'abeille. La bouche est ample, douce et onctueuse. Son acidité naturelle vient contrebalancer la douceur du produit afin de lui donner une dimension qui nous rapproche du fruit. La bouche est le miroir du nez du point de vue gustatif.

Acidité · Corps : Doux · Moyennement corsé
Caractères : Compote de pommes · Fruits tropicaux
Température : Entre 6 et 9 °C

I.M.V. 105

Sauces	Cuissons	Plat 1	Plat 2	Fromages
Aux fruits Nature Au miel	Poêlé Cru Au four	Tarte au citron	Foie gras poêlé, aux pommes	Tous

CIDRE DE GLACE PÉTILLANT, DOMAINE PINNACLE ★★★

Producteur: Domaine Pinnacle
Appellation: Brome-Missisquoi
Pays: Canada (Québec)

Millésime dégusté: 2009
Prix: 29,00 $
Code SAQ: 10341247

Depuis que ce domaine a mis ce produit unique sur le marché, plusieurs producteurs de cidre québécois l'ont imité. Avec raison puisque les bulles ajoutent un côté aérien et sensuel à l'ensemble déjà très charmant. À noter que l'effervescence est due à l'adjonction de gaz carbonique au moût fermenté. Sur une robe dorée assez intense, on découvre un bouquet expressif à l'intérieur duquel on perçoit des nuances de pomme, d'écorces d'orange, de miel et de cannelle. La bouche est douce, mais contrebalancée par une bonne acidité. La mousse est agréable et rafraîchit le palais. Fidèle aux accents perçus à l'olfaction.

Acidité • Corps: Doux • Assez corsé
Caractères: Pomme • Miel
Température: Entre 5 et 8 °C

I.M.V. 105

Sauces	Cuissons	Plat 1	Plat 2	Fromages
Aux fruits Au citron Au miel	Cru Poêlé Au four	Tarte tatin	Sabayon au citron	Tous

CHÂTEAU DE BEAULON, RUBIS, 5 ANS ★★★✦

Producteur: Château de Beaulon
Appellation: Pineau des Charentes
Pays: France

Produit non millésimé
Prix: 19,70 $
Code SAQ: 884247

Le Château Beaulon fut le premier à nous offrir un pineau des Charentes rouge sur le marché québécois. Celui-ci est élaboré avec les cépages cabernets franc et sauvignon ainsi que merlot. Il en résulte un vin riche, puissant et complexe exhibant une robe rubis avec des reflets ambrés. Le nez est assez expressif, dominé par des nuances d'épices, de cerise noire à l'eau-de-vie, de pommes compotées et de caramel. La bouche est ample, avec des tannins fins et fondus. Les saveurs de compote de pommes aux épices douces occupent la majeure partie du palais. Bien plus qu'un simple apéro.

Acidité • Corps: Doux • Assez corsé
Caractères: Compote de pommes • Épices
Température: Entre 7 et 10 °C

I.M.V. 107

Sauces	Cuissons	Plat 1	Plat 2	Fromages
Aux fruits Aux épices douces Au chocolat	Au four Poêlé Grillé	Foie gras poêlé aux raisins rouges	Dacquoise au chocolat et aux griottes	Persillé

CRUZ, LATE BOTTLED VINTAGE ★★★

Producteur: Gran Cruz Porto
Appellation: Porto
Pays: Portugal

Millésime dégusté: 2004
Prix: 19,95 $
Code SAQ: 560151

Voici un fort joli L.B.V., qui a subi un vieillissement de six ans en fût avant d'être embouteillé. Il en résulte un vin à la robe très foncée, presque noire. À l'olfaction, il déploie ses arômes avec puissance et des notes d'épices, de fruits noirs confits, de myrtille et de cerise confite surtout. En toile de fond, on discerne des nuances de chocolat. La bouche est ample, sapide, avec des tannins bien en chair et un côté soyeux apporté par la présence de sucre. Les saveurs qu'on y retrouve sont en tous points identiques aux arômes perçus à l'olfaction. De plus, il est doté d'une longue finale.

Acidité · Corps: Charnus · Assez corsé
Caractères: Baies des champs · Chocolat
Température: Entre 14 et 16 °C

I.M.V. 108

Sauces	Cuissons	Plat 1	Plat 2	Fromages
Aux fruits Au chocolat Aux épices	Au four Poêlé Mijoté	Brownie au chocolat	Foie gras au porto	Persillé

🍇 GRAHAM'S, LATE BOTTLED VINTAGE ★★★⁄

Producteur: Symington Family Estate Vinhos Lda   **Millésime dégusté:** 2006
Appellation: Porto   **Prix:** 19,95 $
Pays: Portugal   **Code SAQ:** 191239

Très agréable découverte que ce porto suave, bien ficelé, très doux et bien équilibré. Exposant une robe pourpre très dense et profonde, il dévoile, au nez, un bouquet riche et expressif aux intonations de fruits noirs et rouges confits, de figue, d'épices, de caramel et de café. Il est doté d'une belle bouche suave, ronde, avec une trame tannique reposant sur de bonnes assises, mais sans aspérité. La texture est onctueuse. On y remarque beaucoup de saveurs fruitées telles que le cassis et d'autres baies confites. Les épices, le poivre entre autres, suivent pour culminer sur des nuances caramélisées.

Acidité • Corps: Charnus • Assez corsé
Caractères: Fruits confits • Épices
Température: Entre 15 et 18 °C   **I.M.V.** 108

Sauces	Cuissons	Plat 1	Plat 2	Fromages
Au chocolat Au caramel Aux épices	Cru Poêlé Au four	Gâteau au fromage, chocolat et framboise	Foie gras poêlé, sauce aux figues	Persillé

VIGNETO FIORATO ★★★⁄

Producteur: Argiola Tommasi Viticoltori   **Millésime dégusté:** 2008
Appellation: Recioto della Valpolicella Classico   **Prix:** 25,95 $
Pays: Italie   **Code SAQ:** 927335

Véritable vin de plaisir offert en format 375 ml que ce produit issu de raisins passerillés, c'est-à-dire séchés, donc gorgés de sucre. Les amateurs de porto y trouveront des affinités, mais sans le côté oxydatif et aussi boisé que le vin fortifié portugais. Doté d'une robe rubis assez profonde, il dévoile au nez des nuances de fruits rouges et noirs confits ainsi que des notes de cuir et de sous-bois. En toile de fond, on perçoit également des intonations de chocolat et de caramel. La bouche est pulpeuse et assez tannique, mais contrebalancée par une douceur réconfortante pour les papilles.

Acidité • Corps: Tannique • Assez corsé
Caractères: Fruits rouges et noirs confits • Cuir
Température: Entre 12 et 15 °C   **I.M.V.** 108

Sauces	Cuissons	Plat 1	Plat 2	Fromages
Au chocolat Fruits rouges ou noirs Aux épices	Poêlé Au four Cru	Tarte au chocolat	Foie gras poêlé, aux figues	Persillé

CABRAL, TAWNY 10 ANS

★★★✦

Producteur : Vellegre Vinhos do Porto
Appellation : Porto
Pays : Portugal

Produit non millésimé
Prix : 28,10 $
Code SAQ : 10270741

Tout est là, dans ce tawny, pour plaire à l'amateur de porto le plus exigeant. Affichant une couleur tuilée, il offre un bouquet expressif à souhait, dominé par des nuances de fruits confits, d'écorce d'orange, de caramel et d'épices douces ainsi que des notes bien appuyées de bois. La bouche est suave, ronde et douce avec des tannins bien présents et très goûteuse. Les saveurs de fruits secs s'expriment d'emblée, rejointes aussitôt par des intonations rappelant le cacao, les épices et le raisin de Corinthe. La finale, qui s'étire sur plusieurs caudalies, révèle des accents d'orange amère.

Acidité • Corps : Doux • Corsé
Caractères : Fruits confits • Boisé
Température : Entre 15 et 16 °C

I. M. V. 109

Sauces	Cuissons	Plat 1	Plat 2	Fromages
Au porto Aux fruits Caramel	Poêlé Au four Nature	Foie gras poêlé aux raisins de Corinthe	Sachertorte	Persillé

CRUZ, SPÉCIAL RESERVE

★★★

Producteur : Gran Cruz Porto
Appellation : Porto
Pays : Portugal

Produit non millésimé
Prix : 15,95 $
Code SAQ : 10331778

Ce ruby vendu à prix modique se laisse boire sans se faire prier, et on en redemande. Affichant une robe tuilée, il offre, au nez, un bouquet très aromatique, voire explosif. Des notes bien appuyées de bois, de fruits confits, d'écorces d'orange et d'épices s'expriment avec aplomb. La bouche est charnue, avec des tannins bien en chair, tout en affichant un agréable côté soyeux apporté par la douceur naturelle de ce vin muté. On retrouve avec bonheur les nuances perçues à l'olfaction, particulièrement les saveurs d'écorces d'orange et de bois. À noter aussi son agréable fraîcheur.

Acidité • Corps : Charnus • Corsé
Caractères : Fruits confits • Écorces d'orange
Température : Entre 16 et 18 °C

I. M. V. 112

Sauces	Cuissons	Plat 1	Plat 2	Fromages
Aux fruits Au porto Au chocolat	Poêlé Au four Cru	Tarte aux noix et au sirop d'érable	Foie gras au porto	Persillé

Indices IMV
des ingrédients des plats

*D*ans cette section, vous trouverez les renseignements nécessaires à l'établissement de l'indice IMV global des recettes que vous vous apprêtez à concocter, établi à partir de cotes accordées à chacun de leurs éléments constituants : ingrédients de base, modes de cuisson et sauces ou accompagnements. À l'aide de l'information colligée dans cette annexe et de la marche à suivre expliquée en page 19, les accords mets et vins n'auront plus de secrets pour vous.

Rappelons d'abord les concepts de base (voir p. 19) :

> **Formule de calcul pour obtenir l'IMV de votre plat :**
>
> Ingrédient principal : _____
>
> +
>
> Mode de cuisson : _____
>
> Sauce ou +
> accompagnement : _____
>
> **IMV du plat** =

Tableau servant à vérifier si le vin sélectionné est en accord avec votre plat (une différence nulle représente un accord parfait).

9 et moins	De -6 à -8	De -3 à -5	De -2 à +2	De +3 à +5	De +6 à +8	9 et plus
Hors d'équilibre	À éviter	Bon	Excellent	Bon	À éviter	Hors d'équilibre

Note : Bien que nos répertoires soient assez exhaustifs, certains produits vendus sur le marché pourraient ne pas s'y trouver. Si tel était le cas, nous vous invitons à choisir pour fins de calcul un produit cité que vous croyez similaire.

Vous trouverez également un grand nombre de plats dans l'index approprié (p. 248), qui vous guideront alors directement vers des choix de vins sans avoir à faire de calcul d'IMV.

1. Répertoire des ingrédients de base

Avant de commencer, il est important de comprendre qu'on entend par produit de base l'ingrédient prédominant de la recette, à savoir une pièce de viande, un poisson, un fruit de mer ou tout autre élément principal. S'il s'agit, par exemple, d'un feuilleté de champignons sautés, sauce à la crème, le produit de base dans ce cas-ci est le champignon. S'il s'agit d'un feuilleté de ris de veau poêlé à la sauce crème et champignons, le produit de base est le ris de veau. Dans le cas où vous avez plus d'un ingrédient de base, il vous suffit d'additionner les produits de base et de diviser la somme par le nombre d'ingrédients que vous utilisez.

Exemple : pour une fricassée de bœuf, porc et veau (50,5 + 47 + 49,5 = 146 ÷ 3 = 49), l'indice sera de 49. Cet indice s'additionnera ensuite à votre mode de cuisson et à votre sauce ou accompagnement.

Note : Plusieurs produits de notre répertoire d'ingrédients de base peuvent également être employés comme accompagnement. Nombre d'entre eux se voient donc accorder une cote dans cette dernière catégorie également, mais dans l'éventualité où l'un des produits ne s'y trouverait pas, multipliez alors la cote de votre ingrédient par 0,66 et arrondissez ce nombre. Par exemple, si vous avez un filet de sole, poêlé, garni de crevettes, les crevettes deviennent votre accompagnement. Ainsi la valeur des crevettes en tant qu'accompagnement sera de 22 après que le résultat aura été arrondi (33 X 0,66 = 21,78). L'IMV total du plat sera donc de 65 (31 + 12 + 22 = 65).

VIANDES

Note : En ce qui concerne les viandes rouges, les cotes ont toutes été attribuées sur la base d'une cuisson médium-saignant ou saignant. Toute viande rouge, si elle est cuite au-delà de médium-saignant, nécessitera un vin moins tannique que si elle est cuite saignante par exemple. Par conséquent, étant donné que la structure tannique est un critère important de la méthode proposée, il vous faudra alors déduire un à deux points, un point pour médium et deux pour bien cuit.

Exemple n° 1 : Filet de bœuf, saignant, poêlé, fond de gibier (51,5 + 12 + 28 = 91,5)

Vin proposé : Cabernet sauvignon, Arboleda, Valle de Aconcagua, Chili, 2009, prix : 19,70 $, IMV : 91

Exemple n° 2 : Filet de bœuf, bien cuit, poêlé, fond de gibier (49,5 + 12 + 28 = 89,5)

Vin proposé : Syrah, J. Lohr, South Ridge, Paso Robles, États-Unis, 2010, prix : 19,35 $, IMV : 89

OISEAUX ET VOLAILLE DE BASSE-COUR

Chapon 36
Dinde, dindon.................... 41
Dinde, dindon (cuisse) 41
Dinde, dindon (poitrine) . 38,5
Poulet (entier) 39
Poulet (cuisse) 39
Poulet (poitrine)............ 35,5
Poulet de Cornouaille 36,5

VIANDES ROUGES

Agneau (entier ou toutes pièces confondues)........... 52
Agneau (carré) 51,5
Agneau (côte, côtelettes).. 53
Agneau (gigot, souris) ... 52,5
Agneau (longe, filet)......... 52

GIBIER À POIL

GIBIER À PLUMES

ABATS

Abats d'agneau

Cervelle............................ 39

Cœur 46

Foie 48

Langue 42

Ris 42

Rognons 47

Abats de bœuf

Animelles
(rognons blancs) 42,5

Cervelle............................ 39

Cœur 48,5

Foie 48,5

Gras double
(tablier du sapeur) 40

Hampe 48

Joue................................. 44

Langue 42

Onglet.............................50,5

Ris 42,5

Abats de veau

Cervelle............................ 39

Cœur 46,5

Foie 46,5

Joue................................. 42

Langue 42

Ris 36

Rognon............................. 44

Abats de volaille et autres

Foie gras (canard, oie) 70

Gésier (canard, oie) 43

Cœur (canard, oie, poulet,
dinde et autres volailles
et gibier à plumes) 42

Foie (canard, oie, poulet,
dinde et autres volailles
et gibier à plumes) 44

PRODUITS TRIPIERS ET SALAISON

Note : Dans le cas des charcuteries, des saucissons secs et de certains autres produits tripiers consommés seuls ou accompagnés de pain, utilisez la formule simplifiée suivante : multipliez l'IMV par 1,75, ce qui vous conduira directement aux vins appropriés.

Exemple :
Jésus de Lyon : 44 X 1,75 = 77

Vin proposé :
Domaine du Vieil Aven, Tavel, France, 2010, prix : 19,95 $, IMV : 77

Jambons

Jambon cru
(jambon sec) 43

Jambon cuit ou
jambon blanc................. 43

Jambons secs et saucissons

Coppa 44

Figatellu........................... 44

Gendarme 44

Jambon des Ardennes 44

Jambon de Bayonne 44

Jambon ibérique 44

Jésus de Lyon................... 44

Lard d'Arnad 44

Mortadelle 41

Pancetta 41

Pepperoni 45

Prosciutto 44

Rosette de Lyon 44

Salami 45

Saucisson sec 43

Saucisses cuites

Note : Qu'elles soient alleman-
des, alsaciennes ou autrichien-
nes, les saucisses cuites ou
précuites, même si elles peuvent
s'accompagner de certains vins,
sont tout de même à leur meilleur
avec une bonne chope de bière.

PRODUITS DE LA MER

MOLLUSQUES ET CRUSTACÉS

Indices IMV des ingrédients de base

POISSONS ET AUTRES PRODUITS DE LA MER

ŒUFS

Œuf de caille..................... 32

Œuf de canard 34

Œuf de poule 33

Tous autres œufs 33

PÂTES ALIMENTAIRES

Note : Dans le cas des pâtes alimentaires, sauf pour celles qui sont farcies, il suffit de prendre l'IMV correspondant à votre sauce et de multiplier ce nombre par 3,2. Vous obtiendrez ainsi votre lien direct avec les vins proposés.

Exemple :
Fettuccinis à la sauce tomates et pesto : 27 X 3,2 = 86,4

Vin proposé : Sasyr, Sangiovese & Syrah, I.G.T. Toscana, Italie, 2008, prix : 20 $, IMV : 88

Dans le cas de pâtes farcies, vous devez employer la méthode habituelle pour obtenir l'IMV, c'est-à-dire : ingrédient de base + sauce + mode de cuisson.

Exemple : Cannellonis farcis au homard, cuits au four, sauce à la crème : 33 + 12 + 22 = 67.

Vin proposé : Montagny, Domaine Faiveley, 2006, prix : 21,75 $, IMV : 64

Couscous............. sauce x 3,2

Gnocchi............... sauce x 3,2

Pâtes (non farcies, toutes sortes confondues)........ sauce x 3,2

Pâtes farcies

Agneau 52

Bœuf.............................. 50

Canard, oie 51

Fromage doux (ricotta, mozzarella)....... 38

Fromage moyen (gruyère, tomme) 41

Fromage fort (bleu, parmesan)............ 45

Gibier à plumes................. 43

Fruits de mer.................... 33

Légumes verts corsés (épinard, cresson) 40

Légumes verts légers (pois, courge) 38

Légumes verts moyens (poivron, asperge) 40

Poissons à chair blanche......31

Poissons à chair rose.......... 33

Porc 43

Veau 48

Viandes rouges et gibier à poil 51

Volaille 41

Spätzle .... sauce x 3,2

LÉGUMES

Note : Les IMV ci-dessous ne sont valables que si le légume est l'ingrédient principal de la recette.

Exemple : feuilleté de bolets poêlés au vin blanc et crème, 35 + 12 + 22 = 69.

Vin proposé : Chardonnay, Gran Cuvée, Valle del Maipo, Chili, 2010, prix : 19,05 $, IMV : 67

Si le légume agit à titre d'accompagnement ou encore d'ingrédient dominant dans une sauce, multipliez son indice par 0,75. L'IMV obtenu devient la cote de votre accompagnement, que vous additionnez à votre ingrédient principal et à votre mode de cuisson.

Exemple : Entrecôte de bœuf poêlée aux cèpes : 50 + 12 + 26,25 = 88,25.

Vin proposé : Cabernet sauvignon, Genesis, Columbia Valley, États-Unis, 2007, prix : 20,05 $, IMV : 88

NOIX ET GRAINES

CÉRÉALES

FRUITS

Note : Sauf exception, les fruits sont employés en tant qu'ingrédient principal dans les desserts, et les valeurs indiquées ici ont été considérées comme telles. Si le fruit agit en tant qu'ingrédient d'accompagnement, reportez-vous alors à la section des accompagnements, où vous trouverez également une section fruits.

À noter aussi que la tomate et l'avocat, même s'il s'agit de fruits, ont été classés dans la section légumes (étant employés comme tels).

AUTRES

2. Répertoire des modes de cuisson et de préparation

Chaque mode de cuisson apporte une dimension différente à votre plat ; c'est pourquoi il est primordial d'en tenir compte. Par exemple, une cuisson à l'étuvée (vapeur) ne donne presque pas de goût aux aliments. À l'opposé, une cuisson directe sur le barbecue apportera des saveurs de fumée et de caramélisation, deux éléments importants à considérer. Sont inclus dans cette catégorie les différents modes de cuisson courants ainsi que quelques modes de préparation (exemple : en aspic).

3. Répertoire des sauces et des accompagnements

Note : Dans le cas où vous auriez deux ou plusieurs types de sauces ou d'accompagnements, vous pouvez choisir la cote de la sauce ou de l'accompagnement qui est le plus en évidence ou additionner les cotes puis diviser le total par le nombre de cotes. La première option est cependant préférable puisque c'est cet élément qui est à l'avant-plan.

Dans le cas d'un accompagnement non répertorié dans cette liste-ci mais présent dans la liste des ingrédients de base, vous pouvez utiliser l'IMV correspondant à votre ingrédient, le multiplier par 0,66 et l'arrondir à la décimale près. Exemple : crevette : 33 X 0,66 = 21,78). L'IMV pour une crevette en accompagnement sera de 22.

Le choix des sauces et des accompagnements étant très vaste, vous trouverez à la fin de certaines sous-catégories un indice général basé sur la moyenne des cotes de la section en question.

ALCOOLS

BEURRES

COURTS-BOUILLONS

FROMAGES

Note : Étant donné qu'il existe une multitude de variétés de fromages, il serait superflu de tous les citer, surtout qu'il s'agit d'accompagnements et non d'ingrédients principaux. Il apparaît essentiel également de simplifier cette section ; nous aurions pu les classer par type de croûte ou de pâte, par exemple, mais cela aurait donné des résultats hasardeux vu que ces fromages n'ont pas tous la même puissance aromatique ni les mêmes caractères. De plus, si vous employez un fromage en combinaison avec un autre ingrédient d'accompagnement, vous pourrez utiliser la méthode consistant à additionner les accompagnements et ensuite diviser la somme par le nombre d'accompagnements utilisés.

Indices IMV des sauces et accompagnements

FRUITS EN ACCOMPAGNEMENT

Note : Les cotes qui suivent sont valables pour les fruits frais ou en compote. Dans l'éventualité où il s'agirait de fruits confits, il faudrait ajouter 2 points IMV.

LÉGUMES EN ACCOMPAGNEMENT

SAUCES ÉMULSIONNÉES À CHAUD

Indices IMV des sauces et accompagnements

SAUCES FROIDES À BASE DE LAIT OU DE CRÈME

VINAIGRES

Note : Dans le cas ou vous feriez réduire un de ces vinaigres, ajoutez 5 points IMV à celui-ci.

SAUCES À BASE DE FUMET DE POISSON OU DE CRUSTACÉ

AUTRE TYPE DE SAUCE

Indices IMV par cépage

*D*es lecteurs ont exprimé l'idée qu'il serait intéressant d'utiliser la méthode des IMV pour des vins autres que ceux sélectionnés par l'auteur. Pour ce faire, des IMV ont été apposés à chacun des cépages, de la même manière qu'on les appose aux vins du guide. Notez cependant que la marge d'erreur est ici plus grande, chaque vin étant différent à l'intérieur d'un même cépage. Prenons l'exemple des merlots. Certains sont très souples, voire un peu fluets. Ceux-ci ne feraient pas le poids, par exemple, avec une côtelette d'agneau. On ferait mieux de les jumeler avec un filet de porc ou du poulet. Dans d'autres cas, on a affaire à des merlots très costauds, avec une trame tannique imposante. Ici, c'est le phénomène inverse. Un poulet ou un filet de porc s'écraserait devant la puissance des tannins, alors que la côtelette d'agneau serait en équilibre avec celui-ci. C'est une question de poids et de contrepoids. Mais on peut tout de même dégager une certaine constance.

Voici donc une liste des cépages les plus connus et les plus utilisés. Afin de vous faciliter la tâche, nous fournissons les renseignements les plus importants sur chacun, c'est-à-dire la région de production, les particularités, les arômes caractéristiques, les accords mets et vins et, finalement, l'IMV.

ALIGOTÉ

Principale région de production :
Bourgogne
Particularités : vif, délicat
Arômes caractéristiques :
noisette, citron, floral
Accords mets et vins : poissons
à chair blanche, coquillages
- **I. M. V. : 63**

CHARDONNAY

Principales régions de
production : Bourgogne,
Champagne, Languedoc,
Nouveau Monde
Particularités : gras, parfois
vif dans les régions froides,
complexe, aromatique,
de léger à corsé surtout
lorsqu'élevé en fût de chêne
Arômes caractéristiques :
noisette, beurre frais,
brioche, pain grillé,
pomme, poire, fruits
tropicaux, amande
Accords mets et vins : poissons
légers à corsés, crustacés,
blanc de volaille
- **I. M. V. : 63 - 66**

CHENIN BLANC

Principales régions de
production : Loire, Afrique
du Sud
Particularités : vif, complexe, de
léger à moyennement corsé
Arômes caractéristiques :
pomme verte, pamplemousse,
verveine, tilleul, noisette,
girofle, miel
Accords mets et vins :
poissons à chair blanche ou
rose, crustacés, coquillages
- **I. M. V. : 63 - 66**

GARGANEGA

Principale région de production :
Italie (Soave)
Particularités : gras, souple, de
léger à moyennement corsé
Arômes caractéristiques :
pomme, poire, fleurs
blanches, caramel
Accords mets et vins : poissons
à chair blanche, crustacés,
coquillages
- **I. M. V. : 63 - 64**

GEWURZTRAMINER

Principales régions de
production : Alsace,
Allemagne, Autriche
Particularités : gras, parfois
demi-doux, peut-être vinifié
en liquoreux, très aromatique
et parfumé
Arômes caractéristiques :
floral (rose, pivoine,
géranium, acacia), girofle,
pêche, litchi, abricot
Accords mets et vins : cuisine
asiatique, cuisine indienne,
fromage
- **I. M. V. : sec : 62, liquoreux : 105**

GRENACHE BLANC

Principales régions de
production : Vallée du Rhône,
Sud de la France
Particularités : gras, aromatique
et corsé, parfois vinifié en
liquoreux
Arômes caractéristiques :
floral, miel, fruits tropicaux
Accords mets et vins :
poissons à chair blanche ou
rose, crustacés, coquillages,
blanc de volaille
- **I. M. V. : sec : 65 - 66,
liquoreux : 104**

MUSCADET (MELON DE BOURGOGNE)

Principale région de production : Loire

Particularités : vif, peu aromatique, léger

Arômes caractéristiques : fleurs blanches, notes iodées, poire, pomme verte

Accords mets et vins : coquillages, poissons à chair blanche

● **I.M.V. : 63**

MUSCAT

Principales régions de production : Alsace, Rhône, Italie, Sud de la France

Particularités : de vif à liquoreux, aromatique et parfumé

Arômes caractéristiques : fleurs blanches, abricot, citron, ananas, melon de miel, figue, miel

Accords mets et vins : cuisines asiatique et indienne, asperges, desserts aux fruits lorsque liquoreux

● **I.M.V. : sec : 62, liquoreux : 102**

PINOT GRIS (PINOT GRIGIO)

Principales régions de production : Alsace, Italie

Particularités : gras, très aromatique et fruité, de léger à corsé

Arômes caractéristiques : pêche, ananas, pomme rouge, acacia, noisette, champignon, miel, praline

Accords mets et vins : poissons à chair blanche

ou rose, crustacés, blanc de volaille, fromage à croûte lavée

● **I.M.V. : 64 - 67**

RIESLING

Principales régions de production : Alsace, Allemagne, Autriche, Nouveau Monde

Particularités : vif, parfois demi-sec, parfois liquoreux (vin de glace), complexe, aromatique, de léger à moyennement corsé

Arômes caractéristiques : citron, citronnelle, pamplemousse, abricot, pétrole, romarin, miel

Accords mets et vins : sec et demi-sec : coquillages, poissons à chair blanche. Liquoreux : dessert aux fruits, foie gras

● **I.M.V. : demi-sec : 62, sec : 62 - 65, liquoreux : 103**

SAUVIGNON (FUMÉ BLANC)

Principales régions de production : Loire, Bordeaux, Sud de la France, Nouveau Monde

Particularités : vif, expressif et complexe, parfois vinifié en liquoreux

Arômes caractéristiques : bourgeon de cassis, citron, pamplemousse, ananas, pipi de chat, fenouil, pierre à fusil, anis, foin coupé

Accords mets et vins : poissons à chair blanche ou rose, crustacés, coquillages

● **I.M.V. : sec : 61 - 65, liquoreux : 102**

SÉMILLON

Principale région de production :
Bordeaux
Particularités : gras, complexe
et fruité, souvent vinifié en
liquoreux
Arômes caractéristiques :
miel, cire d'abeille, fruits
jaunes, vanille, épices douces
Accords mets et vins : poissons
à chair blanche, crustacés,
coquillages, fromages
• **I.M.V. : sec : 65 - 67,
liquoreux : 102**

TREBBIANO

Principale région de production :
Italie (Orvieto)
Particularités : vif, léger
et fruité

Arômes caractéristiques :
floral, poire, pomme
Accords mets et vins :
coquillages, poissons à
chair blanche
• **I.M.V. : 62 - 63**

VIOGNIER

Principales régions de
production : Rhône, Sud de la
France, Nouveau Monde
Particularités : vif, aromatique
et fruité
Arômes caractéristiques :
abricot, pêche, pomme,
acacia, anis, amande grillée
Accords mets et vins :
poissons à chair blanche,
coquillages, crustacés, blanc
de volaille
• **I.M.V. : 63 - 65**

BARBERA

Principale région de production :
Italie (Piémont)

Particularités : fruité, de léger
à moyennement corsé

Arômes caractéristiques :
cerise, baies des champs,
parfois boisé

Accords mets et vins : veau,
porc, poulet rôti, pâtes sauce
aux tomates

● I.M.V. : 86 - 89

CABERNET FRANC

Principales régions de
production : Bordeaux, Loire,
Nouveau Monde

Particularités : de souple
à moyennement corsé,
complexe

Arômes caractéristiques :
baies des champs, poivron
vert, truffe, souvent boisé

Accords mets et vins :
petit gibier à poil, veau,
porc, bœuf, canard

● I.M.V. : 86 - 89

CABERNET SAUVIGNON

Principales régions de
production : Bordeaux,
Sud de la France, Nouveau
Monde

Particularités : charnu, fin
et complexe

Arômes caractéristiques : baies
des champs, violette, poivron
vert, gomme de pin, vanille,
chocolat, épices douces,
réglisse, cacao, la plupart du
temps boisé

Accords mets et vins : viandes
rouges, agneau, bœuf, gros
gibier à poil, canard

● I.M.V. : 88 - 91

GRENACHE NOIR (CANONNAU)

Principales régions de
production : Rhône, Sud
de la France, Espagne, Italie
(Sardaigne)

Particularités : de souple à
corsé, riche en alcool

Arômes caractéristiques :
cerise, baies des champs,
épices, fines herbes
(garrigue), parfois boisé

Accords mets et vins : agneau,
bœuf, veau, petit gibier à poil

● I.M.V. : 87 - 89

GAMAY

Principales régions de
production : Beaujolais, Loire

Particularités : souple et fruité

Arômes caractéristiques :
petites baies rouges, banane,
confiserie, sucre d'orge, très
rarement boisé

Accords mets et vins :
charcuteries, porc, petit gibier
à poil, volaille

● I.M.V. : 80 - 85

MALBEC

Principales régions de
production : Sud-Ouest de la
France (Cahors), Bordeaux,
Argentine, Nouveau Monde

Particularités : de corsé à très
corsé, riche et complexe

Arômes caractéristiques :
baies des champs, violette,
sous-bois, la plupart du
temps boisé

Accords mets et vins : viandes
rouges goûteuses, agneau,
gros gibier à poils, bœuf,
canard

● I.M.V. : 89 - 92

MERLOT

Principales régions de
    production : Bordeaux,
    Nouveau Monde
Particularités : de léger à très
    corsé, fin et complexe
Arômes caractéristiques :
    fruits à noyau, baies des
    champs, cuir, sous-bois, la
    plupart du temps boisé
Accords mets et vins : les plus
    souples : volaille rôtie, veau,
    porc, petit gibier à poil ; les
    plus corsés : bœuf, agneau,
    gros gibier à poil, canard
- I.M.V. : 86 - 91

MOURVÈDRE

Principales régions de
    production : Sud de la France,
    Rhône, Espagne
Particularités : assez corsé,
    riche et complexe
Arômes caractéristiques :
    baies noires, réglisse, poivre,
    garrigue, épices douces,
    souvent boisé
Accords mets et vins :
    agneau, bœuf, gros gibier
    à poil, canard
- I.M.V. : 88 - 91

NEBBIOLO

Principale région de production :
    Italie (Piémont)
Particularités : corsé, riche,
    complexe et fin
Arômes caractéristiques :
    baies noires, tabac, épices,
    goudron, la plupart du temps
    boisé
Accords mets et vins : agneau,
    bœuf, gibier à poil, canard,
    pâtes au four
- I.M.V. : 88 - 91

NERO D'AVOLA

Principales régions de
    production : Sud de l'Italie,
    Sicile
Particularités : moyennement
    corsé à corsé et fruité
Arômes caractéristiques :
    petits fruits rouges, floral,
    épices douces
Accords mets et vins : pâtes
    à l'italienne, veau, bœuf
- I.M.V. : 87 - 89

PINOT NOIR

Principales régions de
    production : Bourgogne,
    Champagne, Alsace,
    Nouveau Monde
Particularités : de léger et
    fruité à moyennement corsé,
    complexe, fin, élégant
Arômes caractéristiques :
    baies rouges, fruits à noyau,
    sous-bois, cuir, souvent boisé
Accords mets et vins :
    bœuf, veau, porc, volaille,
    charcuteries
- I.M.V. : 83 - 88

SANGIOVESE

Principales régions de
    production : Italie (Toscane,
    Chianti, Brunello di
    Montalcino, Émilie-Romagne)
Particularités : assez corsé,
    riche et fruité
Arômes caractéristiques :
    baies des champs, fruits à
    noyau, sous-bois, réglisse,
    cuir, la plupart du temps boisé
Accords mets et vins : pâtes
    à l'italienne, bœuf, agneau,
    gros gibier à poil, la plupart du
    temps boisé
- I.M.V. : 87 - 91

SYRAH (SHIRAZ)

Principales régions de production : Rhône, Sud de la France, Australie et autres pays du Nouveau Monde

Particularités : de moyennement corsé et fruité à corsé et riche

Arômes caractéristiques : baies noires, framboise, violette, épices douces, sucre d'orge, poivre, tabac, souvent boisé

Accords mets et vins : les plus légers : volaille rôtie, veau, porc, petit gibier à poils ; les plus corsés : agneau, bœuf, gros gibier à poil, canard

● I.M.V. : 86 – 90

TEMPRANILLO

Principales régions de production : Espagne, Portugal

Particularités : de moyennement corsé à corsé, riche et complexe

Arômes caractéristiques : cerise noire, framboise, tabac blond, épices douces

Accords mets et vins : veau, porc, bœuf, agneau, gros gibier à poil

● I.M.V. : 87 – 90

TOURIGA NACIONAL

Principales régions de production : Portugal (Douro, Dâo)

Particularités : assez corsé, complexe et fruité

Arômes caractéristiques : fruits noirs, épices, cuir

Accords mets et vins : agneau, bœuf, gros gibier à poil

● I.M.V. : 88 – 90

ZINFANDEL (PRIMITIVO)

Principales régions de production : Californie, Sud de l'Italie (Pouilles)

Particularités : moyennement corsé à corsé

Arômes caractéristiques : baies des champs, moka, épices

Accords mets et vins : bœuf, agneau, veau, porc, gros gibier à poil

● I.M.V. : 86 – 90

247

Index des plats

PORC

SALADES

VIANDES FROIDES, PÂTÉS ET CHARCUTERIES

Index des vins par pays

Bonne Nouvelle,
Christian Moueix, 2008, 116

Montagny, Domaine Faiveley,
2006, 147

🍇 Moulin-à-Vent, Henry
Fessy, 2009, 155

Mouton Cadet, Rosé, 2010,
195

Muscat des Papes, 208

Ortas, Prestige, 2007, 172

Perle d'Aurore, Rosé, 205

Pétale de rose, 2009, 195

Pierre Sparr, Brut, Réserve, 198

Pinot blanc, Trimbach, 2008, 82

Pinot noir,
Baron Philippe de Rothschild,
2010, 48
Patriarche, Prestige, 2010, 47

Premius, rouge, 2009, 117

Prestige de Moingeon, Brut,
202

Riesling,
Léon Beyer, Réserve, 2010,
88
Rieflé, Bonheur Convivial,
2010, 87

🍇 Rosacker, 2008, 176

Saint-Émilion, Mouton Cadet,
Réserve, 2010, 128

🍇 Saint-Véran, Les Plantés,
2009, 147

Saumur Blanc, Louis Roche,
2010, 95

Saumur Rouge, Louis Roche,
2010, 104

Sauvignon blanc, Le Jaja de
Jau, 2010, 43

Syrah,
Le Jaja de Jau, 2010, 49

Les Jamelles, 2010, 55

Torus, Blanc, 2009, 86

Ugni blanc/colombard,
Domaine Tariquet, Classic,
2010, 30

Ventoux, Jérôme Quiot, 2010,
51

Viognier, Domaine Cazal-Viel,
2010, 91

Vouvray, Doulce France, 2009,
83

Wolfberger, Brut, 198

GRÈCE

Agioritikos, Tsantali, 2010, 35

Rapsani, Tsantali, 2009, 69

🍇 Rapsani, Tsantali, Réserve,
2007, 133

HONGRIE

Furmint, Pajzos Antaloczy
Cellars, 2009, 32

Tramini, Hunyady, 2009, 33

ITALIE

Amarone della Valpolicella,
Montresor, 2008, 189

Anthìlia, 2011, 88

Bacchus, 2010, 109

Barbera d'Asti, Ricossa, 2010,
56

Brolio, 2009, 170

Cabernet sauvignon/
Sangiovese, Strada Alta,
2010, 78

Capitel della Crosara, Ripasso,
2009, 120

🍇 Castello di Gabbiano,
Riserva, 2008, 167

Index général des vins